Communicating

中西相遇　文明互鉴

北京中外文化交流研究基地项目研究成果
北外中华文化国际传播研究院双一流建设成果

象鉴

国际汉学研究书系
张西平 主编

西文北京研究文献提要

刘美华 张西平 编著

中原出版传媒集团
中原传媒股份有限公司
大象出版社
·郑州·

图书在版编目(CIP)数据

西文北京研究文献提要/刘美华,张西平编著.—
郑州:大象出版社,2023.10
(国际汉学研究书系/张西平主编)
ISBN 978-7-5711-1418-3

Ⅰ.①西… Ⅱ.①刘…②张… Ⅲ.①地方文献-内容提要-北京 Ⅳ.①Z812.21

中国版本图书馆 CIP 数据核字(2022)第 066055 号

国际汉学研究书系

西文北京研究文献提要
XIWEN BEIJING YANJIU WENXIAN TIYAO

刘美华　张西平　编著

出 版 人　汪林中
责任编辑　李　爽
责任校对　牛志远　张绍纳　安德华
封面设计　张　帆

出版发行　大象出版社(郑州市郑东新区祥盛街 27 号　邮政编码 450016)
　　　　　发行科　0371-63863551　总编室　0371-65597936
网　　址　www.daxiang.cn
印　　刷　河南瑞之光印刷股份有限公司
经　　销　各地新华书店经销
开　　本　890 mm×1240 mm　1/32
印　　张　19.5
字　　数　438 千字
版　　次　2023 年 10 月第 1 版　2023 年 10 月第 1 次印刷
定　　价　118.00 元

若发现印、装质量问题,影响阅读,请与承印厂联系调换。
印厂地址　武陟县产业集聚区东区(詹店镇)泰安路与昌平路交叉口
邮政编码　454950　　　　　电话　0371-63956290

序言

北京，这座有着3000多年建城史、800多年定都史的文明古城，以其独特的"帝都"文化吸引着古今中外各方人士。和其他历史名城一样，北京不仅是一个地理空间，更是一个镌刻着历史印记和文化想象的存在。尽管并不是中国历史上唯一的都城，但在西方对中国城市的认识上，北京城却独树一帜。对于西方人，这个遥远东方的"帝都"伟大而尊贵，始终充满着神秘而富有异域情调，亦不乏奢侈骄纵，在那里权力、财富与傲慢、贪腐交杂在一起。在中西交通史上，中西互动、中西文化交流相对较为频繁的历史时段，北京都恰好是占绝对优势地位的帝都。综览历史文献，围绕这座历史文化悠久的文明名城著述如林、数不胜数，这是一笔宝贵的学术、文化资源，其蕴含着丰富的历史文献和学术研究价值，值得当今学术界的重视。

当前国外学界对于北京研究的书目还未有专门文献，但是关于中国学书目的研究已有专门文献，而这些中国学书目的研究文献对本书具有很大的参考价值和启发，如：考狄（Henri Cordier, 1849—1925）编的五卷本《西人论中国书目》（*Bibliotheca Sinica : dictionnaire bibliographique des ouvrages relatifs a l' empire chinois*）是西方自16世纪中叶至1921年左右关于中国书的总目,包括各种欧洲语言写成的有关中国的各种文字;约翰·勒斯特(John Lust,1918—2000)的《1850年前出版的关于中国的西方著作》(Western books on China published up to 1850)收录了654部作品,内容涉猎广泛,共22个主题分类;《北堂书目》(Catalogue of the Pei-T'ang Library)按照不同的语言种类划分,收录图书4101种,5133册;袁同礼的《西文汉学书目》(China in western literature:a continuation of cordier's bibliotheca Sinica)收录了1921年至1967年的有关中国研究英、法、德文(另有一些研究澳门的葡萄牙文)文献1.8万多种。

国内学界对西方的北京研究日益关注,对此领域的研究也取得显著的成果,如:《北京大学图书馆藏西文汉学珍本提要》一书录有北京大学馆藏的出版于1850年以前的300余种西文图书,涉及多种语种,这其中不少记述都与北京有关;欧阳哲生《十七世纪西方耶稣会士眼中的北京——以利玛窦、安文思、李明为中心的讨论》和《英国马戛尔尼使团的"北京经验"》,从历史学的视角研究北京城市史与中西交流史;赵晓阳《北京研究:外文文献题录》从文献学视角切入西文的北京研究文献;吕超的《东方帝都:西方文化视野中的北京形象》从文学文化领域切入西方视野的北京形象;李洪等的《帝都掠影——17—19世纪西方画作中的北京建筑形象变迁》从建筑史视角剖析西方文献中的北京形象;等等。

围绕这座古老的城市,有关于其历史、地理、文化、宗教等方面的学术研究,也有对其民俗、社会、语言和相关人物等方面的调查,亦有小说、诗歌、游记、传记、图片影像等形式对其演绎。语种有英文、法文、西班牙文、荷兰文、葡萄牙文、德文和日文等。不仅西方人在言说北京，还有中国人用西文介绍北京和北京生活。这些不同时代的中外文人共同言说北京历史、北京文化、北京城、北京人和北京生活等，形成独特的北京话语。不同时代的北京话语交汇一起，构成多语种、多视角、多声部的"国际北京学"或"北京研究文献"。

  本书在收录相关文献书籍时，从三个方面的因素考虑。首先，文献书籍是否以北京为记述、研究对象，如绿蒂（Pierre Loti，1850—1923）的《在北京最后的日子》（*Les derniers jours de Pékin*）、立德夫人（Archibald Little，1845—1926）的《京华往事》（*Round about my Peking garden*）、裴丽珠（Juliet Bredon，？—1937）的《北京纪胜》（*Peking : a historical and intimate description of its chief places of interest*）等，此类书书名即以北京为题或与北京相关，自然属于本书收录的文献范围。其次，文献书籍书名与北京无关，但是其内容涉及北京。由于涉及北京的文献多不胜数，在收录时，其文献的学术地位和影响力也是考虑因素。如《马可·波罗游记》（*Livres des merveilles du monde*）、《鄂多立克东游录》（*Viaggio del beato Odorico da Pordenone*）、利玛窦（Matteo Ricci，1552—1610）的《利玛窦中国札记》（*De christiana expeditione apud Sinas suscepta ab societate iesu*）、曾德昭（Alvaro Semedo，1585—1658）的《大中国志》（*Histoire universelle du grand royaume de la Chine*）、李明（Louis le Comte/Louis-Daniel Lecomte，1655—1728）的《中国近事报道》（*Nouveaux mémoires sur l'état présent de la*

Chine)等，此类文献书名与北京无关，但因其内容涉及北京，北京城、北京人或北京生活的内容占了一定的笔墨，而且对北京在西方的形象产生了深远的影响，是北京研究的宝贵文献，因此它们也是本书需要收录的重要目标文献。此外，不仅西方人在著述北京、北京经历，还有中国人用西文介绍北京和北京生活，如德龄公主（Der Ling，1886—1944）的《清宫二年记》（Two years in the Forbidden City）、《紫禁城的黄昏：德龄公主回忆录》（Dusk of Forbidden City）、林语堂的《吾国吾民》（My country and my people）、林志宏的《北京人的社会生活》（Social life of the Chinese in Peking）等，此类关于北京的著作用西文写成，它们进一步充实了北京画面，本书也将这类书一并收录。

本书是对西方汉学文献学的一个尝试，通过对西文北京研究基础文献的整理和收录，以尽可能全面地提供文献中涉及北京的书的名称、出版信息和作者信息，以期让学界了解西方的北京学发展的脉络与走向，从而为今后在世界范围内展开北京研究打下一个基础。

对于本书目提要，有以下几点需要说明：

1. 关于西文书名：①本书收录的西文书名尽可能以首版语言为先。②17、18世纪时，西方出版界盛行长书名，以起到对图书的宣传和推销作用。这些长书名往往包含图书的许多信息，如内容梗概、成书的背景和过程、图书的精彩之处等，文字之多，几乎将封面排满，具体可参见本书中部分图书的封面附图。对于此种情况，本书处理的原则是遵照现代人的书写和阅读习惯，采用学界最为约定俗成的书名写法，而非全部将图书封面中的长书名原封不动地誊写下来。③关于西文书名中的重音符号省略的问题。在有些西文中大写字母重音可不加，如在西班牙语和法语中等。年代原因打印机技术受限，重音符号是后来才规范起来的。本书所采用的书名大多是重音符号规范后的书名。

2. 中文书名：如西文作品有中文书名，本书则沿用此中文书名；绝大部分西文作品没有中文书名，则采用学界通用译名；如无通用译名，则自行翻译。

3. 作者、编者、译者等的中文名：如有中文名，本书则沿用其中文名；如没有中文名，则采用学界通用译名；如无通用译名，则自行音译。

4. 作者、编者、译者等的生卒年、国籍等：确凿详实者注明，不详者则不注明。

5. 部分国外的出版和发行机构等：如有通用的中文译名，则采用通用的中文译名；如无通用的中文译名，为严谨起见直接采用外文名称，不再翻译。

6. 书的封面或扉页获取途径：网络开放的图书馆、档案馆和文献资料库等。

7. 本书收录的目标文献为1949年之前出版或流通的相关书籍资料。

最后，感谢大象出版社编辑李爽老师为此书的编辑工作付出的大量时间和精力，以及她对我们工作的宽容。同时也对大象出版社其他对此书的出版工作提供帮助和支持的老师，致以谢忱。

整理西方汉学文献目录是件出力不讨好的事，因为疏漏是必然的，但学术事业的大厦就是这样一砖一瓦地建起来的,愿有心的读者能不断完善这个书目。

刘美华　张西平
2023 年 7 月 5 日

目 录

第一章
历史、综述
1

[葡萄牙] 加斯帕·达·克鲁斯:《中国志》
1

[西班牙] 门多萨:《中华大帝国史》
2

[西班牙] 庞迪我:《几位耶稣会神父入华,遇到的特殊情况及在该国所见到的十分引人注目之事纪实》
4

[意大利] 卫匡国:《鞑靼战纪》
5

[葡萄牙] 曾德昭:《大中国志》
6

帕耶:《中国和欧洲自然、历史、地理、政治和人类生活对比》
7

[德国] 基歇尔:《中国图说》
8

［西班牙］闵明我：《中华君主国的历史、政治、伦理和宗教专论》

［葡萄牙］安文思：《中国新史》

［西班牙］帕拉福斯·门多萨：《鞑靼人征服中国史》

［瑞典］郎喀：《郎喀1721—1722年驻节北京朝廷日记》

［法国］杜赫德：《中华帝国全志》

［英国］托马斯·珀西汇编：《中国杂文汇编》

［法国］德奥维尔：《世界不同民族的历史、礼仪、宗教》

［法国］钱德明、［法国］韩国英等：《中国杂纂——北京传教士所做关于中国历史、科学、艺术、风俗、习惯等的记录》

［法国］冯秉正著，［法国］格鲁贤等编：《中国通史》

［法国］格鲁贤：《中国通典》

［英国］威廉·温特博特姆：《中华帝国历史、地理和哲学概况》

［英国］威廉·温特博特姆：《中华帝国便览》

目　录

［美国］罗伯特·沃恩：《中国杂编》

24

［美国］威廉·怀特曼·伍德：《中国概述》

24

［德国］郭实猎：《中国简史》

25

［瑞典］多桑：《蒙古史——从成吉思汗到帖木儿》

26

［英国］德庇时：《中国人——中华帝国及其居民概述》

27

［德国］郭实猎：《开放的中国——中华帝国地理、历史、风俗、习惯、艺术、制造、商业、文学、宗教及法律等概览》

29

［英国］麦都思：《中国的现状与传教展望》

30

［英国］基德：《中国：图解中国人的信仰、哲学、古物、习惯、迷信、法律、政府》

31

［法国］H. 沙瓦纳·德拉吉罗迪埃：《4458年间的中国人：历史、政府、科学、艺术、商贸、工业、航海与习俗》

32

［美国］约翰·皮特斯：《中华大观》

33

［美国］卫三畏：《中国总论》

34

［英国］亨利·查尔斯：《中国和中国人》

35

［英国］威妥玛：《1849年中华帝国情况的报告》

36

［德国］卡尔·弗里德里希·内曼：《自第一次鸦片战争到〈北京条约〉签订时期的东亚历史》

37

［英国］湛约翰：《中国人的起源》

38

［法国］顾随：《中华帝国：地理记述，历史梗概，社会、宗教和政治制度，高等学识、艺术、实业和贸易考察》

38

［美国］倪维思：《中国和中国人》

39

［英国］翟理斯：《中国概要》

40

［英国］翟理斯：《历史上的中国及其他概述》

41

［英国］包罗杰：《中国历史》

42

［英国］道格思：《中国》

43

［法国］冉默德：《北京——中华帝国回忆》

44

[法国] 古恒:《北京朝廷》

45

[美国] 满乐道:《中国的今日和未来：医药、政治和社会》

46

[英国] 艾约瑟:《中国论文集》

47

[英国] 庄延龄:《鞑靼千年史》

49

[美国] 卫三畏:《中国小史》

50

[法国] 樊国梁:《北京——历史和记述》

50

[英国] 柯乐洪:《转变中的中国》

51

[英国] 贝思福:《中国的分裂》

53

[英国] 包罗杰:《中国简史》

53

[英国] 宝复礼:《三十年后中国之觉醒》

54

[德国] 卢国祥:《中华苗蔓花：华夏纵览》

55

[美国] 丁韪良:《汉学菁华》

56

［德国］约瑟夫·屈尔施纳：《大清帝国》

57

［法国］考狄：《1860—1900年中国与西方列强关系史》

58

［德国］花之安：《中国史编年手册》

60

［德国］阿尔方斯·冯穆默：《穆默的摄影日记》

61

［英国］海思波：《中国现状》

62

［英国］布莱克著，［英国］莫蒂默·门比斯插画：《中国》

63

［美国］何德兰：《中国的宫廷生活——首都的官和民》

64

［中国］德龄：《清宫二年记》

65

［英国］菲利普·塞尔根特：《中国皇太后慈禧》

66

［英国］濮兰德、［英国］巴克斯：《慈禧统治下的中国》

67

［英国］翟理斯：《中国的文明》

69

［英国］濮兰德：《中国最近的事变和现在的政策》

69

目 录

[美国] 葛风:《中国历史大纲》
70

[美国] 柏赐福:《中国述论》
71

[英国] 裴丽珠:《北京纪胜》
72

[法国] 考狄:《中国通史》
73

[英国] 濮兰德:《中国、日本和韩国》
74

[法国] 考狄:《中国》
74

[法国] 那世宝:《北京漫谈》
75

[法国] 那世宝:《北京漫谈续编》
76

[瑞典] 喜龙仁:《北京的城墙和城门》
76

[法国] 马伯乐:《中国上古史》
78

于纯璧:《北京:王权的威严》
78

[德国] 卫礼贤:《中国文明简史》
79

［美国］赖德烈：《中国：其历史与文化》
80

［英国］庄士敦：《紫禁城的黄昏》
81

［美国］顾立雅：《中国的诞生》
82

［美国］亚朋德、［美国］安东尼·比林汉姆：《中国能生存下去吗？》
83

［法国］亚乐园：《圆明园，前耶稣会的建筑大全》
84

［中国］德龄：《紫禁城的黄昏：德龄公主回忆录》
85

［德国］福兰阁：《中国通史》
86

［美国］阿灵敦、刘易生：《寻找老北京》
86

［中国］林语堂：《吾国吾民》
88

［法国］爱斯嘉拉：《中国的过去和现在》
89

第二章
地理
91

目 录

《寰宇大观》
91

[意大利] 卫匡国:《中国新图志》
92

[波兰] 卜弥格:《中国植物志》
93

[法国] 唐维勒:《中国新图集》
94

[法国] 格鲁贤:《中国地图册》
95

[英国] 多诺万:《中国昆虫自然史》
95

[法国] 叟铁:《中国图识》
96

[法国] 毕瓯编:《中国古今府县地名字典》
97

[美国] 卫三畏编:《中国地志》
98

[法国] 叟铁、[法国] 巴赞:《中国图识(二)》
99

[俄罗斯] 贝勒:《北京及其周边地区的考古历史研究》
100

[俄罗斯] 贝勒:《北京平原和周边山地》
101

北京东方学会:《北京东方学会杂志》
101

[俄罗斯] 贝勒:《中国植物》
102

[俄罗斯] 贝勒:《先辈欧人对中国植物的研究》
102

[英国] 波乃耶:《中国风土人民事物记》
103

[法国] 夏之时:《法文中国坤舆略志》
103

[法国] 夏之时:《法文中国坤舆详志》
104

[美国] 维理士、[美国] 白卫德、[美国] 撒尔真编:《中国研究》
105

[法国] 沙畹:《华北考古图谱》
107

[美国] 威廉·埃德加·盖洛:《中国长城》
108

[美国] 威廉·埃德加·盖洛:《中国十八省府》
109

[英国] 约翰·弗雷德里克·巴德利编译:《俄国·蒙古·中国》
110

[法国] 普意雅:《北京及其周边的地区》
111

［法国］普意雅:《北京及周边地图册》
112

［英国］沃恩·科尼什:《伟大的首都》
112

［美国］葛利普:《中国地质史》
113

［法国］普意雅:《北平疆域沿革与城墙的简要说明》
113

［美国］海耶斯:《中国长城》
114

L．W．莱德:《亚洲大陆》
114

［美国］葛德石:《中国地理基础》
115

［英国］格丽菲思·泰勒:《环境,农村和城市》
116

［英国］格丽菲思·泰勒:《文明演进》
116

［英国］格丽菲思·泰勒:《城市地理》
117

第三章

政治、军事、法律

118

［法国］圣-莫里斯·德·圣-洛：《中国兵法与军事科学现状》
118

［俄罗斯］亚力克司·里纳德夫：《中国法律》
119

［英国］乔治·亨利·梅森编著：《中国酷刑》
119

［英国］乔治·托马斯·斯当东译：《大清律例重订辑注通纂》
120

［美国］费熙邦：《中国印象与革命：进展与展望》
121

［英国］斯温霍：《1860年华北战役纪要》
122

［英国］约翰·H. 唐恩：《从加尔各答到北京——一名军官写于两地的日记》
123

［英国］吴士礼：《1860年对华作战纪实》
124

［法国］帕吕：《远征中国纪行》
124

［德国］海因兹：《中国法典与中国古代法制》
125

［英国］罗约翰：《满族——中国统治者的起源和进程》
126

［英国］艾约瑟：《北京记》
127

目 录

［英国］璧利南：《中国地方行政长官衙门》
127

［美国］丁韪良：《北京被围：中国对抗全世界》
128

［英国］密福特：《使馆馆员在北京》
129

［英国］赫德：《北京使馆：一次全国性的暴动和国际插曲》
130

［英国］许立德：《北京使馆被围记》
131

［爱尔兰］骆三畏：《北京被围记》
132

［英国］阿诺德·亨利·萨维奇·兰道尔：《中国和同盟国》
133

［英国］奈杰尔·奥利潘特：《1900年夏北京使馆围攻日记》
134

［美国］明恩溥：《动乱中的中国》
135

［英国］艾伦：《北京使馆被围记——艾伦日记》
136

［美国］满乐道：《庚子北京被围记》
137

［法国］樊国梁：《北京的心——樊国梁主教关于一九〇〇年五月到八月围攻北京的回忆》
138

[英国] 杰西·兰塞姆：《北京围困时期医院的故事》
139

[英国] 艾约瑟：《北京近来的变化》
140

[英国] 宝复礼：《八国联军侵华回忆录》
140

[法国] 里昂·亨利：《包围北堂》
141

[法国] 考狄：《1860年对中国的远征，外交文书和文件史》
141

[英国] 辛普森：《庚子使馆被围记》
142

[美国] 马士：《中华帝国对外关系史》
144

[英国] 甘博士：《灭满兴汉》
145

《北京现在的政策》
146

[俄罗斯] 米哈伊尔·佩加门特：《北京使馆界法理性质考》
146

[美国] 艾伦·纽波德·拉莫特：《京城旧事》
147

[美国] 罕普敦·普里查德：《17和18世纪的中英关系》
149

目　录

［美国］罗伯特·摩尔·邓肯：《北京市政和外交地区》

150

［美国］李约翰：《清帝的逊位与列强（1908—1912）》

151

［美国］狄考文夫人：《围攻时期——美国妇女和
儿童在北京围攻时期的经历》

152

老北京人：《北京的和平》

153

［美国］梅谷：《中国满族统治的起源》

153

第四章

使节、外交

155

［葡萄牙］多默·皮列士：《东方志——从红海到中国》

155

［荷兰］约翰·尼霍夫：《荷兰东印度公司使节团访华纪实》

156

［荷兰］达帕：《第二、三次荷兰东印度公司使节出访大清帝国记闻》

158

［德国］亚当·布兰德：《沙皇使节雅布兰1693至1695年使华旅行记》

159

［丹麦］雅布兰：《从莫斯科经陆路到
中国的三年旅行记（1692—1695）》

160

[瑞典] 郎喀：《郎喀的中国之行》
161

[英国] 约翰·贝尔：《从圣彼得堡到北京旅行记（1719—1722）》
162

[荷兰] 德胜：《北京之行》
163

[英国] 爱尼斯·安德森：《英使访华录》
164

[英国] 乔治·伦纳德·斯当东：《英使谒见乾隆纪实》
165

[荷兰] 范罢览：《北京之行——1794—1795 年荷兰东印度公司向中华帝国朝廷派赴使节纪实》
166

[英国] 塞缪尔·霍姆斯：《1792—1793 年访华回忆录》
167

霍拉姆斯：《从中国到鞑靼——参加马戛尔尼访华团的见闻》
167

[英国] 约翰·巴罗：《马戛尔尼伯爵的公众生活纪事及其未刊出作品选》
168

[英国] 依里斯：《新近出使中国记事》
169

[英国] 克拉克·阿贝尔：《1816 和 1817 年在中国内地旅行与往返航行记事》
170

［英国］林德赛：《阿美士德勋爵号在中国北部港口航行的报告》

171

［英国］乔治·托马斯·斯当东：《中国和中英商业关系杂评》

172

［法国］阿道尔夫·阿尔芒：《出征中国和交趾支那来信》

173

［法国］让·巴普蒂斯特·路易·葛罗：
《黄皮书日记（1860年中法之间的谈判）》

174

［英国］斯坦利·莱恩·普尔、［英国］弗雷德里克·
维克多·狄更斯：《巴夏礼传记》

175

［美国］田贝：《大清国及其臣民》

176

［英国］翟兰思：《北京使馆被围日记》

177

［法国］施阿兰：《使华记1893—1897》

178

《北平使馆区》

178

第五章

经济

180

［英国］德尼克、［英国］梅辉立：《中日商埠志》

180

［英国］艾约瑟：《中国的通货》

181

［英国］艾约瑟：《中华帝国的岁入和税制》

182

［英国］艾约瑟：《中国的金融与价格》

183

［法国］沙海昂：《中国铁路发展规划》

184

［美国］步济时：《北京的行会》

185

［中国］孟天培、［美国］甘博：《1900—1924年北京的物价、工资和生活标准》

186

［中国］陶孟和：《北京生活——60个家庭的开支预算》

187

［中国］严景耀：《北平犯罪研究》

188

［美国］甘博：《北京的工资》

188

［美国］甘博：《北平市民的家庭生活》

188

［中国］李建名：《经济论文第十九册：京津银号业之会计制度》

189

《北平的艺术、工艺及工业合作运动》

190

第六章

社会、民俗

192

[英国] 乔治·亨利·梅森：《中国服饰》

192

[英国] 威廉·亚历山大：《中国的服饰》

193

[英国] 威廉·亚历山大：《中国人的服饰和习俗图鉴》

194

《中国景观》

195

[美国] 雅各布·艾博特：《中国和英国，或中国人的礼仪和性格》

196

[英国] 赖特著，[英国] 托马斯·阿洛姆图：《清帝国图记：古代中国的风景、建筑与社会生活》

197

[英国] 托马斯·阿洛姆、[英国] 赖特：《大清帝国的风景、建筑和民俗》

198

[法国] 老尼克：《开放的中华：一个番鬼在大清国》

199

[英国] 密迪乐：《中国人及其叛乱》

200

[英国] 福钧：《居住在华人中间》

201

［美国］卢公明：《华人的社会生活》

202

［英国］芮尼：《英国驻华使馆设馆第一年间的北京和北京人》

203

［法国］乔治·奥古斯特·莫拉基：
《北京及北京人——卫生习俗研究》

204

《烟片侵蚀晚清中国》

205

［英国］约翰·汤姆逊：《中国和中国人插图集》

206

［英国］务谨顺：《一个英国翻译学生在北京的生活》

207

［法国］冉默德：《北京的搪瓷工匠》

208

［美国］明恩溥：《中国人的特性》

209

［英国］道格思：《中国的社会》

210

［德国］穆麟德：《中国家法》

211

［美国］何天爵：《华游志略》

211

［英国］立德夫人：《在中国的婚事》

212

目 录

[德国] 花之安:《中国妇女的地位》
213

[英国] 翟理斯:《古今姓氏族谱》
214

[美国] 明恩溥:《中国乡村生活》
215

[英国] 伊莎贝拉·露西·伯德·毕晓普:《中国图像记》
216

[美国] 怀尔德曼:《中华开门:唐人录记书》
217

[法国] 菲尔曼·拉里贝:《中国》
217

亨利·皮尔森·格拉通编:《一个中国人看我们》
218

[美国] 丁韪良:《中国觉醒》
219

[英国] 坎贝尔·布朗士:《中国儿童》
220

[美国] 柏生士:《一个美国工程师在中国》
220

[德国] 顾路柏:《北京民俗》
221

[法国] 古恒:《在中国——风俗习惯与制度、人和事》
222

［美国］何德兰：《中国的男孩与女孩》

223

［美国］爱德华·西尔维斯特·莫尔斯：《中国和中国人家庭生活掠影》

224

埃米尔·威廉米：《大清国——土地与国民》

225

［美国］约翰·斯图亚特·汤姆森：《中国人》

226

［英国］倭讷、［英国］赫伯特·斯宾塞：《叙述社会学：中国人篇》

227

［英国］波乃耶：《在本土的中国人》

228

［德国］巴兰德：《中国人自己描绘的社会和家庭中的中国人》

229

［美国］E. A. 罗斯：《变化中的中国人》

229

［美国］切蒂：《中国》

230

［美国］约翰·斯图亚特·汤姆森：《革命化的中国》

231

［美国］甘博、［美国］步济时：《北京社会调查》

232

［法国］让·布绍：《胡同风景与北京人习俗》

233

柯马克夫人:《生、婚、丧》
234

［英国］安得生:《人道与劳动》
235

［中国］王文显:《爱情与婚姻》
235

［美国］诺曼·辛斯代尔·皮特曼:《龙魅力:北京的浪漫》
236

［美国］葛来思:《穿过月洞门:美国人在北京的生活经历》
237

［英国］燕瑞博:《北京生活侧影》
238

［英国］裴丽珠、米托发诺:《阴历年——中国风俗节日记》
240

［中国］林志宏:《北京人的社会生活》
241

［英国］裴丽珠:《中国新的年节》
242

［美国］甘博:《两户中国家庭的家务账》
242

［美国］卜德译:《燕京岁时纪》
243

［中国］卢兴源:《吴氏历险记——一个北京人的生活周期》
244

［澳大利亚］高伯兰：《中国的社会结构》
245

第七章

游记、回忆录

246

［意大利］马可·波罗：《马可·波罗游记》
246

［意大利］鄂多立克：《鄂多立克东游录》
248

［英国］曼德维尔：《曼德维尔游记》
249

［葡萄牙］平托：《平托历险记》
250

［法国］皮埃尔·伯杰龙等编：《鞑靼旅行记》
251

［荷兰］阿诺尔多·蒙塔纳斯编：
《中国图集：从联合省东印度公司到中国》
252

［意大利］乔万尼·佛朗西斯科·杰梅利·卡雷里：《环游世界》
253

［法国］菲利普·爱维利尔：《欧亚行记——
在法王指令下寻找中国之路》
254

《耶稣会士书简集》
255

目 录

[法国] 安东尼·佛兰西斯科·普列沃斯、
[法国] 艾蒂安·孔普雷等编著:《海陆游记新编》
256

《环球旅行记手稿集》
258

《中国人信札》
259

[瑞典] 彼得·奥斯博格:《中国、东印度公司航海记》
259

[英国] 查尔斯·弗雷德里克·诺布尔:
《1747—1748年东印度群岛旅行记》
260

[英国] 约翰·贝尔:《从圣彼得堡到亚洲各地旅行记》
261

[英国] 约翰·巴罗:《中国游记:从北京到广州》
262

[法国] 杜赫德:《李明在中国游历记》
263

[法国] 小德金:《北京、马尼拉、法兰西岛游记》
264

[俄罗斯] 季姆科夫斯基:《1820—1821穿过蒙古旅行北京记》
265

[意大利] 马国贤:《清廷十三年——马国贤在华回忆录》
267

[法国］阿尔伯特·艾蒂安·德·蒙特蒙特编译：《世界旅行文库》
268

［美国］雅裨理：《1830—1833年居留中国和邻近国家日记》
269

［英国］德庇时：《中国见闻录》
270

［英国］爱德华·卑路乍：《1836—1842年环游世界》
271

［英国］福钧：《华北诸省漫记》
272

［英国］施嘉士：《旅华十二年——人民、叛乱与官员》
273

［法国］克鲁雷：《北京之旅，远征中国的回忆》
274

［英国］雒魏林：《在华行医传教二十年》
275

［英国］爱德华·巴林顿·德·方布兰克：《日本和北直隶》
276

［英国］麦吉：《我们如何进入北京——1860年在中国战役的记述》
277

［普鲁士］约瑟夫·马里亚·冯·拉多维茨著，
［美国］哈约·霍尔伯恩整理：《东亚来信》
278

［英国］福钧：《江户和北京：中日两国首都旅行纪事》
278

［英国］密吉：《从北京到彼得堡的西伯利亚路》
279

［法国］F. 卡斯塔诺：《中国之行》
281

［法国］阿奇尔·普西尔格编：《从上海经过北京到莫斯科的旅行》
282

［英国］雏魏林：《北京及其近郊纪事》
283

［英国］德尼克：《华北旅行记录》
283

［英国］罗亨利：《1860 年远征中国回忆录》
284

［法国］比索内：《从北京到上海——旅行回忆》
285

［普鲁士］莱因霍尔德·维尔纳：《1860、1861、1862 年德意志远征中国、日本和暹罗——旅行书信》
285

［美国］袮结理：《北京目标：和平的唯一希望》
286

［法国］卢多维奇·德·波伏娃：《世界各地旅行——北京、江户（东京）、旧金山》
287

［法国］楚泽：《环游世界——北京与中国北方》
288

［法国］罗淑亚：《北京与中国内地》

289

［美国］哈巴安德：《北京访问记》

290

［俄国］皮亚赛特斯基：《穿越蒙古与中国的旅行》

291

［英国］韦廉臣夫人：《中国的古老驿路》

292

［法国］埃利松：《翻译官手记》

293

［法国］保罗·博纳坦：《泰东》

294

［英国］戈登-卡明：《漂泊在中国》

295

［法国］哈里·德温特：《从北京到加来陆路之旅》

295

［美国］多拉·梅·德鲁、［美国］爱德华·邦斯·德鲁编：《北京的纪念》

296

［英国］霍普·格兰特、［英国］亨利·诺利斯：《格兰特私人日记选》

297

［美国］海伦·倪维思：《倪维思传——40年在华传教》

298

［美国］丁韪良：《花甲忆记》

299

〔德国〕雷德福:《在中国十年——经历、感受与旅行》

299

〔奥地利〕海司:《山东与德国在中国属地:1898年从胶州到中国圣地,以及从扬子江到北京》

300

〔英国〕约翰·汤姆森:《镜头前的旧中国》

301

〔英国〕立德夫人:《熟悉的中国》

302

〔法国〕绿蒂:《在北京最后的日子》

303

〔英国〕璧阁衔:《1899—1900在华一年记》

304

〔英国〕立德夫人:《穿蓝色长袍的国度》

305

〔德国〕史利普尔:《我在中国的战争经历——西摩联军的远征》

306

〔德国〕威廉·冯·李希霍芬:《菊花与龙——东亚战前与战争期间日记摘抄》

307

〔德国〕海沙伊特等:《北京照相》

308

〔英国〕迪金森:《来自一位中国官员的信札:西方文明的东方看法》

309

［英国］立德夫人：《京华往事》
310

［英国］卜禄士：《沿着马可·波罗的脚步：从印度西姆拉到北京》
311

［法国］让·泰利斯：《北京至巴黎汽车拉力赛80天》
311

［英国］庄士敦：《从北京到曼德勒：自华北穿过四川藏区和云南到缅甸的旅行》
312

［英国］艾米丽·乔治亚娜·坎普：《晚清中华面貌》
313

［美国］萨拉·康格：《北京信札》
314

［美国］切蒂：《晚清中国见闻录》
315

［英国］李通和：《帝国丽影》
316

［英国］立德：《旅华五十年拾遗》
317

［英国］玛丽·胡克：《北京外纪》
318

［英国］玛丽·克劳馥·弗雷泽：《一位外交官夫人的回忆》
319

［英国］慕雅德：《在华五十年：回忆与观察》
320

目 录

[荷兰] 亨利·博雷尔：《晚清游记》
320

[英国] 司督阁著，伊·英格利斯·克里斯蒂编：
《在满洲首府三十年——司督阁回忆录》
321

[英国] 巴克斯、[英国] 濮兰德：《北京宫廷年鉴与回忆》
323

[瑞典] 斯文赫定：《从北京到莫斯科》
324

[英国] 柏来乐、荣赫鹏：《从北京到拉萨》
324

[美国] 郝文德：《与中国土匪同行的十周》
326

[美国] 路易丝·乔丹·米恩：《北京往事》
327

[美国] 阿灵敦：《青龙过眼——一个在中国政府机构服务的外国人五十年的经历》
328

[英国] 彼得·奎奈尔：《浅游东京和北京》
329

[法国] 谢满禄：《北京四年回忆录（1880—1884）》
330

[英国] 菲尔普斯·豪吉斯：《英国军团：战争的伟大历险记》
331

［瑞典］斯文赫定：《热河——帝王之城》
332

［美国］孟佳莲：《西方旅行者在中国》
333

［英国］安·布里奇：《北京野餐》
334

［法国］夏尔·库赞·蒙托邦：《1860年征战中国——蒙托邦回忆录》
335

［英国］傅勒铭：《人们的客人：中国旅行记》
336

［法国］莫里斯·德哥派拉：《孔夫子穿上燕尾服》
337

［英国］傅勒铭：《鞑靼通讯：从北京到克什米尔》
338

［瑞士］艾拉·K.麦拉特：《禁忌之旅：从北京到克什米尔》
339

［意大利］丹尼尔·华蕾：《含笑的外交官》
341

［英国］奥斯伯特·西特韦尔：《跟我走！一部东方的素描书》
342

［美国］格拉姆·裴克：《穿过中国的长城》
343

［奥地利］斐士：《1894—1940年在华旅行记集》
344

［美国］哈雷特·阿班:《我的中国岁月》

345

第八章

文学、期刊

346

［英国］丹尼尔·笛福:《鲁滨逊历险记续记》

346

［法国］托马-西蒙·格莱特:《达官冯皇的奇遇——中国故事集》

347

［法国］钱德明译注:《御制盛京赋》

348

［英国］米怜等编:《印中搜闻》

349

［俄罗斯］比丘林编译:《北京志》

350

［英国］德庇时:《汉文诗解》

351

［美国］裨治文、［美国］卫三畏:《中国丛报》

352

［美国］布雷特·哈特:《无宗教信仰的中国佬和打油诗》

353

［英国］德尼克:《中国的民间传说及其与雅利安和闪米特种族民间传说的密切关系》

354

［德国］穆麟德、［德国］穆林德：《汉籍目录便览》
355

［法国］保罗·迪瓦：《西加勒在中国》
355

《小日报》
356

［意大利］威达雷编：《北京儿歌》
357

查尔斯·汉南：《北京的俘虏》
358

［美国］何德兰编：《孺子歌图》
359

［法国］考狄编：《西人论中国书目》
360

［英国］朴笛南姆·威尔：《老北京的浪漫人文》
361

［美国］安妮斯·洪特、［美国］艾伯丁·兰德尔·惠兰：
《中国孩子的日常》
362

［英国］翟林奈：《钦定古今图书集成（按字母顺序的）索引》
363

［美国］欧格非：《周慕西》
364

［美国］查尔斯·普鲁登·巴克曼：《燕游诗草》
364

［美国］斯黛拉·费什·步济时：《北京商队》

365

［意大利］贾科莫·普契尼：《图兰朵》

366

［中国］王文显：《梦里京华》

367

［英国］翟理斯：《中国文学史》

368

［美国］葛来思：《中国探险》

368

张则之编译：《北平民歌童谣》

369

［美国］白瑞华：《中国近代报刊史》

370

［法国］方立中编：《1864至1930北堂印书馆要目》

371

［中国］熊式一：《北京教授（三幕剧）》

371

［中国］林语堂：《京华烟云》

372

［英国］哈罗德·艾克顿：《牡丹与马驹》

373

［澳大利亚］莱拉·皮拉尼、露丝·沙克尔：《遇见中国》

375

[英国]谢福芸:《乾隆池——现代北京的故事》
376

第九章

人物
378

[法国]白晋:《康熙皇帝的历史画像》
378

[法国]王致诚、[法国]赫尔曼:《帝鉴图说》
379

[德国]郭实猎:《道光皇帝传》
380

[英国]罗约翰:《老王——满洲第一个中国传教士,他的生活和工作概况》
381

[英国]道格思:《李鸿章》
382

[美国]柯姑娘:《一个美国女画师眼中的慈禧》
383

[美国]亚历山大·哈里森·塔特尔:《甘威尔亲历北京之围》
384

[英国]翟理斯:《中国和满族》
385

[英国]濮兰德:《李鸿章》
386

[意大利]丹尼尔·华蕾:《一位驻华外交官笔下的慈禧》
387

[加拿大]何士:《老祖宗——慈禧太后的
一生和她的时代（1835—1908）》
388

第十章
指南
389

[英国]德尼克:《京津旅行指南》
389

《北京旅行指南》
389

[英国]立德夫人:《北京指南》
390

[英国]立德:《远东》
390

[美国]何德兰:《北京旅行指南》
391

[奥地利]斐士编:《京师地志指南》
392

《北京及其附近指南》
393

[法国]克劳迪乌斯·马特罗编:《北京及其周边》
393

［法国］克劳迪乌斯·马特罗编：《中国北方和韩国》
394

［美国］赫伯特·卡尔·克劳：《游历中国闻见撷要录》
395

《北京、天津、山海关、沈阳、大连、旅顺港和
京城（首尔）旅游手册》
396

《俄罗斯旅行指南：包括德黑兰、大连和北京》
397

［英国］格兰瑟姆：《天坛——一段历史》
398

《北京和陆地路线》
398

［英国］格兰瑟姆：《京畿笔谈》
399

《北京、华北、南满及朝鲜》
400

《北京旅游须知》
401

《北京实用指南》
402

［英国］蓝慕山编撰：《北京名人录》
403

［英国］郝播德：《西山的寺庙》
404

《城市指南：天津、上海、北京、杭州、
济南、香港、青岛、广州和南京》
405

刘易生：《北京西山》
405

［荷兰］爱伦·凯特琳：《了解北京》
406

［美国］玛丽·辛炕：《中国筷子——中国烹饪暨北京餐馆指南》
407

［美国］弗兰克·窦恩：《北平地图和历史》
408

赵丽莲：《北平景光》
409

第十一章

语言、文字
411

［英国］约翰·韦伯：《历史论文：论中华帝国的
语言是原始语言的可能性》
411

［法国］巴泰勒米·德埃贝洛、［法国］安托万·加朗、
［法国］刘应：《东方学目录》
412

［德国］巴耶尔：《中国博览》
413

［法国］安格·古达：《中国间谍》

414

［法国］钱德明：《满语语法》

415

［法国］蓝歌籁编纂：《满洲语入门》

415

［法国］蓝歌籁、［法国］钱德明：《满法词典》

416

［法国］小德金等编：《汉语、法语、拉丁语词典》

417

［法国］雷慕沙：《汉文简要（中国语言文学论）》

418

［法国］雷慕沙：《中国人的外语学习》

419

［葡萄牙］江沙维：《汉字文法》

419

［葡萄牙］江沙维：《汉洋合字汇》

420

［葡萄牙］江沙维：《辣丁中国话本》

421

［德国］郭实猎：《汉语语法指要》

422

［法国］加略利编：《汉语百科辞典》

422

［美国］卫三畏:《拾级大成》

423

［美国］卫三畏编:《英华韵府历阶》

424

［英国］艾约瑟:《官话口语语法》

425

［英国］威妥玛:《寻津录》

426

［英国］威妥玛:《北京字音表》

427

［英国］罗存德:《英华字典》

427

［英国］威妥玛:《语言自迩集》

428

［英国］威妥玛:《平仄编》

429

［英国］威妥玛:《文件自迩集》

430

［英国］威妥玛:《汉字习写法》

431

［法国］童保禄:《中国格言集》

431

［英国］司登得:《汉英合璧相连字典》

432

[美国] 卢公明：《英华萃林韵府》
433

[美国] 卫三畏：《汉英韵府》
433

[美国] 道格思：《中国的语言和文学》
434

[美国] 丁韪良：《中国人：他们的教育、哲学和文字》
435

[英国] 湛约翰：《康熙字典撮要》
436

[英国] 道格思：《大英博物馆所藏汉籍目录》
436

[英国] 翟理斯编：《有关远东问题的对照词汇表》
437

[英国] 白挨底、[法国] 毕瓯：《中国的城镇地名辞典》
438

I. M. 康狄特编：《英华字典》
439

[法国] 顾赛芬编：《法汉常谈》
439

[法国] 于雅乐：《汉语会话教科书》
441

[英国] 艾约瑟编：《汉语口语教程》
441

目 录

［德国］穆麟德:《满文文法》

442

［英国］翟理斯编:《华英字典》

443

［美国］富善编:《北京方言袖珍词典》

444

［美国］富善:《官话萃珍》

445

［德国］穆麟德:《中国方言的分类》

446

［英国］鲍康宁:《汉英分解字典》

446

［美国］狄考文:《官话简明教程》

447

［意大利］威达雷编:《汉语口语初级读本》

448

［英国］布勒克:《汉语书面语渐进练习》

448

［英国］苏珊·玛丽·吉宝·汤利夫人:《我的中文札记》

449

［德国］赫美玲编:《英汉口语词典》

450

［荷兰］费克森:《邮政文件中出现的主要汉语语汇表》

450

［意大利］P. 布列地编：《汉英词典》
451

［爱尔兰］傅多玛编：《中英对照普通话常用语》
452

［加拿大］季理斐编：《英华成语合璧字集》
453

［英国］鲍康宁编：《华文释义》
454

［德国］赫美玲编：《英汉官话口语词典》
455

［英国］库寿龄编：《中国百科全书》
455

［瑞典］高本汉：《北京方言发音读本》
456

禧在明编：《袖珍英汉北京方言词典》
457

《正音字典——汉语、马来语、英语对照》
457

［瑞典］高本汉：《汉语词族》
458

［美国］白瑞华：《甲骨五十片》
458

第十二章

哲学、宗教

459

[意大利] 利玛窦：《基督教远征中国史》

459

[德国] 汤若望编：《1581—1669年耶稣会传教士在华正统信徒之兴起和发展报告》

460

[意大利] 殷铎泽：《1581—1669年中国传教状况报告》

461

[意大利] 殷铎泽：《中国政治道德学说》

462

[法国] 李明：《中国近事报道》

463

[德国] 莱布尼茨：《中国新事萃编》

464

[德国] 约瑟·施特克莱因：《耶稣会传教士传教志》

465

[瑞士] 米克尔·维莱莫莱斯：《中国宗教状况轶事》

466

[法国] 多尔图·德·梅朗主编：《致北京耶稣会传教士巴多明神父关于中国各种问题的通信》

467

[荷兰] 德保：《关于埃及人和中国人的哲学研究》

468

［英国］艾莉莎·马礼逊编辑整理：《马礼逊回忆录》
469

［瑞典］龙思泰：《在华葡萄牙居留地简史，
在华罗马天主教会及其布道团简史，广州概况》
470

［法国］巴赞：《中华帝国宗教史及其法规研究》
471

［美国］克陛存：《花国的蒙昧——
华北的宗教观和民众的迷信》
472

［法国］古伯察：《基督教在中国及中国鞑靼和西藏地区》
472

［法国］查尔斯·圣弗伊：《耶稣会士利玛窦在中国》
473

［英国］艾约瑟：《中国的宗教》
474

［英国］简·艾德金斯：《中国景观和中国人》
475

［德国］花之安：《中国宗教学导论》
476

［英国］艾约瑟：《中国的佛教》
476

［英国］毕尔：《中国的佛教》
477

[美国] 香便文：《基督教与中国》

477

[美国] 杜步西：《中国的三教：儒、释、道》

478

[英国] 富世德：《基督教在中国的发展》

478

[英国] 司督阁：《在满洲十年——1883—1893年盛京医务传教活动史》

479

[德国] 巴兰德：《中国的哲学和国立的儒教》

479

[英国] 海思波：《中国内地会殉难教士录》

479

[德国] 艾德：《中国佛教手册》

480

[英国] 庄延龄：《中国与宗教》

481

[英国] 波乃耶：《中国人及其宗教》

481

[英国] 海思波：《大清国——概论和教会概况》

481

[美国] 柏赐福编：《美以美会在华一百年文献集》

482

[英国] 庄士敦：《佛教中国》

483

［法国］禄是遒：《中国民间信仰研究》
483

［英国］海思波：《中国内地会五十年》
484

［英国］乐民乐：《中国宗教的历史沿革》
484

［法国］戴遂良：《中国宗教信仰及哲学观点通史》
484

［法国］包士杰：《正福寺墓地与教堂》
485

［德国］帕金斯基：《神佛在中国：中国行记》
485

［美国］胡金生编：《华夏的挑战和监理会的回应：
在华监理会在一九二〇年北京的计划研究和
讨论会上所采取的计划》
486

［英国］巴慕德：《中国与现代医学——关于医务传教发展的研究》
487

［法国］包士杰：《庚子北京殉难录》
487

［法国］ A. 托马斯：《北京传教史：从开始到遣使会的到来》
488

［法国］包士杰：《栅栏天主教墓地与艺术：1610—1927》
488

［美国］文类思：《北京四座教堂》

489

［法国］裴化行：《天主教十六世纪在华传教志》

490

［英国］林辅华：《北京宫廷的耶稣会士》

490

约瑟夫·A. 桑德哈斯：《北京公教》

491

［美国］罗博登：《传教士和清朝官吏：中国宫廷内的耶稣会士》

492

［美国］亚朋德：《西方来的上帝——华尔传》

493

第十三章

建筑、科技、艺术与影像

494

［瑞典］约那斯·洛克奈斯：《中国长城》

494

［法国］白晋：《清国人物服饰图册》

494

［英国］威廉·哈夫彭尼、［英国］约翰·哈夫彭尼：
《中国园林建筑》

495

［法国］王致诚：《关于中国皇帝在北京附近园林的特别说明》

496

［英国］威廉·钱伯斯：《中国建筑、家具、
服饰、机械和器皿之设计》
498

［英国］罗伯特·多德斯利等编：《许多课题的片段》
499

［英国］威廉·钱伯斯：《东方园艺研究》
499

［法国］蒋友仁编：《中华造纸艺术画谱》
500

［法国］路易·弗朗索瓦·德拉杜尔：《中国建筑与园林论文集》
501

［法国］布雷东：《中国的服饰、文化艺术及产品》
502

［法国］宋君荣：《中国纪年论》
503

［法国］汤执中、［法国］殷弘绪、
［法国］韩国英合编：《中国竹纸制造技艺》
504

《普鲁士特使远东风景记录：日本、中国、泰国》
505

［英国］德庇时：《中国杂记》
505

［德国］艾德：《风水——中国自然科学的萌芽》
506

目　录

［英国］伟烈亚力：《北京城的蒙古天文仪器》
　　　　506

［法国］科利诺、博蒙特：《东方装饰艺术全书》
　　　　506

［比利时］阿理嗣：《中国音乐》
　　　　507

［德国］费理饬：《论年代学和历法的推定：
　　中国季节计算同欧洲的比较》
　　　　507

［德国］巴兰德：《中国姑娘和妇女类型素描——中国人透视》
　　　　508

［英国］卜士礼：《东方陶瓷艺术》
　　　　508

［英国］康斯坦丝·戈顿·库明：《中国盲文的
　　发明者》
　　　　509

［澳大利亚］莫理循编：《中国景观》
　　　　510

［英国］卜士礼：《中国美术》
　　　　511

［英国］卜士礼译注：《历代名磁图谱》
　　　　511

［英国］卜士礼译注：《中国陶瓷图说》
　　　　512

［美国］晏文士：《中国人中间的科学：中国的宇宙概念的若干方面同现代科学知识的比较》

512

［美国］约翰·詹布鲁恩：《天坛》

512

《北京相册》

514

［美国］伊莱亚斯·伯顿·霍姆斯：《从阿穆尔到北京到紫禁城》

514

［美国］唐纳德·曼尼：《北京美观》

515

［德国］伯恩德·梅尔彻斯：《中国剪纸艺术》

517

凯特·布斯：《中国戏剧研究》

518

［法国］沙畹：《中国民间艺术中愿望的表达》

518

［德国］恩斯特·柏石曼：《中国的建筑与景观》

519

［美国］祖客：《中国戏剧》

520

［瑞典］喜龙仁：《中国雕刻》

521

［瑞典］喜龙仁：《北京故宫》

522

［法国］乔治·苏利·德莫朗:《中国戏曲与现代音乐》
522

［德国］佩克哈默尔:《北京美观》
523

［瑞典］喜龙仁:《中国绘画史》
524

［德国］佩克哈默尔:《中国和中国人》
524

［美国］贾德:《中国印刷术的发明及其向西方的传播》
525

［美国］赫伯特·克拉伦斯·怀特主编:《燕京胜迹》
525

［美国］阿灵敦:《中国戏剧史》
527

［英国］西蒙·哈考特-史密斯:《故宫博物院藏和武英殿18—19世纪初欧洲钟表艺术品目录》
528

［美国］麻伦:《清朝皇家园林史》
529

［英国］霍蒲孙:《大维德所藏中国陶瓷图录》
530

［美国］康士丹:《京都叫卖图》
531

［美国］阿灵敦:《中国戏剧之精华》
533

[美国] 葛来思：《中国园林——现代花园、设计与象征》

533

[美国] 顾立雅：《中国书法》

534

[瑞典] 喜龙仁：《中国园林》

534

附录　到过北京的耶稣会士

536

第一章
历史、综述

［葡萄牙］加斯帕·达·克鲁斯：《中国志》

Gaspar da Cruz, 1520—1570
Tratado das coisas da China[1]

---

[1] 在西文中，有的语言书名用斜体表示，如英语；有的语言书名用引号表示，如法语用法语引号"《》"、德语用德语引号"》《""〉〈"及正双引号（""""）和反双引号（""""）等。本书西文书名则统一用斜体表示。——编者注

葡语首版于 1570 年在葡萄牙的埃武拉（Évora）出版。

加斯帕·达·克鲁斯，葡萄牙道明会修士，1548 年前往亚洲传教，曾在广州传教，利用这段时间收集了大量有关中国语言文化、政治制度、经济商贸、风土人情和宗教习俗等信息。

作者（并未到过北京）在书中介绍北京时如是说："据说北京城大到一个人骑马从早到晚都不能直穿过它（街道是笔直的，由一门通向另一门），这只是在城内，连郊区也都是很大的。"此书是在欧洲出版的第一部关于中国的著作，为 1585 年门多萨出版的《中华大帝国史》广为引用。

［西班牙］门多萨：《中华大帝国史》

Juan González de Mendoza，1545—1618

Historia de las cosas más notables, ritos, y costvmbres del gran reyno de la China[1]

西班牙语首版于 1585 年在意大利罗马出版；同年意大利文版在威尼斯出版，题为 *Dell' historia della China*；1588 年法文版和英译首版分别面世；截至 16 世纪末，此书以 7 种不同的欧洲语言重印了 46 次，中文译本于 1998 年由中华书局出版（何高济译）。

---

［1］此书名中"costvmbres"现写为"costumbres"。字母 u 由字母 v 派生而来，在 19 世纪以前，这两个字母一直可以换用，在西文辞书上一直不加区分，所以在 16—17 世纪出版的图书上，u 经常被写成 v。下文有同类情况不再说明。——编者注

第一章 历史、综述

门多萨，西班牙著名历史学家，奥古斯丁会教士。1580年作为使华团一员被西班牙国王菲利普二世派使中国，由于政治原因，赴华任务未实现。作者本人并未到过中国，用了两年时间收集整理前人的使华报告、文件、信札和著作等资料著成此书。

书中称北京为Paguia（皇帝的驻地），此书主要分为两个部分：第一部分共分3卷44章，全面综述了中华帝国的政治、历史、地理、宗教、文字、教育、科技、风俗和物产等，其中提到了万里长城；第二部分主要为游记，分别记述了1575年拉达等的福建之行、1579—1580年阿尔法罗等的广州之行和1581年伊格纳西奥从塞维利亚到中国的环球旅行。本书被誉为欧洲汉学研究第一部值得一看的作品，同时也是欧洲最早的汉学著作。

［西班牙］庞迪我：《几位耶稣会神父入华，遇到的特殊情况及在该国所见到的十分引人注目之事纪实》

Diego de Pantoja，1571—1618

Relacion de la éntrada de algunos padres de la cõpañia de IESVS en la China，y particulares successos q̃tuuieron，y de cosas muy notables que vieron en el mismo Reyno

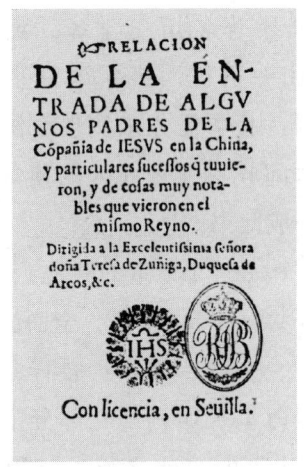

又被称为《关于中国基督教之意见书》，西班牙文版有1604年的巴利亚多利德（Valladolid）本，次年再版并被多次重印；1607年，意大利文版、拉丁文版和法文版出版，1608年德文版出版。

庞迪我，1571年出生于西班牙，耶稣会士。1597年抵达澳门，次年，随利玛窦进京，1601年获准觐见万历皇帝，此后留居北京。庞迪我在华期间努力学习汉语和儒家经典，于 1614 年在中国出版了中文作品《七克》。他告知欧洲北京的正确位置应在北纬 40 度一带而不是北纬 50 度左右。

此书综合地介绍了明王朝的社会、政治和法律制度。

［意大利］卫匡国：《鞑靼战纪》

Martino Martini，1614—1661

Historie van den Tartarschen oorloch

荷兰文首版于 1654 年在安特卫普出版。同年拉丁文版在意大利罗马出版。英文版在英国伦敦出版，在德国科隆也有出版。1655 年，在荷兰的阿姆斯特丹等地出版。1654—1706 年共用 9 种不同的语言出版。中文完整译本于 2008 年由中华书局出版（何高济译）。

卫匡国，意大利籍耶稣会士，汉学家、地理学家、历史学家和神学家，1643 年抵澳门，并游历过南京、北京、山西、广东等地，曾去罗马参加关于中国的礼仪之争，最后以他的见解获胜。卫匡国于1661年殁于杭州，葬于方井南。他在欧洲用拉丁文出版的有关中国的著作有《中国上古史》《中国新图志》等。

此书为作者赴欧向罗马教廷汇报中国的传教情况的著作，也是记录明清易代历史的著作，它记载的是鞑靼人入关并挥师南下的战事，其内容包括明清之际中国基督教发展的基本状况、明朝自朱元璋开国以来与女真的关系等。书中对李自成进京、崇祯自杀以及吴三桂率清兵入关等都有细致的描述。

［葡萄牙］曾德昭：《大中国志》

Alvaro Semedo，1585—1658

Histoire universelle du grand royaume de la Chine

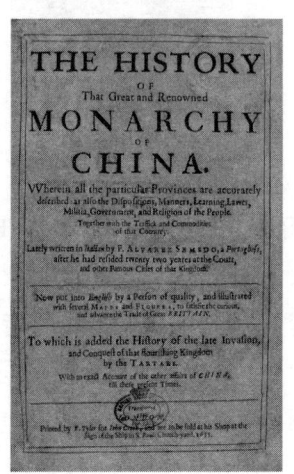

成稿于1637年，用葡萄牙文撰写，题目为《中国及其

邻国传教报告》（Relação da propagação da fé no regno da China e outros adjacentes），手稿本，未刊印。葡萄牙文首版于 1641 年出版；1642 年，西班牙文译本出版；1643 年，意大利文译本（Relatione della grande monarchia della Cina）在罗马出版；1645 年，法文译本（Histoire universelle du grand royaume de la Chine）在巴黎出版；1655 年，英文译本（The history of that great and renowned monarchy of China）在伦敦出版；中文译本于 1998 年由上海古籍出版社出版（何高济等译）。

曾德昭，又名"谢务禄"，葡萄牙耶稣会士。1613 年到达中国，在南京传教并研习中国语文。1649 年至广州主持教务，旋至肇庆，先后为永历帝和宫里人员举行弥撒，不久推举卜弥格神父代主教务。最后数年居于广州，去世后葬在澳门附近的香山澳。还著有《字考》（Tse K'ao）等。

全书共分两部分：第一部分介绍当时的中国概况；第二部分主要内容涉及中国传教的开端、神父们进北京、传教进展和教案等，涉及北京诸多内容，如北京的宫廷制度与婚姻、太后的葬礼、利玛窦之死和皇帝赐的葬地等。此书是研究这个时期传教史的第一手资料。

帕耶：《中国和欧洲自然、历史、地理、政治和人类生活对比》

Adam Preyel

Artificia hominum miranda naturae, in Sina & Europa

拉丁文版于 1655 年出版；次年，德文版在法兰克福出版；1682 年，荷兰文版出版。

此书扉页匿名，但是诸多参考书将其归于帕耶名下。

全书共 1505 页，作者在书中将中国和欧洲进行了大范围的比较，包括自然（动物、植物和矿产等）、历史、地理、政治、城市、社会生活等方面，尤其值得注意的是，作者将北京和罗马进行比较。

［德国］ 基歇尔：《中国图说》

Athanasius Kircher，1602—1680

China monumentis, qua sacris quà profanis nec non variis naturae & artis spectaculis, aliarumque rerum memorabilium argumentis illustrata

拉丁文首版于 1667 年在荷兰阿姆斯特丹的出版商范威阿斯贝格（Janssonius van Waesberge）和维耶斯特拉滕

第一章 历史、综述

```
ATHANASII KIRCHERI
E SOC. IESU
CHINA
MONUMENTIS
Quà
Sacris quà Profanis,
Nec non variis
NATURÆ & ARTIS
SPECTACULIS,
Aliarumque rerum memorabilium
Argumentis
ILLUSTRATA,
AUSPICIIS
LEOPOLDI PRIMI
ROMAN. IMPER. SEMPER AUGUSTI
```

（Elizer weyerstraten）出版，同年，出版商范摩尔（Jacob van Meurs）再版，1668 年荷兰文译本出版，1669 年英文译本出版，1670 年法文译本出版，中文译本于 2010 年由大象出版社出版（张西平等译）。

基歇尔，德国耶稣会士、学者。17 世纪欧洲"索引学派"的代表人物。其拉丁文著作有 40 多部。关于中国的著作还有《东方的埃及与中国》等。

此书书名直译为《中国的宗教文物、世俗文物和各种自然、技术奇观及关于有价值事物各种说法的汇编》，共分六个部分。作者收集和汇编了大量的关于中国政治、经济、文化、法律等方面的资料，并与古埃及、古印度的文化进行对比。书中附有大量图片，其中双页大幅图就有 23 幅，有清朝统治者画像等。此书在当时的欧洲实为塑造对中国认知的最为重要的作品，也是 17 世纪最为流行的著作之一，直至今日也是了解和研究西方汉学和"中国热"起源的重要资料。

［西班牙］闵明我：《中华君主国的历史、政治、伦理和宗教专论》

Domingo Fernandez Navarrete,？—1689

Tratados históricos, políticos, éthicos, y religiosos de la monarchia de China

西班牙语版于 1676 年在西班牙的马德里面世，1732 年英文版于伦敦出版。

闵明我，西班牙道明会神父，1658 年到中国传教，曾被中国政府逮捕，并被押送至北京。1674 年，作者回到西班牙后著此书。

本书共有七个部分。第一部分：中华帝国的起源、地理位置、天然资源、民族特点和演变过程；第二部分：中国政府的构成和管理方式、社会阶层的划分、主要历史特征和历史事件；第三部分：孔子及其弟子们的政治道德箴言；第四部分：中国人的伦理道德观；第五部分：对中国知识界的分析；第六部分：作者在中国的游历等；第七部分：关于基督教礼仪在中国教民中的问题、教皇有关谕旨、作者立场。

［葡萄牙］安文思：《中国新史》

Gabriel de Magalhaes, 1609—1677

Nouvelle relation de la Chine

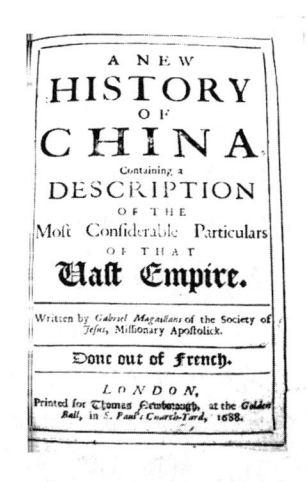

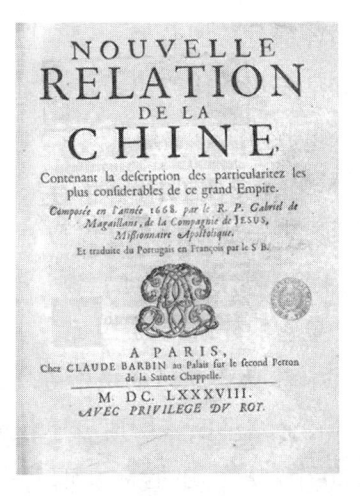

又译为《中国新志》，原文用葡萄牙文写成，译为《中国的十二显著特征》。1688年，克洛德·伯努（Abbe claude Bernou）翻译的法文本在法国巴黎的克洛德·巴安书屋（Chez claude Barbin）出版，名为《关于中国的新记载》（*Nouvelle relation de la Chine, contenant la description des particularitez les plus confiderables de ce grand empire*）。同年，

约翰·奥格尔比（John Ogilby）翻译的英文译本在英国伦敦的塞缪尔·霍尔福德（Samuel Holford）出版社出版，名为《中国的新历史：包含对这个大帝国的相关细节描述》（*A new history of China：containing a description of the most considerable particulars of that vast empire*）。1689年法文本和英文本重印，1690年法文本再次重印。

安文思，葡萄牙裔在华耶稣会士，到中国之前曾在印度和日本学习和传教。1640年开始在中国长达37年的传教生涯。精通中国语言文字，曾在四川为张献忠部所俘，后效力朝廷。与汤若望同时居京，善于制作精巧的机械仪器和各种灵巧的装置，受到顺治和康熙皇帝的器重。创建了北京东堂。1677年病逝于北京，葬于滕公栅栏墓地。

此书葡文原手稿共12章，因意外部分被烧毁，而后被克洛德·伯努翻译整理为21章。书中全面地介绍了中国，包括历史、地理、语言、政治、风俗习惯和皇城等。其中第14章：北京的其他官制；第17章：北京城描述；第18章：皇宫的建筑；第19章：其他宫殿和宫殿内的寺庙；第20章：坐落于北京的皇帝寺庙以及皇帝在大众场合下的言行。在介绍皇家宫殿时，不仅介绍了皇城的形状，皇城内的20个宫殿，还把皇家庙宇一一列出，包括天坛、地坛、北天坛、日坛、月坛、帝王庙、城隍庙；在介绍北京时，甚至对王府井、白塔街、铁狮街等街道有所提及。

［西班牙］帕拉福斯·门多萨：
《鞑靼人征服中国史》

Juan de Palafox y Mendoza, 1600—1659

Historia de la conquista de la China por el tartaro

首版为西班牙语，1671 年英文首版在伦敦的 W. 戈比德（W. Godbid）公司出版。

帕拉福斯·门多萨，西班牙天主教修士，是墨西哥历史上最为重要的西班牙人之一。

此书根据帕拉福斯·门多萨遗留手稿编辑而成。全书共有 30 章，描述了清征服明朝的过程，介绍了中国的宗教习俗，尤其是满族的习俗等。但由于作者并未到过中国，可能基于来自菲律宾的关于鞑靼人征服明朝的信息而写成，书中的一些信息不是很准确。

［瑞典］郎喀：《郎喀1721—1722年驻节北京朝廷日记》

Laurent de Lange, 1690—1752

Journal de la residence du sieur Lange, agent de sa majesté imperiale de la grande russie à la cour de la Chine; dans les années 1721 &1722

法语版于1726年在莱登出版，1763年英译本出版，全书共243页。

郎喀，又名兰支，瑞典人。1715年以特使身份被派往中国，他在北京居住两年，1719年被再次派往北京，直至1722年返回；1727年、1731年和1736年三次到北京。

此书为作者1721—1722年驻节北京朝廷时的日记。

[法国] 杜赫德:《中华帝国全志》

J. B. Du Halde,1674—1743

Description géographique, historique, chronologique, politique, et physique de l'empire de la Chine et de la tartarie chinoise

法文首版 4 卷本于 1735 年面世于巴黎。1736 年理查德·布鲁克斯（Richard Brookes）自法文原本翻译编辑而成英文简本 *The general history of China* 在伦敦出版，英文首版 *A description of the empire of China and Chinese tartary, together with the kingdoms of Korea, and Tibet* 于 1738—1741 年在伦敦出版。

杜赫德，法国耶稣会神父，其本人并未到过中国，因 1708 年任教于巴黎书院，主持编写《耶稣会士书简集》（*Lettres édifiantes et curieuses écrites des missions étrangeres*,

1702—1776）的第九至第二十六卷，故掌握着来自中国的大量资料，并与在华的传教士保持联系，此书即以此为基础编写，是18世纪论述中国最全面的史料，是法国乃至全欧洲汉学的奠基工程之一。

法文4卷本的《中华帝国全志》，第一卷是中国历史综述，包括耶稣会士从宁波到北京、中国各省地理等信息；第二卷是关于中国皇权、官府、中国人格、法制、军事、农业、商业、货币、语言文字、风俗和文化等方面的描述；第三卷是关于中国宗教、道德、哲学、音乐、数学的介绍，中国人对诗歌、历史和戏曲的欣赏、中医等；第四卷刊载了一些传教士对满洲、蒙古和西藏以及其他地区的考察记录。书中有若干附图。

［英国］托马斯·珀西汇编：《中国杂文汇编》

Bishop Thomas Percy，1729—1811

Miscellaneous pieces relating to the Chinese

第一章 历史、综述

英文版于 1762 年在英国伦敦的多德斯利（R. and J. Dodsley）公司出版，后又再版。

托马斯·珀西，其翻译的《好逑传》是欧洲最早的译本。

此书共 307 页，分 2 卷，是托马斯·珀西根据法国、德国、葡萄牙的传教士和中国方面研究专家写的有关汉语和中国方面的文章汇编而成，主要内容涉及中国人的语言和文字、戏剧、基督教堂在中国、北京周边的皇家园林以及皇帝母后六十大寿的典礼等，如钱德明（Jean-Joseph-Marie Amiot，1718—1793）的《在北京举行的一次太后六十大寿的典礼》（A description of the solemnities observed at Peking, when the emporor's mother entered on the sixieth year of her age）等文章。

［法国］德奥维尔：《世界不同民族的历史、礼仪、宗教》

André Guillaume Contant d'Orville, 1730? —1800

Histoire des différens peuples du monde, contenant les cérémonies religieuses et civiles, l'origine des religions, leurs sectes & superstitions, & les mœurs & usages de chaque nation

法文版于 1770—1771 年在巴黎出版。

德奥维尔，法国小说家、翻译家。

此书第一卷有关中国内容 150 页，第二卷包含蒙古、

鞑靼等内容。

［法国］钱德明、［法国］韩国英等：
《中国杂纂——北京传教士所做关于中国历史、科学、艺术、风俗、习惯等的记录》

Jean-Joseph-Marie Amiot，1718—1793；Pierre-Martial Cibot，1727—1780

Mémoires concernant l'histoire, les sciences, les arts, les mœurs, les usages, etc. des chinois: par les missionaires de Pekin

1776—1791年此书前15卷法文首版于法国巴黎，主要编者：钱德明汇编了第一、二、三、六、七、十二、十三、十四和十五卷，韩国英汇编了第四、五、八、九和十卷，第十一卷由金济时（Jean-Paul-Louis Collas，1735—1781）汇编，第十六卷于1814年出版于巴黎，编者为

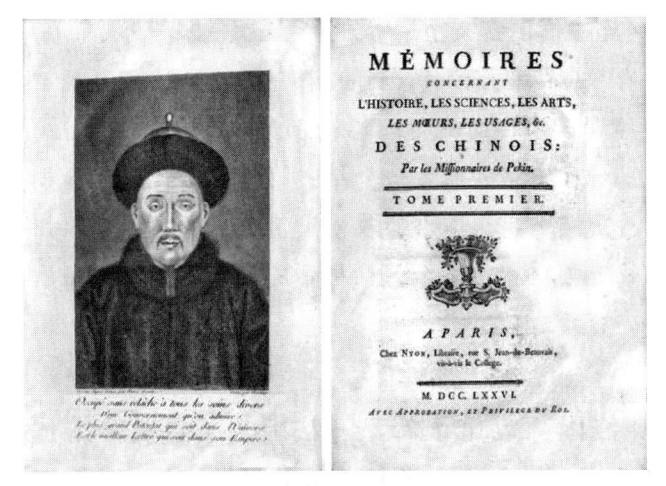

德·萨西（Treuttel Wurtz，1758—1838）。

钱德明，字若瑟，法国耶稣会士、汉学家。在法国受到良好的教育，1749 年奉派来华，1751 年转赴北京，因其学识渊博，受到乾隆皇帝赏识而谕令进京。直至去世，他在北京居住了 29 年，任法国在华传教区会长，长期供职朝廷，在宫廷中教授西学，对满语、汉语有着很高的学术造诣。他的其他作品有：《中国古今音乐考》（De la musique des chinois tant anciens que modernes，1776）、《孔子传》（Vie de Confucius，1784）、《梵文、藏文、满文、蒙文、汉文多语对照字典》（Dicionnaire polyglotte sanskrit-tibeain-manchou-mongol-chinois）、《鞑靼满法字典》（Dictionnaire tartare-mantchou frnaçois：composé d'après un ditionnaire mantchou-choinois）。

韩国英，法国人，1759 年入华。博学多才，文艺、科学、机械皆通，供职于朝廷，是圆明园西洋楼喷泉等处的设计者。著有《中国古代论》《论华人之孝》《记中国利息》《论中国语言文字》等。

本书是在北京的传教士关于中国的著述和书信,其主要内容有 3 个部分组成。第一部分:中国的概述性介绍;第二部分:专门的研究或介绍;第三部分:以乾隆朝为主的清代史实史料。本书还收入了传教士在中国从广州到北京的日志等材料,甚至包括皇帝的活动、圣旨、皇后的葬礼等内容。

[法国] 冯秉正著,[法国] 格鲁贤等编: 《中国通史》

Joseph-François-Marie-Anne de Moyriac de Mailla, 1669—1748; Jean-Baptiste Gabriel Alexandre Grosier, 1743—1823

Histoire générale de la Chine

法文版共 13 卷,于 1777—1785 年陆续出版,随后被

再版并被译作英文和意大利文（*Storia generale della Cina ovvero, Grandi annali cinesi*）。

冯秉正，法国汉学家奠基者，1703 年来华。先后为康、雍、乾三位皇帝效劳。康熙皇帝命令冯秉正将中国正史书译为法文。此书编撰历时 6 年，他所翻译的《中国通史》于 1730 年完成。冯秉正于 1737 年将书稿寄回法国，然而此书稿却在里昂学院图书馆沉睡了 30 年。

格鲁贤，曾在珍宝库中任国王兄弟蒙西埃的图书馆馆长。他研究中国的历史、美术和文学。1775 年，他买下了收藏于里昂原耶稣会士图书馆中的冯秉正《中国通史》的手稿，于 1777—1783 年与豪特拉耶（Roux des Hautes Rayes，1724—1795）合作出版了 12 卷，并附地图和说明图。1785 年，格鲁贤自己撰写并出版了 1 卷补遗，即第十三卷——《中国通典》。

此书属于编年体史书，是冯秉正首次以丰富详实的中国史料为底本，向欧洲呈现了中国的历史概况及全貌。此书直到 20 世纪初仍是欧美学者研究中国史的必读书之一。

[法国] 格鲁贤：《中国通典》

Jean-Baptiste Gabriel Alexandre Grosier，1743—1823
Description générale de la Chine

又名《中国志》，此书为 13 卷《中国通史》的第十三卷，法语版首次独立成书出版于 1785 年，随后多次单独发行，1788 年英文译本在伦敦出版，1789 年德文译本在莱比锡出版，1875 年法语版于巴黎再版，2019 年首个中译本在

大象出版社出版（张放、张丹彤译）。

此书主要内容有：中国十五省、岛屿、藩属的地理描述，城市的位置和人口状况，各种作物土产，中国博物学，欧洲人新近了解的关于中国政府、宗教、风俗习惯、文学、艺术和科学的知识等。

［英国］威廉·温特博特姆：
《中华帝国历史、地理和哲学概况》

William Winterbotham，1763—1829

An historical, geographical, and philosophical view of the Chinese empire[1]

英文首版于 1795 年在英国伦敦出版，共 549 页。次年费城重印，分两册发行；1926 年在伦敦再版。

---

〔1〕 此书名中"An"应为"A"，原书名书写有误。——编者注

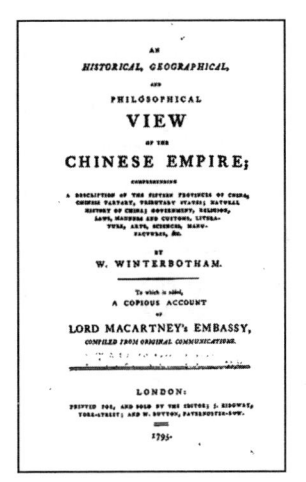

威廉·温特博特姆，英国浸会牧师、政治犯，此书是他在狱中写下的。

此书是关于中国的一本通史性著作，共十章。其中第一章是综述，其余九章分别介绍了中国当时的行省建置、满洲地区、朝贡国、自然史、政府、人口、宗教、习俗、文学、艺术、科学和制造业等内容。书末附有马戛尔尼使团来华的简述。

［英国］ 威廉·温特博特姆：《中华帝国便览》

William Winterbotham，1763—1829

A complete view of the Chinese empire

英语版于 1798 年在伦敦出版。

书中大量使用了马戛尔尼访华团的文献。

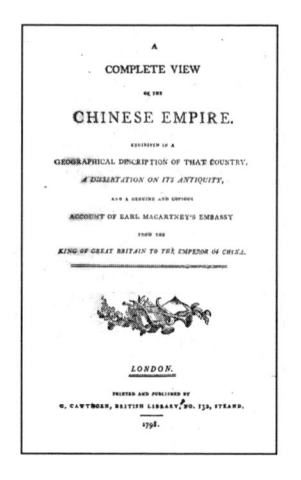

［美国］罗伯特·沃恩：《中国杂编》

Robert Waln, 1765—1836

China : comprehending a view of the origin, antiquity, history, religion, morals, government, laws, population, literature, drama, festivals, games, women, beggars, manners, customs...

英文版于 1823 年出版，共 125 页。

罗伯特·沃恩，商人，曾任美国国会议员、宾夕法尼亚州议员。和东印度以及中国有过贸易往来。

该书涉及欧洲使华团相关内容，以及中国的政治和商业等方面。

［美国］威廉·怀特曼·伍德：《中国概述》

William Wightman Wood, 1804—?

第一章 历史、综述

Sketches of China : with illustrations from original drawings

英文版于 1830 年在美国费城的凯里·利（Carey & Lea.）公司出版。

威廉·怀特曼·伍德，美国商人，1825 年来华，1827 年到广州，与马地臣叔侄（James and Alexander Matheson）创办并编辑《广州纪事报》（*The Canton Register*）。

此书共 250 页，为作者的随笔集，书中除了描写中国人的生活方式，还批评了鸦片贸易。书中配有插图和记录有从 1828 年 4 月到 1829 年 3 月间的鸦片销售数据的附表。

［德国］郭实猎:《中国简史》

Karl Friedrich August Gützlaff, 1803—1851
A sketch of Chinese history

英文版于 1834 年在英国伦敦的史密斯·艾尔德出版公司（Smith, Elder and Co.）出版。同年，在美国纽约出版。

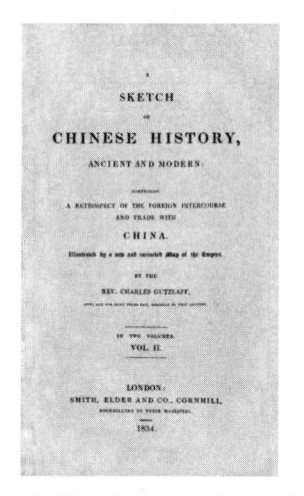

郭实猎，又名郭实腊、郭士立、郭甲利、郭施拉、居茨拉夫，笔名"爱汉者"。德国颇具争议的传教士作家，在华20余年从事传教、翻译圣经、著述出版，从政及协助外交等活动，创办了《东西洋考每月统记传》，并于1833—1837年任主编。他语言能力过人，熟读"四书五经"，一生著述多至80多种，语种、内容纷杂，关于中国的有61种，如《中国沿海三次航行记1831、1832、1833年》(Journal of three voyages along the coast of China in 1831, 1832 & 1833)、《汉语语法指要》(Notices on Chinese grammar)、《道光皇帝传》(The life of Taou-Kwang) 等。

此书共2卷，上卷436页，下卷463页，作者在书中从横向、纵向介绍中国历史，同时也流露出了对中国历史的蔑视。书前附《大清一统天下全图》，1834年绘制，书后附多张图表。

［瑞典］多桑：《蒙古史——从成吉思汗到帖木儿》

Baron Constantin d'Ohsson, 1780—1855

Histoire des Mongols : depuis Tchinguiz-Khan jusqu'à Timour Bey ou Tamerlan

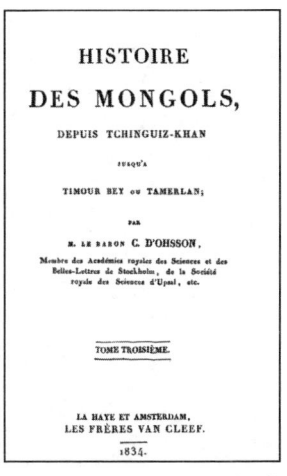

4卷本法文版于1834—1835年在荷兰阿姆斯特丹出版，中文译本《多桑蒙古史》于1936年由商务印书馆出版（冯承钧译）。

多桑，瑞典外交家、东方学家、伊朗学家及瑞典皇家科学院会员。作者为编写本书搜集了大量的波斯文、土耳其文、阿拉伯文、格鲁吉亚文、德文和波兰文相关资料。

本书第一、二卷主要记述了蒙古从成吉思汗到窝阔台汗国、建立元朝，再到元朝灭亡的历史。第三、四卷主要是关于钦察汗国、察合台汗国、伊尔汗国三汗国的兴亡史。

［英国］德庇时：《中国人——中华帝国及其居民概述》

Sir John Francis Davis，1795—1890

The Chinese：a general description of the empire of China and its inhabitants

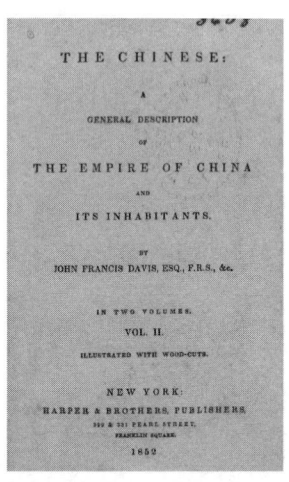

又名为《中华帝国总论》，英文版首版于 1836 年在纽约出版，1840 年出版于英国伦敦，1848 年、1852 年、1857 年、1858 年再版，中文译本于 2013 年光明日报出版社出版（易强译），名为《崩溃前的大清帝国：第二任港督的中国笔记》。

德庇时，英国外交官、汉学家、皇家亚洲协会会员、东方翻译协会会员。于 1844 年出任第二任香港总督。晚年集中精力潜心研究中国历史与文化，有很高的造诣。其关于中国的著作还有《汉文诗解》（*Poeseos Sinensis commentarii. on the poetry of the Chinese*，1829）、《交战时期及和平以来的中国》（*China，during the war and since the peace*，1852）、《中国杂记》（*Chinese miscellanie：a collection of essays and notes*，1865）等。他还曾将《好逑传》《汉宫秋》等中文名著译成英文。

本书是西方较早对中国进行总体介绍和系统研究的著作。作者首先回顾了欧洲国家特别是英国与中国接触、交往的早期历史，其中特别提到中英之间的贸易往来。接着，介绍了中国的领土面积、地质地貌、自然地理、气候和邻国等，阐述了中国历史发展的脉络、政治结构、政府模式、法律、中国人的体貌特征、中国人的性格、社会规范、行为方式和社会习俗。作者还介绍了作为首都的北京和其他重要的城市。

［德国］郭实猎：《开放的中国——中华帝国地理、历史、风俗、习惯、艺术、制造、商业、文学、宗教及法律等概览》

Karl Friedrich August Gützlaff，1803—1851

China opened; or, a display of the topography, history, customs, manners, arts, manufactures, commerce, literature, religion, jurisprudence, etc., of the Chinese empire

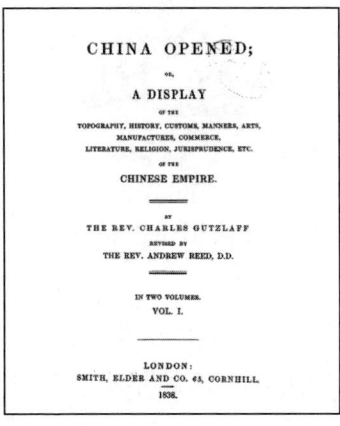

英文版于 1838 年在英国伦敦的史密斯·艾尔德出版公司出版，经安德鲁·里德（Andrew Reed）修订。

此书分上下 2 卷共 27 章，1080 页。书中作者巨细无遗地向西方介绍中国，鼓吹中国大门已开。主要内容涉及：中国概况、地理环境、物产资源、中国历史、语言文化、风俗习惯、各种职业、宗教、政府、皇帝、朝廷、贵族和外交等。此书为作者在西方世界赢得了巨大的声誉。

［英国］ 麦都思：《中国的现状与传教展望》

Walter Henry Medhurst，1796—1857

China：its state and prospects

英文版于 1838 年在英国伦敦的 John Snow 和美国纽约出版。

麦都思，英国传教士，自号墨海老人，汉学家。

此书主要内容为：中国编年史与疆域、中国的人口、中国文明和礼仪、中国的智慧、指南针、印刷术、火药、天文学、植物学、医学、外科学、绘画、雕刻、丝绸、瓷器、造纸术、漆器、中国的政府和法律、中国的语言和文学、中国的宗教、中国的基督教会、中国的耶稣教会。

［英国］基德：《中国：图解中国人的信仰、哲学、古物、习惯、迷信、法律、政府》

Samuel Kidd，1799—1843

China, or, illustrations of the symbols, philosophy, antiquities, customs, superstitions, laws, government, education, and literature of the Chinese

英文版于1841年在伦敦出版。

基德，又名修德、吉得，英国传教士，1824年赴马六甲，历任英华书院中文教师、院长等职，著有英文著作多部。伦敦大学第一任中文教授，汉学家。

全书共 403 页，扉页前附有道光皇帝的彩色插图，书中附有当时欧洲人绘制的中国和亚洲的地图、中医介绍等，涵盖了文化、语言、地理、历史等方面内容。

［法国］H. 沙瓦纳·德拉吉罗迪埃：
《4458 年间的中国人：历史、政府、科学、艺术、商贸、工业、航海与习俗》

H. de Chavannes de la Giraudière

Les chinois pendant une période de 4458 années: histoire, gouvernement, sciences, arts, commerce, industrie, navigation, mœurs et usages

法文首版于 1845 年在法国图尔出版。

本书共 398 页，有两个部分。第一部分：中国的历史和地理概述；第二部分：介绍了中国的法律、政府、建筑、城市、饮食娱乐、节日、农业、科技、艺术、商业、语言文字和航海等方面的内容，还涉及鸦片战争、条约的签订等内容。本书附有插图4幅：《南京的琉璃塔》《北京的西门》《酷刑场面》和《康熙拜访北京的耶稣会教堂》。

［美国］约翰·皮特斯：《中华大观》

John R. Peters

Miscellaneous remarks upon the government, history, religions, literature, agriculture, arts, trades, manners, and customs of the Chinese

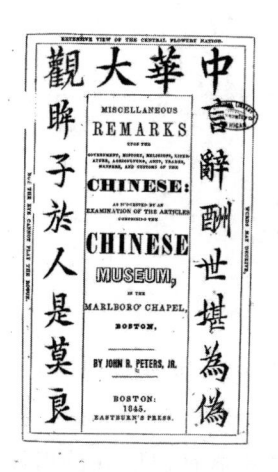

英文版于1845年在波士顿的Eastburn's Press出版，后又再版。

编者以猎奇的眼光向美国公众介绍中国的瓷器、服装、刺绣、民俗画等。

［美国］ 卫三畏：《中国总论》

Samuel Wells Williams, 1812—1884

The middle kingdom; a survey of the geography, government, education, social life, arts, religion, &.c., of the Chinese empire and its inhabitants

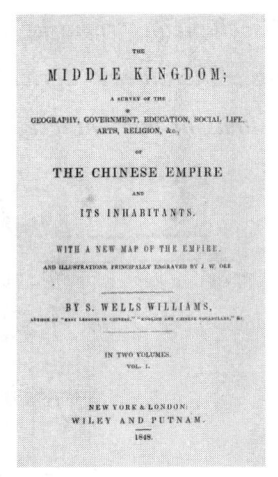

英文首版于 1848 年在纽约和伦敦出版，后多次再版，1879 年英文书名修订为 *The Chinese kindom*，中文译本于 2005 年由上海古籍出版社出版（陈俱译）。

卫三畏，美国汉学之父，集传教士、外交官和汉学家于一身。1832 年来华。曾参与《中国丛报》编辑工作，1877 年回美后，任耶鲁大学汉文教授。

本书共 2 卷 23 章，其主要内容涉及：中国的自然地理、行政区划、人口民族、教育、各地物产、法律政府、语言文字、历史文化、衣食住行、社会生活、工艺美术、科学技术、对外交往、宗教及其居民概览等。其中，有涉及北京城的汉人和满人居住等问题。本书附有 39 幅雕刻的插图，这些雕刻主要由欧尔（J. W. Orr）雕刻。

［英国］ 亨利·查尔斯：《中国和中国人》

Henry Charles Sirr，1807—1872

China and the Chinese：their religion，character，customs，and manufacturers

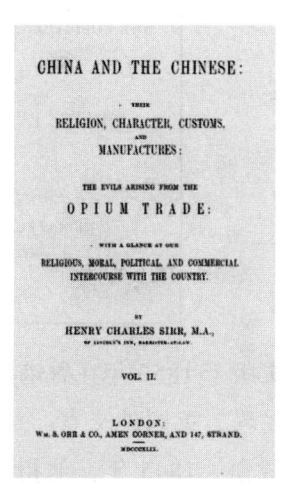

英文版于 1849 年在伦敦出版。

亨利·查尔斯，英国律师、外交官、作家。曾于 1842—1843 年任英-葡葡萄牙委员会秘书，1843 年在香港担任副领事。

此书基于这段经历而作，内容丰富。

［英国］威妥玛：《1849年中华帝国情况的报告》

Thomas Francis Wade, 1818—1895

Note on the condition and government of the Chinese empire in 1849

英文版于1850年在香港出版，共93页。

威妥玛，英国外交官、汉学家，曾参加过1840—1842年鸦片战争。1845年，他担任香港最高法院的粤语翻译。1847年任驻华汉语副使。1852年后，先后任驻上海副领事、使馆汉文正使和公使。1871—1873年任英国驻华公使。1876年和李鸿章签订《烟台条约》。1868年发明"威妥玛式拼音"，影响颇大。

作者在本书中讨论了中国的财务状况，对《京报》(*Peking Gazette*) 进行评价。

[德国] 卡尔·弗里德里希·内曼:《自第一次鸦片战争到〈北京条约〉签订时期的东亚历史》

Karl Friedrich Neumann, 1793—1870

Ostasiatische Geschichte : vom ersten chinesischen Krieg bis zu den Verträgen in Peking(1840–1860)

德文首版于 1861 年在德国莱比锡出版,共 532 页。

卡尔·弗里德里希·内曼,德国汉学家,曾在法国巴黎学习中文。1829 年来华,除本书外还著有《英中战争的历史》(*Geschichite des Englisch-Chinesischen krieges*, 1855)。

本书共 48 个部分,主要内容涉及中国人和中国文化的传播,中西贸易往来和鸦片交易,中英之间的敌对情绪,林则徐的禁烟运动,鸦片战争的三次海战,英军占领定海和宁波的情况,京杭大运河及其意义,割让香港的条款及其他条约，中国的秘密组织，中俄条约划定的新边界，中美、中法、中英条约的签订，《天津条约》签订后的中国社会，联军火烧圆明园的情况等。

［英国］湛约翰：《中国人的起源》

John Chalmers, 1825—1899
The Origin of the Chinese
英文版出版于 1865 年。

湛约翰，英国人，另著有《康熙字典撮要》（*The concise Kanghsi dictionary*, 1877）、《粤语袖珍字典》（*A pocket dictionary of the Canton dialect.* 1872）等。

［法国］顾随：《中华帝国：地理记述，历史梗概，社会、宗教和政治制度，高等学识、艺术，实业和贸易考察》

Courcy, Marie Rene Roussel, Comte de, 1827—1908
L'empire du milieu : description geographique, precis historique, institutions sociales, religieuses, politiques, nations sur les sciences, les arts, l'industrie et le commerce
法语版于 1867 年出版。

顾随，又名顾思，法国人。

[美国] 倪维思：《中国和中国人》

John Livingston Nevius，1829—1893
China and the Chinese

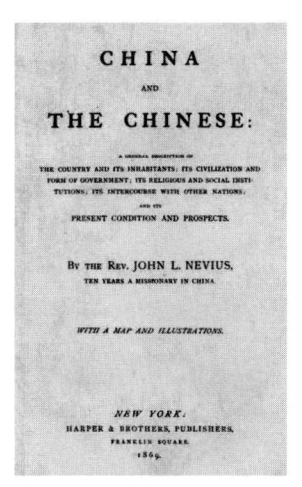

英文版于1868年在纽约出版，次年再版；中文译本于2011年在中华书局出版（崔丽芳译）。

倪维思，美国基督教北长老会教士，1853年来华，在华传教40年。1871年倪维思到烟台传教，引进美国苹果等树种及栽培技术，并将美国树种与中国树种相嫁接，生产出香蕉苹果。

作者在书中介绍了中国社会的多个方面，包括科举、学校、语言、慈善机构、社会习俗以及传教士在中国的生活等。附有多幅插图。

［英国］ 翟理斯：《中国概要》

Herbert Allen Giles，1845—1935
Chinese sketches

英文版于 1876 年在伦敦出版。

翟理斯，又名翟理思，英国外交官、汉学家。两度荣获法兰西学院儒莲奖（1898 年、1911 年）、中华民国政府嘉禾勋章（1922 年），并当选为皇家亚洲学会北中国支会主席（1885 年）。剑桥大学第二位中文教授，威妥玛-翟理斯汉语罗马字拼音系统创制人之一。另著有《历史上的中国及其他概述》(*Historic China, and other sketches*, 1882)、《中国的共济会制度》(*Freemasonry in China*, 1890)、《华英字典》(*A Chinese-English dictionary*, 1892)、《古今姓氏族谱》(*A Chinese biographical Dictionary*, 1898)、《中国绘画史导论》(*An introduction to the history of Chinese pictorial* art，1905）、《中国和满人》（China and the Manchus，1912）、《曎山笔记》（Adversarial Sinica，1914）、《儒家学说及其反对派》（Confucianism and its rivals，1915）、《中国文学史》（History of Chinese literature，1928）、《中国的文明》（The civilization of China，1911）、《有关远东问题的对照词汇表》（A glossary of reference on subjects connected with the Far East，1878）、《关于鸦片的一些事实》（Some truths about Opium，1923）等。此外，他还将《聊斋志异》《洗冤录》《佛国记》等译为英文。

［英国］ 翟理斯：《历史上的中国及其他概述》

Herbert Allen Giles，1845—1935

Historic China, and other sketches

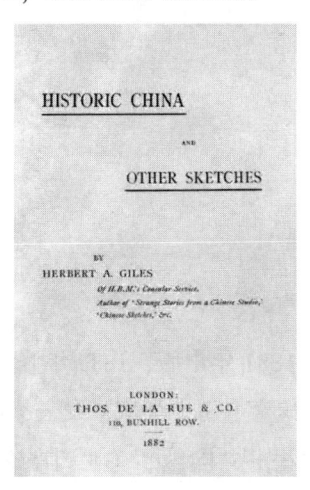

英文版于 1882 年在英国伦敦的德拉鲁公司（Thomas de la Rue & Co.）出版。

全书共 405 页。此书主要分为三个部分：第一部分含 6 个章节，为中国朝代的概述，作者简要概述了中国三千年的历史，同时还介绍了中国文学。第二部分为法律概述，作者介绍了《大清律例》，翻译、收录了 12 个真实的案例。第三部分为其他的概述。其内容涉及中国的教育、中国的火葬、中国扇子、围棋、中国姓氏、中国共济会等内容。

［英国］包罗杰：《中国历史》

Demetrius Charles Boulger，1853—1928

The history of China

英文 2 卷本于 1881 年出版，1889 年修订版出版于伦敦。

包罗杰，英国作家、历史学家，发表了许多关于亚洲的作品。1885 年，同格里芬共同创办《亚洲评论季刊》，并任该刊编辑达 5 年之久。另著有《英国、俄国在中亚细亚》《中亚细亚介绍》等。

[英国] 道格思:《中国》

Robert Kennaway Douglas, 1833—1913
China

英文版于1882年在英国伦敦基督教学术推进会（Society for promoting Christian knowledge）出版，共400页。后多次再版。

道格思，英国人。另著有《非基督的宗教体系：儒教和道教》（*Non-Christian religious systems, Confucianism and Taoism*, 1879）、《中国的语言和文学》（*The language and literature of China*, 1875）、《中国的社会》（*Society in China*, 1894）、《李鸿章》（*Li HungChang*, 1895）、《欧洲和远东（1506—1912）》（*Europe and the Far East, 1506-1912*, 1914）、《大英博物馆所藏汉籍目录》（*Catalogue of Chinese printed books, manuscripts and drawings in the library of the British*

Museum，1887) 及《大英博物馆所藏汉籍目录补编》(*Catalogue of Chinese printed books：supplementary catalogue of Chinese books and manuscripts in the British Museum*，又名《目录补编》[1903]) 等。

全书共十九章，主要涉及中国历史和帝国概况、中国政府、婚姻、儿童培养和教育、食物和服装、农业、医药、音乐、建筑、绘画、姓名、丧葬礼仪、宗教、语言和文学等方面的内容。作者在语言这一章里，提到北京话有4个声调，广东话有8个声调，并提到了威妥玛 (Thomas Francis Wade，1818—1895) 的《语言自迩集》(*Yü'yen tzǔ-erh chi*) 来说明北京话的4个声调。书中附有大量插图和地图。

[法国] 冉默德：《北京——中华帝国回忆》

Maurice Louis Marie Jametel，1856—1889

Pékin：souvenirs de l'empire du milieu

法文版于1887年在法国巴黎出版，共305页。

冉默德，法国人，1878—1880年在北京做翻译，曾被派驻中国香港和韩国。1886年任东方语言学院的汉语讲师，后来成为教授。1883年获得儒莲奖，著名汉学家沙畹是他的学生。另著有《北京的搪瓷工匠》(*Emailleurs pékinois*，1886)等。

[法国] 古恒：《北京朝廷》

Maurice Auguste Louls Marle Courant，1865—1935
La cour de Péking

法文版于1891年在法国巴黎的厄内斯特·勒鲁克斯出版社（Ernest Leroux Editeur）出版，共112页。

古恒，法国东方学家。主修中文、日文。1889年前往中国任法国驻华使馆见习生，1890年任使馆翻译。此后又前往韩国、日本任外交官。1895年后结束外交生涯，赴里昂大学任教。1896 年凭借《朝鲜书志》获得儒莲奖。此后又于 1903 年、1913 年、1915 年三次获儒莲奖。1913 年获博士学位后，成为里昂大学汉学教授。1921 年里昂中法大学成立后，出任协会秘书。他著有多本东亚研究的书，另有《在中国：风俗习惯与制度、人和事》（*En Chine : mœurs et institutions, hommes et faits*, 1901）等。

此书分为两个部分。第一部分有 26 章，主要涉及朝廷、宗人府、皇帝的教育、皇子的教育、皇后妃嫔、皇子的婚礼、皇子之死和葬礼、国葬、皇帝的遗嘱、侍卫处、銮仪卫、内务府、王府、太医院、钦天监太常寺、光禄寺、礼部、内阁和军机处等内容。第二部分为 17 篇翻译，一部分是从《京报》翻译而来，主要涉及光绪帝、皇后和公主、公主和贵妇们的服饰、皇后嫁妆、皇后之死、同治皇帝遗嘱、同治帝驾崩、光绪登基等内容。因作者会中文，书中大量专名均附有中文翻译，如：爱新、女真、康熙、顺治、乾隆、光绪、咸丰、慈禧、道光、同治、圣宗仁皇帝、高宗纯皇帝等。

［美国］满乐道：《中国的今日和未来：医药、政治和社会》

Robert Coltman, Jr., 1862—1931

The Chinese, their present and future : medical, political, and social

英文版于 1891 年在美国费城 F. A. 戴维斯出版公司

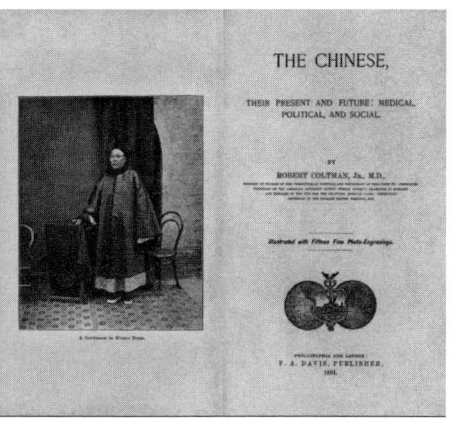

（F. A. Davis Publisher）出版，共 212 页。

满乐道，美国长老会传教医师，1885 年来华，1896 年任同文馆解剖学教授，是这一领域在中国的开山人物。1898 年帝国大学外科教授，是皇家御用医师。1900 年义和团围困北京时，他向外界送信，为芝加哥《记录报》记者，还著有《北京被围记》(Yellow crime, or beleaguered in Peking, 1901) 等。

此书分为 13 章，涉及中国医药、政治、社会风俗、商业、传教士在中国传教工作、总理衙门等方面内容。书中附有插图。文中提到了京师同文馆等官办外语专门学校。

[英国] 艾约瑟:《中国论文集》

Joseph Edkins, 1823—1905

Modern China :thirty-one short essays on subjects which illustrate the present condition of the country

英文版于 1891 年由上海别发洋行（Kelly & Walsh

> MODERN CHINA:
>
> THIRTY-ONE SHORT ESSAYS ON SUBJECTS WHICH ILLUSTRATE THE PRESENT CONDITION OF THE COUNTRY.
>
> BY
>
> JOSEPH EDKINS, D.D.
>
> SHANGHAI:
> SOLD BY KELLY & WALSH, LD. AND BY W. BREWER.
> LONDON:
> SOLD BY TRÜBNER & Co., LUDGATE STREET
> 1891.

Limited）和伦敦特吕布纳公司（Trübner & Co., Inc.）出版。

艾约瑟，英国伦敦会传教士、汉学家。1848年到上海传教，1863年到北京，1880年被聘为海关翻译，1905年逝世于上海。还著有《上海口语语法》（*A grammar of colloquial Chinese, as exhibited in the Shanghai dialect*, 1853）、《中国的宗教》（*Religion in China*, 1878）、《鸦片史或中国的罂粟》（*Opium: historical note, or the poppy in China*）、《中国的通货》（*Chinese currency*, 1901）、《中华帝国的岁入和税制》（*The revenue and taxation of the Chinese empire*, 1903）等，他的译著《希腊罗马史》对当时的中国知识界有一定的影响。

论文集收录了31篇关于中国民族、天坛、语言、裹脚、艺术、气候、北京的博物馆、医药、北方农业、风水、教育等方面的文章。

[英国] 庄延龄:《鞑靼千年史》

Edward Harper Parker, 1849—1926
A thousand years of the Tartars

英文版于 1895 年出版,中文译本于 1936 年由商务印书馆出版(向达、黄静渊译)。

庄延龄,英国汉学家、外交官。1869 年来华,初在英国驻北京公使馆任翻译,后在天津、汉口、广州等地领事馆供职,担任过上海、福州等地的领事,曾到蒙古地区旅游。1896 年任英国利物浦大学汉语讲师。1901 年起任曼彻斯特大学汉语教授。对中国的宗教、历史、外交等领域有许多研究著述。

此书在西方较有影响。全书分匈奴、鲜卑、柔然、突厥阿史那氏、西突厥、回纥和契丹七部分,主要阐述鞑靼地方自古代起至成吉思汗出现前千年间的历史。

[美国] 卫三畏:《中国小史》

Samuel Wells Williams, 1812—1884

A history of China : being the historical chapters from "the middle kingdom"

英文版于 1897 年在美国纽约的斯克里布纳之子(New York: Charles Scribner's Sons) 公司出版,共 474 页。

此书共 8 章,是《中国总论》(*The middle kingdom*) 之增订本,仅含历史部分,内容涉及中国历史、中英战争起因、鸦片战争、太平天国运动、第二次中英战争等内容。

[法国] 樊国梁:《北京——历史和记述》

Alphonse Pierre Marie Favier, 1837—1905

Péking : histoire et description

法文版于 1897 年在北京出版,后多次重印;中文译本于 2010 年由中央编译出版社出版(陈晓径译),名为《老北京那些事儿:三品顶戴洋教士看中国》。

樊国梁,法国遣使会会士。1862 年来到中国传教,曾任天主教北京教区主教。1905 年在北京逝世。

书中有大量的照片,是对北京的百科全书式的介绍,也是讲述天主教在中国的传教简史,特别是樊国梁亲身的传教经历,是清末天主教传行中国的重要一手文献。作者因自身西方教育背景以及神学、哲学等学术背景,对北京的历史、文化、生活等内容都有独特理解。此书 1897 年获法兰西科学院奖。

[英国] 柯乐洪:《转变中的中国》

Archibald Ross Colquhoun,1848—1914
China in transformation

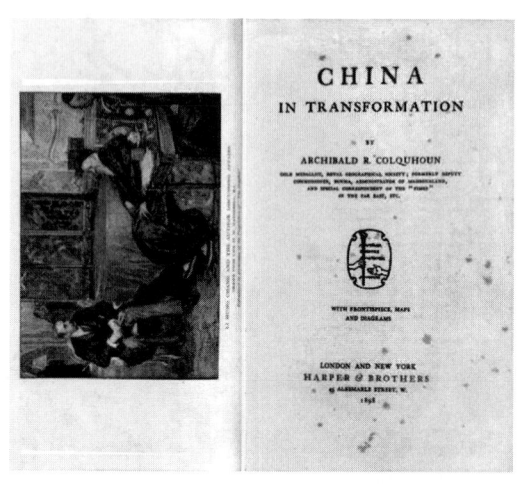

英文版于 1898 年在伦敦和纽约的哈珀（Harper & Brothers）出版社出版。

柯乐洪，又名葛洪、高奋云，英国官员、皇家地理学会会员、旅行家，以驻远东记者身份在中国居住几年。另著有《通过华南边疆从广州到曼德勒旅行记事》（Across Chryse：being the narrative of a journey through the South China borderlands from Canton to Mandalay，2 卷，1883）、《在掸人当中》（Amongst the Shans，1885）、《由陆路去中国》（Overland to China，1900）、《俄国反对（英属）印度——争夺亚洲的斗争》（Russia against India, the struggle for Asia，1900）、《征服太平洋》（the mastery of the Pacific，1902）等。

此书有 4 张折叠地图和其他插图。作者谈到了许多问题，包括经济学、外交关系以及英国在中国的目标等。

［英国］贝思福：《中国的分裂》

Lord Charles Beresford, 1846—1919

The break-up of China : with an account of its present commerce, currency, waterways armies, railways, politics and future prospects

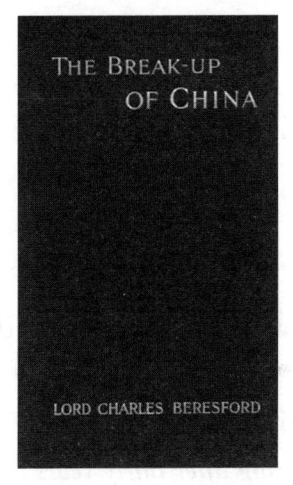

英文版出版于 1899 年。

书中涉及中国的商业、货币、政治等方面。

［英国］包罗杰：《中国简史》

Demetrius Charles Boulger, 1853—1928

China

英文版于 1900 年出版于伦敦和纽约。

包罗杰，英国作家。对外国历史及军事问题尤感兴趣。

1885年，同格里芬共同创办《亚洲评论季刊》，并任该刊编辑达5年之久。另著有《英国、俄国在中亚细亚》《中亚细亚介绍》等。

［英国］宝复礼:《三十年后中国之觉醒》

Brown Frederick, 1860—?
China's dayspring after thirty years

英文版于 1913 年在英国伦敦的 Murray and Evenden 出版公司出版，共 264 页。

宝复礼，又名宝复理，英国人，天津卫理公会传教士。他不仅是虔诚的传教士，而且还任美军情报官。1900 年八国联军围困北京城，宝复礼冲向前线，以其丰富的北京知识做总司令的向导，引导联军顺利地攻占北京城。还著有《义和团和其他关于中国的回忆》（*Boxer and other China memories*）、《天津的宗教》（*Religion in Tientsin*，1908）等。

此书共有 10 章，主要涉及义和团运动与清政府、八国联军攻打北京等内容。附有大量的插图和地图。

[德国] 卢国祥:《中华苗蔓花：华夏纵览》

Richard Pieper, 1860—1909

Unkraut, knospen und blüten aus dem blumigen Reiche der Mitte

德文版于 1900 年出版，1908 年再版。

卢国祥，德国圣言会会士，1886 年抵达山东，并在当地和农民一起生活了 23 年之久，1909 年在中国逝世。

全书共 729 页，此书为作者在中国的所见所闻，共分为 3 个篇章：Unkraut（苗）、Knospen（蔓）、Blüten（花），书中有数百幅插图、照片和版画，其中彩图 4 幅。其主要内容有：清朝风俗、传说、朝廷、汉字、钱币、风水、农业、家庭、瓷器、儿童、教育（私塾）、烹饪、鸦片、手工、摊贩、戏剧、军队、大臣、刑法、花卉、动物、年俗、义和团运动、八卦、医术、婚丧嫁娶、庙宇神灵、教派、传教活动、音乐、纺织、文学、书法、服饰、城市建筑等，是对当时清朝中国的全面描述。

［美国］丁韪良：《汉学菁华》

William Alexander Parsons Martin，1827—1916
The lore of Cathay or the intellect of China

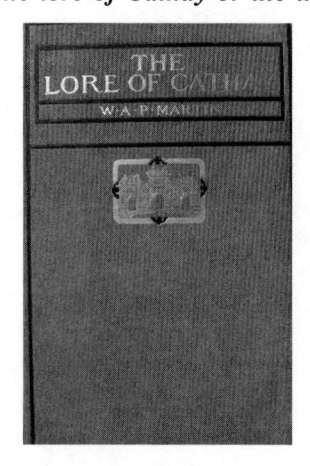

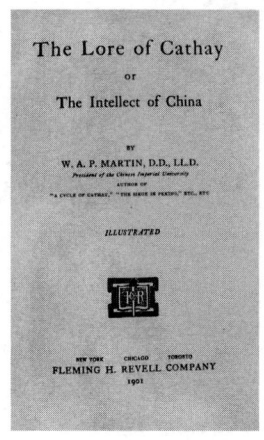

英文版于 1901 年由美国纽约的弗莱明·H. 拉维尔公司（Fleming H. Revell Company）出版，共 480 页；中文译本于 2007 年由中华书局（香港）有限公司出版（沈弘等译）。

丁韪良，字冠西，美国传教士。1850 年来到中国。1863 年移居北京。1869 年，出任京师同文馆总教习。1898 年在李鸿章推荐下，光绪皇帝任命他为京师大学堂首任西学总教习，授二品顶戴。传教之余翻译美国人惠顿（Henry Wheaton）的《万国公法》（*Elements of international law*）。1916 年在北京去世，与妻子同葬于西直门外的墓地。还著有《花甲忆记》（*A cycle of Cathay, or, China, south and north : with personal reminscences*, 1896）、《天道合校》、《翰林集》、《中国的传说与诗歌》（*China legends and other poems*, 1894）和《中国觉醒》（*The awakening of China*, 1907）等。

本书分为 5 卷，分别从中国古代的科技、文学、宗教、哲学、教育、外交等几个领域，对博大精深的中华文化——进行了阐述，这些题目是作者的原创性研究成果，书中所引用的材料完全源自中文典籍。此书有多幅插图，它与《花甲忆记》互为补充。

［德国］约瑟夫·屈尔施纳：《大清帝国》

Joseph Kürschner，1853—1902

China ; schilderungen aus leben und geschichte, krieg und sieg ; ein denkmal den streitern und der weltpolitik

> **China**
> Schilderungen aus Leben und Geschichte
> Krieg und Sieg
> Ein Denkmal den Streitern und der Weltpolitik
> Herausgegeben von
> Joseph Kürschner

德文版于1901年在德国柏林出版。

约瑟夫·屈尔施纳，德国作家和编辑，曾担任"德国国家文学"丛书主编。

此书是3卷本：第一卷为"国土与子民"，主要内容有：清朝的朝政、法律、军队、宗教信仰、节日、娱乐、妇女、语言文字、文学艺术、音乐、农业、畜牧业、教育、科学、商业贸易、中国历史、德中关系等。第二卷为"义和团"，主要内容有：义和团"叛乱"、德国陆军和海军介入经过以及德国对华的殖民政策。第三卷为"中国故事"，是旅行家卡尔梅（Karl May）等在中国的游记。书中附彩色照片、黑白照片和版画插图共716幅，彩色地图2张，附录部分为"中国音乐"。

［法国］考狄：《1860—1900年中国与西方列强关系史》

Henri Cordier，1849—1925

Histoire des relations de la Chine, avec les puissances occidentales, 1860-1900

此套书共 3 卷,于 1901—1902 年陆续出版。

考狄,又名高亨利、高第,法国汉学家、英国皇家亚洲学会荣誉会员、法兰西学院院士,是东方学刊物《通报》杂志的创办人。1869—1876 年旅居上海,回国后任巴黎东方语言学院教授。另著有《法国在远东两个租借地的起源:上海、宁波》(*Les origines de deux etablissements francais dans l'Extreme-Orient: Chang-hai, Ning-po*, 1896)、《1857—1858 年远征中国记》(*L'expedition de Chine, 1857-1858*, 1905)、《1860 年对中国的远征,外交文书和文件史》(*L'expedition de Chine, 1860, Histoire diplomatique notes et documents*, 1906)、《中国通史》(*Histoire generale de la Chine*, 4 卷, 1902)、《中国》(*La Chine*, 1921)、《西人论中国书目》(*Bibliotheca Sinica: dictionnaire bibliographique des ouvrages relatifs a l'empire chinois*)等。

［德国］ 花之安：《中国史编年手册》

Ernst Faber, 1839—1899

Chronological handbook of the history of China

英文首版于 1902 年在上海由德国同善会（General Evangelical Protestant Missionary Society of Germany）出版、美华印书馆（American Presbyterian Mission Press）印刷。

花之安，又名化之安，德国人，另著有《儒学汇纂》（*A systematical cigest of the doctrines of Confucius*，1875）、《中国著名的男子》（*The famous men of China*，1889）、《中国著名的女子》（*The famous women of China*，1890）、《中国宗教学导论》（*Introduction to the science of Chinese religion*，1879）、《从历史角度看中国》（*China in the light of history*，1897）、《中国古代社会主义的重要思想——哲学家孟子的学说》（*The principal thoughts of the ancient Chinese socialism, or the doctrine of the* philosopher mencius，1897)、《孟子的思想——基于道德哲学的政治经济学说》（*The mind of Mencius，or political economy founded upon moral philosophy*，1897）等。

全书正文共 250 页，以英文写成，部分内容附有中文。有 4 个附录。

［德国］阿尔方斯·冯穆默：《穆默的摄影日记》

Alfons von Mumm，1859—1924
Ein tagebuch in Bildern

德文版出版于 1902 年。

阿尔方斯·冯穆默，曾任德国驻华大使。曾被义和团围困北京。1901 年，作为德意志帝国代表与大清国钦命全权大臣李鸿章、奕劻进行谈判，之后签署了《辛丑条约》。此后，他和慈禧太后保持着良好的关系，他用相机拍摄了北京大量的照片。

全书主要内容有 6 个部分：出航、在北京、近畿景致、大地俯瞰、南方旅游、在北京的公务。书中有 600 多幅记录中国地理、风俗和反映中国近代史的照片。这些照片拍摄于八国联军侵华期间，不仅涉及中外诸国之间的军事、外交活动，如八国联军的进军路线、军容军貌、高级将领、外交官员、各地领馆以及中外高官之间的谈判交往、天安门广场的升旗仪式以及联军列队挺进大清门、各国驻华官员元旦入宫"朝贺"、义和团事件之后使馆区、清室诸王显贵宴请诸国外交官、荷兰女皇于北京使馆举办婚礼、签订《辛丑条约》等，还有各地的古迹名胜、古代建筑、风土人情等。

［英国］海思波：《中国现状》

Marshall Broomhall, 1866—1937

Present-day conditions in China

英文版于 1908 年由美国纽约的弗莱明·H. 拉维尔公司（Fleming H. Revell Company）出版。

海思波，英国人，另著有《大清国：概论和教会概况》（*The Chinese empire : a general and missionary survey*，1907）、《中国内地会五十年》（*The jubilee story of the China Inland Mission*，1915）、《创始者马礼逊》（*Robert Morrison, a masterbuilder*，1924）等。

全书共 58 页，书中附有地图和插图。

［英国］布莱克著，
［英国］莫蒂默·门比斯插画：《中国》

H. Arthur Blake；Mortimer Menpes，1855—1938
China

英文版于 1909 年在英国伦敦出版。

此书文字作者为布莱克，由莫蒂默·门比斯作插画。

布莱克，曾是英国派驻香港的第十二任总督，曾是英国驻北京的大使馆工作人员。莫蒂默·门比斯，插画师、版画家和作家，也曾在中国、日本等东亚地区旅游并居住过一段时间。

此书共有 8 章，主要内容包括：介绍了 19 世纪末晚清中国的历史、政治、经济、文化艺术、民俗及社会生活等方面，有彩色插图 16 幅、素描 64 幅，插图中有个人肖像画 5 幅、人物画 4 幅、民俗风景画 7 幅。

［美国］何德兰:《中国的宫廷生活——首都的官和民》

Isaac Taylor Headland，1859—1942

Court life in China：the capital，its officials and people

英文版于 1909 年在美国纽约的弗莱明·H. 拉维尔公司出版，共 372 页。

何德兰，美国基督教美以美会传教士，1888年来华，在北京汇文书院（The Methodist Peking University）教授文科和神学，对中国美术颇有研究。其夫人为慈禧之母、光绪之皇后的姐姐和其他女眷的医生。另著有《孺子歌图》（*Chinese mother goose rhymes*，1900）和《中国童谣集》（*Review of Chinese mother goose rhymes*，1901）、《中国的新时代：对导致其到来之诸大事件的研究》（*China's new day：a study of events that have led to its coming*，1912）、《中国的家庭生活》（*Home life in China*，1914）等。

本书主要内容包括慈禧太后的诸多方面，太子、宫廷女子的生活，北京城，光绪和慈禧之死等。书中附有20幅照片。

[中国] 德龄：《清宫二年记》

Der Ling, 1886—1944

Two years in the Forbidden City

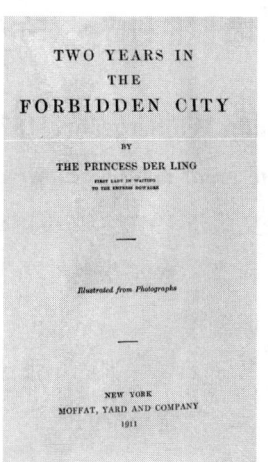

又名《我在慈禧身边的两年》，英文版于 1907 年在英国伦敦出版，后多次再版，中文译本于 1914 年由上海商务印书馆出版（陈冷汰等译），后多次再版，并有不同译本。

德龄公主，满清正白旗人，被封郡主，又称德龄郡主。17 岁的德龄随父回到北京，不久和妹妹容龄一起被慈禧太后诏进宫做"御前女官"。另著有《光绪泣血记》《清末政局回忆录》《皇室烟云》《紫禁城的黄昏：德龄公主回忆录》《我和慈禧太后》《在太后身边的日子》等。

本书作者描述了她在清宫侍奉慈禧太后的生活细节。在与慈禧朝夕相伴达两年之久的日子里，她对慈禧的饮食起居、生活情趣和内心世界进行了仔细观察，写出了皇室宫廷生活的艳丽和奢华，同时刻画了慈禧鲜为人知的人性中的另一面。书中还描绘了作者眼中的光绪皇帝和皇后：光绪和慈禧的矛盾，光绪壮志难酬的遗憾和其难以克服的软弱性格；皇后的温文尔雅和知书达理。另外作者还描写了宫廷节日的庆祝仪式等。

[英国] 菲利普·塞尔根特：《中国皇太后慈禧》

Philip W. Sergeant，1872—1952

The great empress dowager of China

英文版于 1910 年在英国伦敦出版，共 344 页。

菲利普·塞尔根特，香港《孖剌报》（*HongKong Daily Press*）的编辑。

全书分 21 章，附 16 张照片，主要内容有叶赫那拉出生、走向政坛、制造皇帝的慈禧、光绪帝、慈禧和义和团、慈禧最后的岁月等。

[英国] 濮兰德、[英国] 巴克斯：
《慈禧统治下的中国》

John Otway Percy Bland, 1863—1945; Edmund Backhouse, 1874—1944

China under the empress dowager: being the history of the life and times of Tzǔ Hsi

又名《慈禧外纪》，英文版于 1910 年在伦敦初版，1914 年、1939 年都有修订。1934 年 7 月由米切尔（L. M. Mitchell，1880—1953）译成法文，在法国巴黎的帕约（Payot）出版社出版，中文译本于 1914 年在中华书局出版（陈冷汰和陈诒先译），后多次再版。

濮兰德，英国作家、记者，曾是英国《泰晤士报》派驻上海的记者，兼任上海国际租界市政委员会秘书，以写作与中国政治和军事相关的书籍著称，1883 年至 1910 年，大部分时间生活在中国。曾经受英国领事委托，帮助康有为出逃。另著有《李鸿章传》（Li Hung-Chang，1917）、《中国最近的事变和现在的政策》（Recent events and present policies in China）和《中国、日本和韩国》（China, Japan and Korea）等书。

巴克斯，英国东方学者和语言学家，精通满、蒙、汉、俄、日等外语，曾在华执教，是著名的汉学家。自 1899 年到北京，直到 1944 年在北京逝世，大部分时间生活在北京。1913 年他将精心保存的 6 卷《永乐大典》呈交给了英国牛津博德利安图书馆。另和濮兰德合著有《北京宫廷年鉴及回忆录》（Annals and memories of the court of Peking：from the 16th to the 20th century，1913）。

书内有多幅慈禧照片，大肆渲染慈禧的私人生活，问世后争议不断。据书里介绍，素材来自国家文件和清朝内务大臣景善的私人日记。作者的初衷是展现北京宫廷的真实画面。主要内容有：叶赫那拉的身世与幼年、逃走热河、首次垂帘、慈禧和太监、掌权和同治帝之死、慈禧专政、慈禧归政、两宫出京西逃、老佛爷悔过、慈禧弥留等。

[英国] 翟理斯:《中国的文明》

Herbert Allen Giles, 1845—1935
The civilization of China

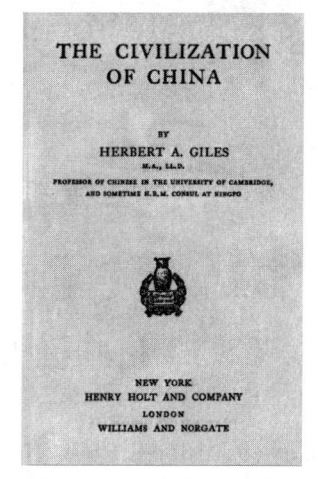

英文版于 1911 年在剑桥大学出版社出版。

[英国] 濮兰德:《中国最近的事变和现在的政策》

John Otway Percy Bland, 1863—1945
Recent events and present policies in China

英文版于 1912 年由美国费城和伦敦的约书亚·巴林格·里宾科特和威廉·海涅曼出版公司（J. B. Lippincott Company & William Heinemann Ltd.）出版。

此书共 481 页，附有一些图片和 2 张折叠地图，其中 1 张地图为彩色。书中主要内容为作者从义和团运动结束到

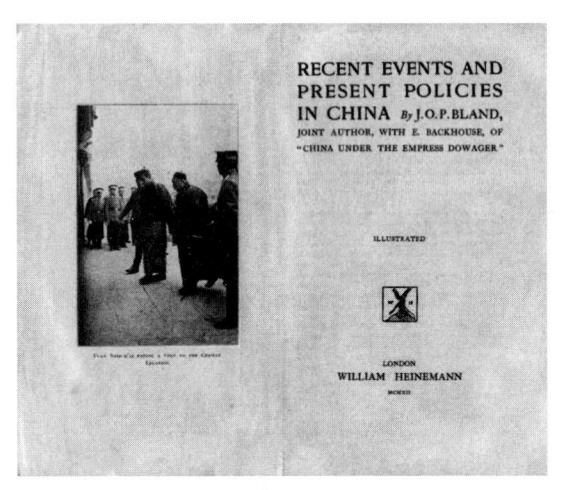

清朝灭亡再到民国建立的经历。

［美国］葛风：《中国历史大纲》

Herbert H. Gowen, 1864—1960
An outline history of China

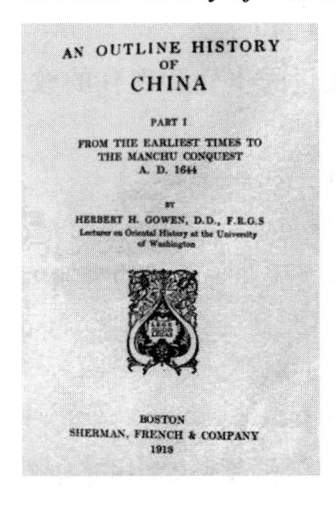

2卷本于1913年出版于美国，1917年再版（1卷）；1927年（与霍尔[Hall]）增订。

葛风，英国圣公会传教士和东方学家。

［美国］柏赐福：《中国述论》

James Whitford Bashford，1849—1919
China : an interpretation

英文版于1916年由美国纽约和辛辛那提的艾宾顿出版社（Abingdon Press）出版，1919年修订再版。

柏赐福，又名贝施福，美国人。另著有《中国与美以美会》（*China and Methodism*，1906）。

全书共620页，主要内容涉及中国的工业、商业、教育、女性、文学、法律、政治、宗教哲学、满清王朝的衰落等内容。

[英国] 裴丽珠:《北京纪胜》

Juliet Bredon, ? —1937

Peking : a historical and intimate description of its chief places of interest

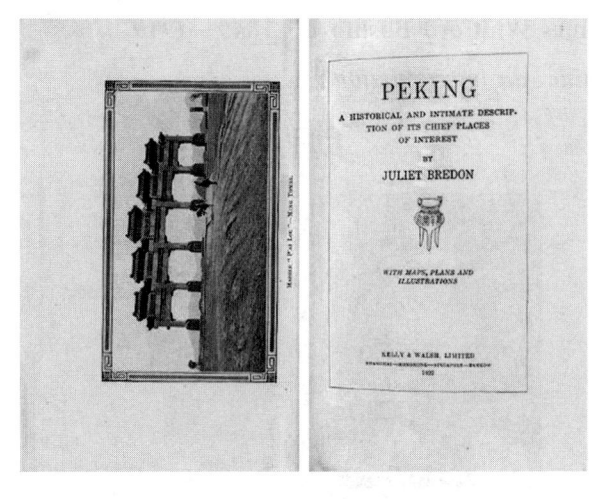

英文首版于 1919 年由上海别发洋行初版;1920 年再版;1922 年经修订和扩充后别发洋行再版,共有 24 图,523 页;1924 年在伦敦 T. W. Laurie, Ltd. 重印, 1925 年重印;1931 年再次修订出版,571 页;1982 年牛津大学出版社(香港)根据别发洋行再版。

裴丽珠,英国人,是当时海关总税务司赫德(Robert Hart)的侄女。她在北京度过了一生中大部分时光。能说一口流利的中文,喜欢与北京当地百姓交流。她还著有《赫德爵士传奇》(*Sir Robert Hart : the romance of a great career*, 1909)、《阴历年:中国风俗节日记》(*The Moon*

Year a record of Chinese customs and festivals,1927)、《中国新的年节》(*Chinese New Year Festivals*,1930)、《百坛记》(*Hundred altars*,1934)等,其中本书和《阴历年:中国风俗节日记》影响较大。

本书是一部对北京进行全景式描绘的著作,有两个附录:一个是中国朝代,另一个是北京主要节日和集市。相关内容涉及:北京历史描绘、北京漂亮的城墙、使馆区和现代北京、风景如画的过去、紫禁城、紫禁城两侧和煤、天坛和先农坛、颐和园和玉泉、西山庙宇、长城和十三陵、西陵和东陵、北京老古玩店等。

[法国] 考狄:《中国通史》

Henri Cordier,1849—1925
Histoire générale de la Chine

法文版 3 卷本于 1920—1921 年在法国巴黎的 Librairie

Paul Geuthner 出版。

［英国］濮兰德：《中国、日本和韩国》

John Otway Percy Bland, 1863—1945
China, Japan and Korea

英文版于 1921 年在伦敦和纽约出版。

全书共 327 页，分为两个部分，其主要内容涉及袁世凯、中国加入世界大战、上海和 1920 年的北京等。此外，书中附有大量照片，包括多张北京的照片。

［法国］考狄：《中国》

Henri Cordier, 1849—1925
La Chine

法文版于 1921 年在法国巴黎的帕约（Payot）出版社

第一章 历史、综述

出版。

全书共 138 页，共分为两个部分。第一部分为概论，其主要涉及：中国的气候、宗教、帝王官府、首都、教育、语言等内容；第二部分为历史，从尧、舜起讲述中国历史。书后附有朝代表格和地图。

［法国］那世宝：《北京漫谈》

Albert Nachbaur，1880—1933
Pekinades
法文版于 1921 年在北京那世宝印刷局出版。

那世宝，又名那士宝，法国人。曾任法文《北京新闻》(*Le journal de pekin*) 社长兼主笔，曾在北京开办那世宝印刷局、那世宝书店和那世宝万国无线通讯社。其印刷局出版有《北京漫谈续编》(*Encore des Pekinades*, 1924)、《中华食谱制法入门》(*La cuisine chinorse*, 1925)、《北京胡同生活的风俗》(*Scenes de la vie des hutungs*)、《民间之画像》(*Les images populaires chionises*, 1931) 等关于老北京的书。

[法国] 那世宝:《北京漫谈续编》

Albert Nachbaur, 1880—1933
Encore des Pekinades
法文版于1924年在北京那世宝印刷局出版。
此书为作者的《北京漫谈》的续编。

[瑞典] 喜龙仁:《北京的城墙和城门》

Osvald Sirén, 1879—1966
The walls and gates of Peking

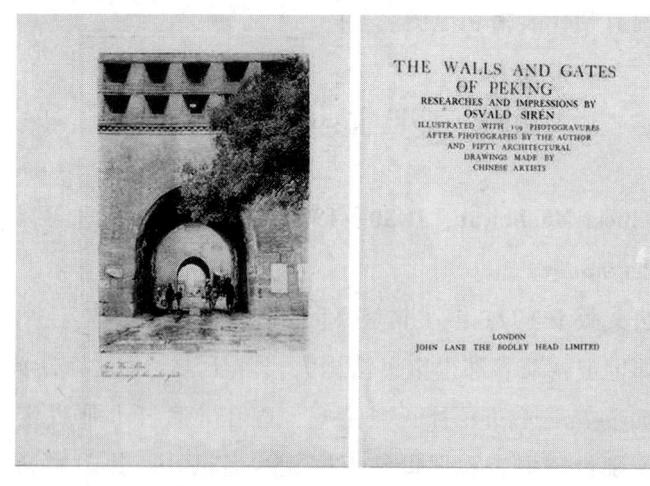

英文版于1924年由伦敦 John Lane The Bodley Head Ltd. 出版（最初印发800本），中文译本于1985年在北京

燕山出版社出版（许永全译）。

喜龙仁，瑞典美术史学家、哲学博士。曾于1920—1956年先后5次访问中国。1930年成为芬兰科学院院士。1918年在日本讲学和1920年旅居中国时，开始密切关注东方美术。对中国古代艺术十分热爱，并进行了深入研究。这方面主要著作有《中国雕刻》（*Chinese sculpture*，1925）、《北京故宫》（*The Imperial Palace of Peking*，1926）、《中国绘画史》（*Histoire de art anciens*，1929—1930）、《中国花园》（*Gardens of China*，1949）等。

本书共有8章，为作者在1920—1921年访问中国时，考察过北京当时尚存的城墙和城门后的学术性著作，作者不仅在建筑史和艺术史的层面欣赏北京，而且还赞叹北京城的景色。有109幅喜龙仁拍摄的关于北京城墙和城门、西安城墙和城门等的照片，以及测绘图纸50幅，还有北京城略图1幅。

[法国] 马伯乐:《中国上古史》

Henri Maspero, 1883—1945
La Chine antique

法文版于 1927 年在法国巴黎出版,后多次修订再版,1965 年英译本(*China in antiquity*)出版,弗兰克·克尔曼(Frank Algerton Jr. Kierman)译,并有不同的英文版。

马伯乐,出身于史学世家,沙畹的弟子,学问渊博,对中国古史、语言、宗教、天文、哲学、术数无不精通。

此书曾获儒莲奖。

于纯璧:《北京:王权的威严》

Alphonse Hubrecht
Grandeur et suprématie de Péking

此书于 1928 年在北京的法国遣使会印刷处（Imprimerie des Lazaristes）出版。

此书共 597 页，署名为于纯璧。但是，此书内容与 1897 年在法国出版的樊国梁（Alphonse Pierre Marie Favier, 1837—1905）的《北京：历史和记述》（*Péking : histoire et description*）无异，基本是樊国梁本的重印。

［德国］ 卫礼贤:《中国文明简史》

Richard Wilhelm，1873—1930
A short history of Chinese civilization

英文版于 1929 年在英国伦敦出版，同年还有纽约等多版。卫礼贤原著，由琼约·书亚（Joan Joshua）翻译，翟林奈（Lionel Giles）作序。

卫礼贤，又名尉礼贤。在中国度过 20 多年，他以传教士的身份来到青岛，转而将兴趣和精力投向办教育、办医

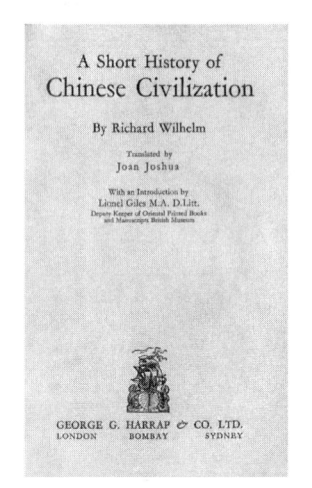

院，从而踏入探究中国传统文化的门径。译著和著作有《论语》（德文译注）、《中国——国家与自然景观》、《老子的道德经》（德文译注）、《列子的太虚真经》（德文译注）、《中国人的生活智慧》、《易经》（德文译注）等。

全书283页，附有地图和插图。

［美国］赖德烈：《中国：其历史与文化》

Kenneth Scott Latourette，1884—1968

The Chinese：their history and culture

1934年在纽约的麦克米兰出版公司（The MacMillan Co.）出版，后多次再版。

赖德烈，1909年耶鲁大学博士，历史学家。20世纪初在中国宣教和从事教育。虽不会汉语，但对基督教史、中国史和东亚与美国关系颇有研究。

书中包括许多西方有关中国资料的汇编。

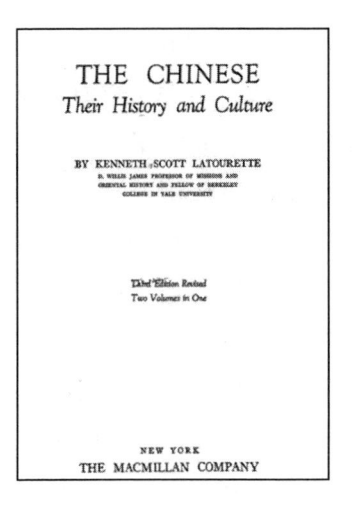

［英国］庄士敦：《紫禁城的黄昏》

Reginald Fleming Johnston, 1874—1938
Twilight in the Forbidden City

英文版于1934年在英国伦敦的维克多·格兰茨

（Victor Gollancz）出版社出版，共486页。中文译本于2010年由南京大学出版社出版（李伯宏译）。

庄士敦，苏格兰人，1898年牛津大学毕业后，被派往香港任港督卜力的秘书。曾被聘为溥仪的英文师傅，在皇宫6年，不仅教授英文，还讲历史地理、社会政治，与溥仪建立了师生友谊。担任过颐和园的大总管，受赐头品顶戴。1931年他于伦敦大学亚非学院担任教授，研究汉学。有大量关于中国问题的论著：《从北京到曼德勒》（*From Peking to Mandalay*）、《佛教中国》（*Buddhist China*，1913）、《狮龙共存威海卫》（*Lion and dragon in northern China*，1910）、《儒教与近代中国》（*Confucianism and modern China*，1935）、《基督教在华传教事业评议》（*A Chinese appeal to Christendom concerning Christian missions*，1911）、《中国戏剧》（*The Chinese drama*，1921）等。

全书共有26章、后记和附录。主要内容有：光绪的最后岁月、慈禧太后、辛亥革命、"清室退位优待条件"、大清皇帝与洪宪皇帝、1919年至1924年的紫禁城、帝师、紫禁城紫气式微、内务府、少年皇帝、御花园、颐和园和皇帝出逃等。

[美国] 顾立雅：《中国的诞生》

Herrlee Glessner Creel，1905—1994

The birth of China: a study of the formative period of Chinese civilization

英文版首版于1937年由美国纽约的雷纳尔和希区考克（Reynal & Hitchcock）出版社出版。

第一章 历史、综述

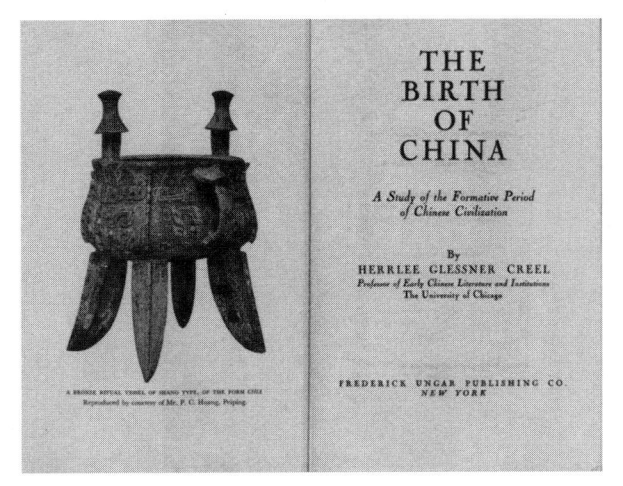

顾立雅,美国著名汉学家、芝加哥大学东方语文系主任、美国东方学会会长。曾于1932—1936年期间在北京留学。另著有《中国书法》(Chinese writing, 1943)、《孔子,其人及神话》(Confucius, the man and myth, 1949)等。

此书是对中国早期文明的全面概述,利用了当时最新的考古发现资料。书中附有大量的插图和汉字。

[美国]亚朋德、[美国]安东尼·比林汉姆:《中国能生存下去吗?》

Hallet Edward Abend, 1884—1955; Anthony J. Billingham

Can China Survive ?

英文版于1936年在美国纽约的艾维斯·沃什伯恩出版社(Ives Washburn Incorporated)出版,共317页。

亚朋德,美国《纽约时报》驻华首席记者、新闻评论

家，长期驻在中国和亚洲其他地区，1926年来到中国，1941年离开，在中国生活了长达15年。另著有《被折磨的中国》(*Tortured China*, 1930)、《我的中国岁月》(*My years in China:1926-1941*)、《亚洲的混乱》(*Chaos in Asia*, 1939) 等。

安东尼·比林汉姆，美国《纽约时报》记者。

此书主要内容是《纽约时报》驻远东记者的视角中的中国和中国人民。

[法国] 亚乐园：《圆明园，前耶稣会的建筑大全》

Maurice Adam, 1889—1952

Yuen Ming Yuen, l' œuvre architecturale des anciens Jésuites

1936年法文版由北平的法国遣使会印刷处（Imprimerie Des Lazarisres）出版，共92页。

本书共有 67 张照片、1 幅彩图、1 幅方位图和 19 幅地图等。全书共 7 章：皇家花园、花园的描述、欧洲式的宫殿、宫殿的描述、1860 年圆明园的火灾、园林的毁坏和备忘录。

［中国］德龄：《紫禁城的黄昏：德龄公主回忆录》

Der Ling，1886—1944
Dusk of Forbidden City

德龄，1895 年起，先后随父亲裕庚出使日本和法国。1903 年春，17 岁的德龄随父回到北京，不久和妹妹容龄一起被慈禧太后诏进宫做"御前女官"。先后用英文出版了《清末政局回忆录》《御苑兰馨记》《瀛台泣血记》《御香缥缈记》等反映晚清宫廷及社会政治生活的作品。

全书共 20 章：回国、进宫、宫廷演出、和太后共进午餐、会见大使夫人、给太后当差、宫中琐事、御前女官、光绪皇帝、皇后、宫廷装束、太后和康格夫人、太后的肖像、皇上的生日、中秋节、颐和园、大殿、过年、西苑、尾声。

[德国] 福兰阁:《中国通史》

Otto Franke, 1863—1946
Geschichte des chinesischen reiches : eine darstellung seiner entstehung, seines wesens und seiner entwicklung bis zur neuesten zeit

又名《中华帝国史》,在柏林出版,卷一(上古史)于 1930 年出版,卷二于 1936 年出版,卷三于 1937 年出版,卷四于 1948 年出版,等等。

福兰阁,1888 年作为外交译员来到中国,先后在北京、天津、上海等地的德国公使馆服务达 13 年之久。后受聘任清政府驻柏林公使馆秘书,并在柏林大学取得教授资格,次年临时被派往青岛负责筹办中德高等专门学堂。

[美国] 阿灵敦、刘易生:《寻找老北京》

Lewis Charles Arlington, 1859—1942; William Lewisohn
In search of old Peking

英文首版于 1935 年在北京由魏智的法文图书馆(Henry Vetch The French Bookstore)出版,1939 年由魏智的法文图书馆再版,1967 年美国纽约的佳作再版公司(Paragon Book Reprint Corporation)再版,1987 年香港牛津

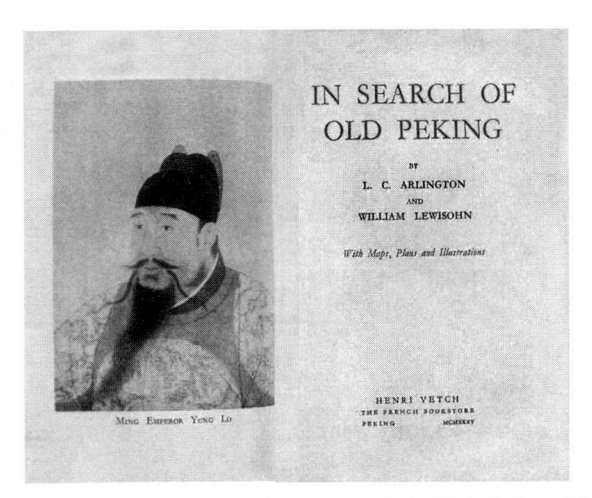

大学出版社再版，1991年由纽约牛津大学出版社再版；中文译本于1999年由经济科学出版社出版（赵晓阳译），名为《古都旧景：65年前外国人眼中的老北京》。

阿灵敦，美国汉学家，在中国居住了70多年，曾在中国海关、邮政局工作。退休后在北京居住，从事写作和研究，对北京的历史、文化、传说、戏剧、官制等做过较深入的研究。结合文史资料、民间传说等对北京旧景进行了翔实纪录，有多部关于中国的著作，如《中国戏剧史》(*The Chinese drama from the earliest times until today*, 1930)、《青龙过眼——一个在中国政府机构服务的外国人五十年的经历》(*Through the dragon's eyes: fifty years' experiences of a foreigner in the Chinese government service*, 1931)，并编译了《中国戏剧之精华》（又名《中国名剧集》）(*Famous Chinese plays*, 1937)。

全书共分为25章，有25幅插图、30幅地图，详尽地记载了民国北京的使馆、皇城、内城、外城、郊区、太庙、天坛、北海、南海、颐和园、先农坛、景山、孔庙、雍和宫等地点，以细致、科学地讲述当年北京的城市模型。书中作者盛赞北京"城墙修建得多么壮观"，同时，也批评北京市民的生活方式。

［中国］ 林语堂：《吾国吾民》

Lin Yutang，1895—1976
My country and my people

又名《中国人》，英文首版于1935年在美国纽约的约翰·黛尔（John Day）公司出版，共382页。次年英国伦敦威廉·海涅曼出版公司（William Heinemann Ltd.）再版；后曾多次再版，并被译成俄语、日语、瑞典语等多种文字出版；中文译本于1936年出版（黄嘉德译）。

林语堂，福建漳州龙溪人，作家、学者、语言学家，上海圣约翰大学英文学士、美国哈佛大学比较文学硕士、德国莱比锡大学语言学博士,曾任北京大学英文系教授、厦门大学文学院院长、联合国教科文组织美术与文学主任、国际笔会副会长等职,1940年和1950年两度获得诺贝尔文学奖的提名。另著有《京华烟云》(*Moment in Peking*)、《啼笑皆非》(*Between Tears and Laughter*)等。

此书为林语堂于1933年至1934年用英文写成,林语堂在本书中对中国人的人性分析透彻而且直接,他将国民的行为指导高度地概括在"情理"二字中。此书在美国博得很高的声誉。

[法国] 爱斯嘉拉:《中国的过去和现在》

Jean Escarra, 1885—1955
La Chine : passé et présent

法语版于1937年出版。

爱斯嘉拉,法国人。另著有《外国在华权益》(*Droits*

et intetets etrangers en Chine, 1928, 巴黎)、《中国和国际法》(*La China et le droit international*, 1931)、《家庭法和继承法集成：中华民国民法典第四、第五册》(*La codification du droit de la famille et du droit des successions, livres 4 et 5 dr code civil de la Republique chinoise*, 1931, 上海)、《中国法制史：概念和演变、立法和司法机构、科学和教育》(*Le droiti chinois : conception et evolutin, institutions legislatives et judiciaires, science et enseignement*, 1936, 北京) 等。

第二章
地理

《寰宇大观》

Theatrum Orbis Terrarum

又名《寰宇全图》，由亚伯拉罕·奥特柳斯（Abraham Ortelius，1527—1598）出版。1570 年首版推出之后，其拉丁语、荷兰语、法语、德语和西班牙语译本陆续出版，所收录的地图数量也不断增多。此图集经过多次增补，在

1584年版中收录了葡萄牙地理学家乔治·德·巴尔布达（Luis Jorge de Barbuda）绘制的《中国新图》。

亚伯拉罕·奥特柳斯，或译为奥特利乌斯、奥特留斯，佛兰芒地图学家和地理学家，是史上第一本世界地图册的制图人。

巴尔布达，葡萄牙耶稣会士绘图员。

此地图集被视为史上第一部真正具有现代意义的地图集。巴尔布达绘制的《中国新图》为西方世界第一幅单张中国地图，也是接下来近70多年中西方人绘制中国地图的标杆。但事实上，巴尔布达没来过中国，他是通过大航海时代以来在中西交流中获取的直接资料绘制的中国地图。

［意大利］卫匡国：《中国新图志》

Martino Martini，1614—1661

Novus atlas Sinensis : das ist ausführliche beschreibung des grossen Reichs Sina

1655年德文首版出版于阿姆斯特丹，本书由拉丁文和德文两种序文。

卫匡国，意大利籍耶稣会士，1643年抵中国，曾在中国浙江、福建等地传教，并游历过南京、北京、山西、广东等地，曾去罗马参加关于中国的礼仪之争，辩论最后以他的见解获胜。卫匡国于1661年殁于杭州，葬于方井南。除本书外还有《鞑靼战纪》等。

卫匡国在绘制中国地图时主要根据中国的现有地图和方志资料，再以其西方绘图技术和地理知识加以调整而成。本书主体分为两部分：第一部分为总论，综述了中国的概况、长城概况，还以表格的形式记述了中国多个省到北京的距离以及各省之间的距离；第二部分是从北京开始分别介绍中国各省的情形，并且各省的地图基本上都配有经纬线。

它是欧洲第一部中国分省地图集，其中包括15幅中国分省图、1幅中国总图和1幅日本地图，同时提供了关于中国城市、人口、风俗等诸多方面的资料，堪称一部综合性的中国地理著述。

［波兰］卜弥格：《中国植物志》

Michel Boym，1612—1659
Flora Sinensis

拉丁文版于1656年在维也纳出版。

卜弥格，波兰的耶稣会传教士，被誉为"波兰的马可·波罗"，是欧洲真正意义上对《马可·波罗游记》诠

> FLORA SINENSIS,
> FRVCTVS FLORESQVE HVMILLIME
> PORRIGENS.
> SERENISSIMO ET POTEN-
> TISSIMO PRINCIPI, AC DOMINO,
> DOMINO
> LEOPOLDO
> IGNATIO,
> HUNGARIÆ REGI FLO-
> RENTISSIMO, &c.
> Fructus Sæculo promittenti Augustissimos,
> emissa in publicum
> A
> R. P. MICHAELE BOYM,
> Societatis IESV Sacerdote,
> &
> A Domo Professa ejusdem Societatis Viennæ
> Majestati Suæ una cum fœlicissimi Anni apprecatione oblata.
> Anno salutis
> M. DC. LVI.
> VIENNÆ AUSTRIÆ, Typis Matthæi Rictij.

释的先驱,是系统地向欧洲介绍和研究中医、中草药的第一人。

书中收录了中国若干名花和动物,并标注中文名称,全书附有23幅彩色插图,非常惊艳,其中一幅图标注为"玄豹",此为豹的一种,栖息在北京。

[法国] 唐维勒:《中国新图集》

Jean-Baptiste Bourguignon D'Anville,1697—1782
Nouvel atlas de la Chine

此地图集中的中国地图最先于1735年发表在杜赫德的《中华帝国全志》上,1737年结集单独出版。

唐维勒,又名"唐维尔",法国著名的地图学家、地理学家,曾被任命为法国皇家首席地理学家。因为这种较为特殊的身份,唐维勒接触到了法国传教士或商人从世界各地传回法国的各种资料,他便利用这些资料绘制了世界各

地的地图。其中，他利用了清朝康熙年间法国耶稣会士在中国的实测资料，绘制出了精确度相当高的中国地图。

［法国］格鲁贤：《中国地图册》

Jean-Baptiste Gabriel Alexandre Grosier，1743—1823
Atlas générale de la Chine
法文版出版于1785年。
本书附有北京天文台的照片等。

［英国］多诺万：《中国昆虫自然史》

Donovan Edward，1768—1837
An epitome of the natural history of the insects of China
英文版于1798年出版于伦敦。
多诺万，英国的博物学家。

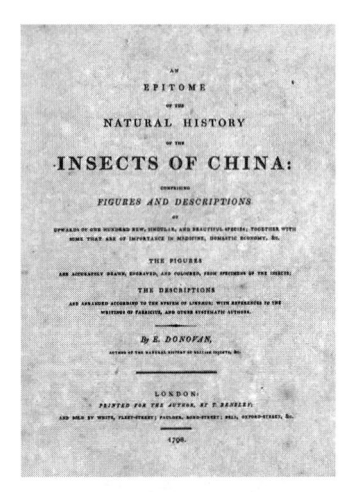

该书收录了各种昆虫的描述和精美的插图，书中所记以鳞翅目昆虫为多，还有少数几种不属昆虫纲而属于甲壳纲、蛛形纲和多足纲的种类。该书还收录了乔治·斯当东作为使团随员在我国旅行后，回去发表的少量昆虫资料。

［法国］叟铁：《中国图识》

M. Guillaume Pauthier，1801—1873

Chine, ou description historique : géographique et littéraire de ce vaste empire, d'après des documents chinois

法文首版于 1837 年在巴黎的菲尔曼·迪多出版社（Firmin Didot Frères）出版，1841 年意大利文首版在意大利威尼斯出版，1845 年西班牙文首版在西班牙巴塞罗那出版。后多次再版，本书有续作。

叟铁，又名卜铁、颇节、鲍梯、鲍狄埃，汉学家，师从雷慕沙，巴黎亚细亚学会（Société Asiatique）、法国东方

第二章 地理

学会（Société Orientale de France）成员，曾将儒家、道家经典译为法语，是法国研制汉字活字的倡议者。

本书主要内容是自古迄今的中国历史、文明概要，有400多条细目。内容涉及政治、哲学、科学、艺术、文学、军事和外交等方面。本书附有《中国地图》1幅和诸如《万里长城》等在内的72幅插图。

[法国] 毕瓯编:《中国古今府县地名字典》

Edouard Constant Biot，1803—1850

Dictionnaire des noms anciens et modernes des villes et arrondissements de premier, deuxième et troisième ordre compris dans l'empire chinois

此字典出版于1842年。

毕瓯，法国人。另著有《中国的城镇地名辞典》（*The cities and towns of China, a geographical dictionary*）（合著）。

[美国] 卫三畏编:《中国地志》

Samuel Wells Williams, 1812—1884
Chinese topography

此小册子出版于1844年。

卫三畏，美国来华传教士，美国早期汉学研究先驱。他1832年受美部会派遣来华，在华凡43年。1876年回美后，任耶鲁大学汉文教授。代表作《中国总论》和《汉英韵府》奠定了他作为美国汉学第一人的学术地位。

作者把中华帝国各省县行政区名及其经纬度列表，按字母顺序排列，所有行政区划都有中文名称，按英语字母顺序排列，最初刊登在《中国丛报》第十三卷上，后出版单行本。

第二章 地理

［法国］叟铁、［法国］巴赞：《中国图识（二）》

M. Guillaume Pauthier, 1801—1873; M. Bazin, 1799—1862

Chine moderne, ou description historique : géographique et littéraire de ce vaste empire, d'après des documents chinois

法文首版于1853年在法国巴黎出版，本书为叟铁著《中国图识》的续作。

巴赞，汉学家，但未到过中国，师从儒莲（Stanislas Julien, 1797—1873），东方语言学校（École des Langues Orientales）汉学教授，巴黎亚细亚学会成员。

本书共有两个部分。第一部分（叟铁撰写）：前言、北京志、十八省行政区划、南京志、中华帝国的属地、中国政治行政组织、中国语言和中国哲学等；第二部分（巴赞撰写）：艺术、文学、风俗、自然史、工业、农业、园艺、节日、游戏等。本书附有 17 幅插图，其中一幅为《北京地图》，另外还有《皇宫外观图》《内城城门内观图》等。

［俄罗斯］贝勒：《北京及其周边地区的考古历史研究》

Emile Vassilievitch Bretschneider, 1833—1901

Archaeology and historical researches on Peking and its environs

此书最初发表于《教务杂志》（*Chinese Recorder*, Vol. VI, 1875, nos. 3, 5 and 6），于 1876 年由上海美华书馆（American Presbyterian Mission Press）出版，共 63 页，无照片；后多次再版；1879 年法文版在法国巴黎的拉鲁斯出版社（Ernest Leroux, Éditeur）出版（书名为 *Recherches archéologiques et historiques sur Pékin et ses environs*），由葛林德（V. collin de Plancy）翻译，共 133 页，有 5 幅北京地图。

贝勒，又名"勒士余得""贝勒士耐德"，俄罗斯汉学家，俄国地理学会会员、彼得堡植物园名誉会员、法国碑铭学会会员、法国地理学会通讯员。1866—1884 年出任俄罗斯公使馆驻北京使馆医生。同时协助东正教北京主教工作，他精通英、法、德、俄、中等多种语言，为将中国介绍给西方作出了重大贡献。还著有《中国植物》（*Botanicon sinicum : notes on Chinese botany from native and western souces*, 1881）、《先辈欧人对中国植物的研究》（*Early European* researches into the flora of China)、《西人在华植物发现史》（History of European botanical discoveries in China，2 卷，1898）、《中国植物学文献评论》（On the study and value of Chinese botanical works，with notes on the history of plants and geographical botany form Chinese sources，1870）、《元明人西域史地丛考》（Mediaeval researches from Eastern Asiatic sources：fragments towards the knowledge of the geography and history of Central and Western Asia from the 13th to the 17th century）等。

  本书共分 6 部分，作者的研究基于中文文献和田野考察。书中主要讲述了北京城的历史及历代的不同名称、旧北京城的位置及遗址、紫禁城及其周边的山丘和湖泊等内容，对已毁的元朝宫殿及不同时期的河流系统做了详细描述。

［俄罗斯］贝勒：《北京平原和周边山地》

Emile Vassilievitch Bretschneider，1833—1901
The plain of Peking and the neighbouring hill country
1876 年出版。

北京东方学会：《北京东方学会杂志》

Peking Oriental Society
Journal of the Peking Oriental Society
此英文刊物于 1885—1898 年由北京的北堂印书馆（Pei-T'ang Press）刊行。

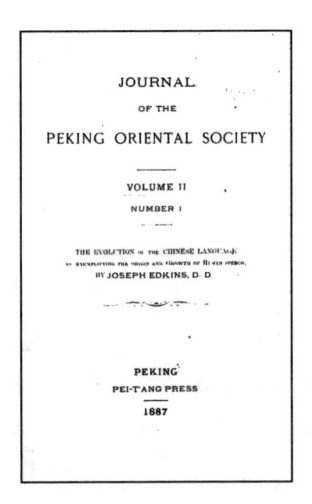

[俄罗斯] 贝勒：《中国植物》

Emile Vassilievitch Bretschneider, 1833—1901
Botanicon sinicum : notes on Chinese botany from native and western souces
此书出版于 1881 年。

[俄罗斯] 贝勒：《先辈欧人对中国植物的研究》

Emile Vassilievitch Bretschneider, 1833—1901
Early European researches into the flora of China
此书出版于 1881 年。

[英国] 波乃耶:《中国风土人民事物记》

James Dyer Ball, 1847—1919
Things Chinese: being notes on various subjects connected with China

英文版于 1900 年在伦敦的 S. Low, Marston 出版,1904 年、1906 年、1925 年再版。

波乃耶,英国人。另著有《中国人及其宗教》(*The celestial and his religions or the religious aspect in China*, 1906)、《中国文物》(*Things Chinese*) 等。

[法国] 夏之时:《法文中国坤舆略志》

Louis Richard, 1868—1950
Géographie de l'empire de Chine (*gours inférieur*)

法文版一书 2 卷于 1905 年在上海天主教徐家汇孤儿院印书房（Imprimerie de la Mission Catholique à l'Orphelinat de T'ou-Sé-Wè-Chang-Hai）出版，共 274 页。

夏之时，法国耶稣会士、震旦大学图书馆馆长。

此书是夏之时为低年级学生而编著，是根据耶稣会会士拉高尔（Stanislas Le Gall, 1858—1916）所编的《中国地理概况》（La géographie générale de la Chine）所改编。他还为高年级学生编著了《法文中国坤舆详志》。

此书是研究中国近代人口流动和城市化的最早专著，涉及北京的地理和人口状况等内容。

［法国］夏之时：《法文中国坤舆详志》

Louis Richard，1868 —1950
Géographie de l'empire de Chine（cours supérieur）

法文版于 1905 年在上海天主教徐家汇孤儿院印书房出版；英文（增订）版（*Comprehensive geography of the Chinese empire and dependencies*）于 1908 年在上海土山湾印书馆出版（译者：甘沛澍 [Martin Kennelly, 1859—1940]），比法文本增加了一节讲述中国的对外关系、中国地图和两个附录。

此书是夏之时为高年级学生而编著，他还为低年级学生编著了《法文中国坤舆略志》。

［美国］维理士、［美国］白卫德、　［美国］撒尔真编：《中国研究》

Bailey Willis, 1857—1949

Eliot Blackwelder, 1880—1969

Rufus Harvey Sargent, 1875—1951

Research in China

英文版于 1907 年在华盛顿出版。

维理士，美国地质学家，于 1903 年到中国进行考察，对地层、黄土、地貌、构造等进行了地质研究。曾拜访晚清驻美公使梁诚（1861—1917），梁诚给予他诸多协助，并为其起"维理士"的中文名。

白卫德，美国地质学家、古生物学家。作为维理士的助手加入对中国考察的团队。

撒尔真，美国地质学家，作为地形测绘师加入对中国考察的团队。

此书共 3 卷，书内附有 42 幅彩色地质图和地形图，对后来中国的地质学家有很大影响。维理士在此书中将北京周边三面环山、一面开敞的小平原称为"北平湾"。此书"音节表"一章涉及北京方言的汉语发音。

［法国］沙畹：《华北考古图谱》

Emmanuel Edouard Chavannes, 1865—1918
Mission archéologique dans la Chine septentrionale

法文版于 1909 年在巴黎出版，又被译为《华北考古纪行》《华北考古记》等。

沙畹，法国著名汉学家，被其弟子伯希和称为"第一位全才的汉学家"（le premier sinologue complet）。1889 年到中国，在法国驻北京领事馆工作。另著有《史记译注》（*Les memoires historiques de Se-ma Tsien*, 5 卷，1895—1905）、《西突厥史料》（*Documents sur les Tou-kiue occidentaux*, 1903）等。

此书两册含影像共约 545 页，为作者在中国实地考察的成果。涉及北京昌平居庸关云台、各地葬俗、民俗以及民间神祇等。

[美国] 威廉·埃德加·盖洛:《中国长城》

William Edgar Geil, 1865—1925
The great wall of China

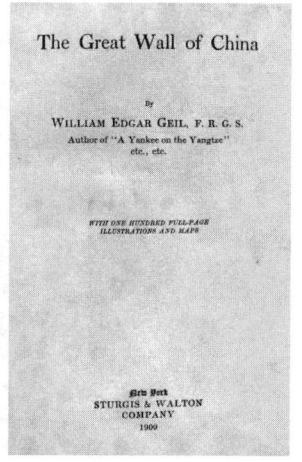

英文版于1909年在纽约出版,中文译本于2006年在山东画报出版社出版(沈弘、恽文捷译)。

盖洛,20世纪初美国著名旅行家、地理学家、英国皇家地理学会会员。对中国的历史文化抱有深厚的兴趣,1903年首次来到中国,其他关于中国的作品有《扬子江上的美国人》(1904)、《中国十八省府》(*Eighteen capitals of China*,1911)和《中国五岳》(1926)等一系列著作。

此书为20世纪初西方人对中国长城全线的全球第一次徒步考察的真实记录,从东部的渤海之滨到西北的戈壁沙漠,从山海关到青藏高原,作者细致入微地记录了有关长城的传说和沿线的风土人情。作者曾四次到中国长途旅行,并对其进行细致的考察，书内含照片 100 多幅，向人们真实地展示了 100 年前中国长城的原始风貌。书中说："中国的万里长城可以清晰地被神秘的月球人看到，如果存在那种人而且他也具有与人类同样视觉的话。"

［美国］ 威廉·埃德加·盖洛：《中国十八省府》

William Edgar Geil，1865—1925
Eighteen capitals of China

英文版于 1911 年在伦敦出版，中文译本于 2008 年在山东画报出版社出版（沈弘等译）。

其主要内容为作者在 1911 年前对中国内地的十八省府进行的广泛而细致的考察。书中有 100 多幅插图，作者还大量收集中国的地方史志资料，在书中对各省府的历史掌故进行介绍，并和西方城市发展做对比。书中第六章为《北京——首善之地》，分 6 个小节：一、从宝珠洞看北京；

二、地方志中的北京；三、从城墙上看北京；四、夜幕下的北京；五、从天坛看北京；六、彩虹下的北京。其中也有京城详细地图等。

［英国］约翰·弗雷德里克·巴德利编译：《俄国·蒙古·中国》

John Frederick Baddeley, 1854—1940
Russia, Mongolia, China

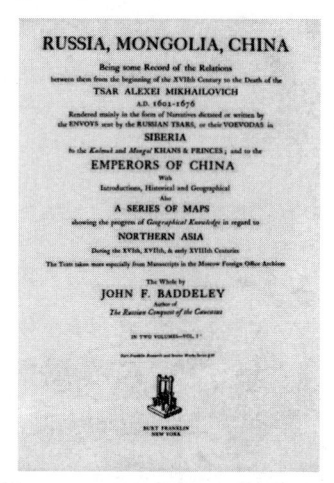

2卷本英文首版于1919年在英国伦敦出版，4卷本中文译本于1981年在商务印书馆出版（吴持哲、吴有刚译）。

约翰·弗雷德里克·巴德利，英国人，曾为英国《伦敦旗帜》（*London Standard*）驻圣彼得堡特派记者。

本书第一卷为导论部分，第二卷的主要内容是来自俄国（俄罗斯）外交部档案馆所藏的手稿。第二卷后半部分涉及中国，其中包括作者对斯帕法里的《中国介绍》（*Description of*

China）中地图的考证、斯帕法里经由中国边境到达北京并在北京停留的出使报告。第二卷最后的补注补充了康熙帝致沙皇伊凡（Tsar Ivan）和彼得（Tsar Peter）的信、北京的教堂、来华传教士等人、中国的国家管理机构等内容。

［法国］普意雅：《北京及其周边的地区》

G. Bouillard，1862—1930
Péking et ses environs[1]

法文版于1922年在北京那世宝印刷局（Albert Nachbaur éditeur）出版。

普意雅，法国人，1898年受清政府聘请，来中国测绘中国铁路沿线地图，后任平汉铁路北段总工程师，也是摄影家，他对汉学颇感兴趣，工作之余，拍摄、收藏了大量以北京为

---

［1］ 此书书名原写作 *Péking et ses envipons*，其中"envipons"应写为"environs"。——编者注

主、以平汉铁路周边地区为辅的照片，1930年逝世于北京。另著有《北京及周边地图册》（*Carte des environs de Peking*），编绘《中华民国国有铁路沿线地图》，还绘制过北京东交民巷使馆分布图等。

此书无页码，全书共约200页，书中附有大量的图画和平面图以及彩色的折叠图。

［法国］ 普意雅：《北京及周边地图册》

G. Bouillard, 1862—1930

Carte des environs de Peking

此地图册出版于1922—1923年。比例尺为1∶2500，此地图册为作者依据实测资料绘制。

［英国］ 沃恩·科尼什：《伟大的首都》

Vaughan Cornish, 1862—1948

The great capitals : an historical geography

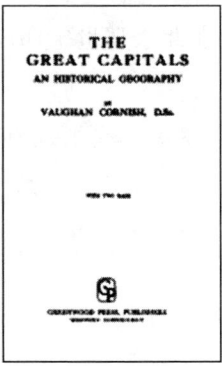

英文版于 1923 年由英国伦敦的 Methuen & Company, Limited 出版。

沃恩·科尼什，英国地理学家。1928—1929 年，在英国担任地理学会主席。

全书共 296 页。

［美国］葛利普：《中国地质史》

Amadeus William Grabau, 1870—1946
Stratigraphy of China

又被译为《中国地层学》，此书英文版于 1924 年和 1928 年分两卷出版。

葛利普，德裔美国地质学家、古生物学家、地层学家，一生发表近 300 本学术著作。1920 年应聘到中国，任农商部地质调查所古生物室主任，兼北京大学地质系古生物学教授。1934 年任北京大学地质系系主任。1946 年病逝于北京。

此书所包含的 36 幅亚洲古地理图，是对中国地层和亚洲古地理的系统总结。

［法国］普意雅：《北平疆域沿革与城墙的简要说明》

G. Bouillard, 1862—1930
Note succincte sur l'historique du territoire de Peking et sur les diverses enceintes de cette ville

此文于 1929 年发表于斯德哥尔摩的《远东古物博物馆会刊》(*Bulletin of the Museum of Far Eastern Autiquities*) 第 1 期。

此文的第一部分是有关当地历史的内容，第二部分专门研究古城址，并用四幅彩图加以展示。

［美国］海耶斯：《中国长城》

L. Newton Hayes，1883—1979
The great wall of China

英文版于1929年在上海别发洋行出版。

海耶斯，美国北长老会传教士之子，出生在苏州，另著有《中国龙》(*The Chinese dragon*)。

书中简述了长城的用途，有地图和长城的图片。

L. W. 莱德：《亚洲大陆》

Lionel William Lyde，1863—1947
The Continent of Asia

英文首版于 1933 年出版,后多次再版。

莱德,英国地理学家,曾在伦敦大学学院担任地理学教席,是当时英国唯一拥有教授头衔的地理学家。

全书共 777 页,附有插图和地图。莱德在书中涉及北京的部分说"北京是中华帝国全盛时期的最佳中心"。

[美国] 葛德石:《中国地理基础》

George Babcock Cressey, 1896—1963

China's geographic foundations : a survey of the land and its people

英文版出版于 1934 年。

葛德石,美国驻华地理学家,另著有《亚洲的国家和民族》(*Asia's lands and peoples*)、《五亿人民的国家:中国地理》(*Land of the 500 million : a geography of China*) 等。

此书共 436 页,分 21 章,书后有附录,全书附有近 200

幅插图,包括北京、天津、山东、上海等地照片。

[英国] 格丽菲思·泰勒:《环境,农村和城市》

Thomas Griffith Taylor, 1880—1963
Environment, village and city

英文论文于 1942 年发表于《美国地理学家协会年鉴》(*Annals of the Association of American Geographers*)第三十二卷第一期,第 1~69 页。

文中绘制了几张图,以表明"北京城的演进"。

[英国] 格丽菲思·泰勒:《文明演进》

Thomas Griffith Taylor, 1880—1963
Our evolving civilization: an introduction to geopacifics, geographical aspects of the path toward world peace

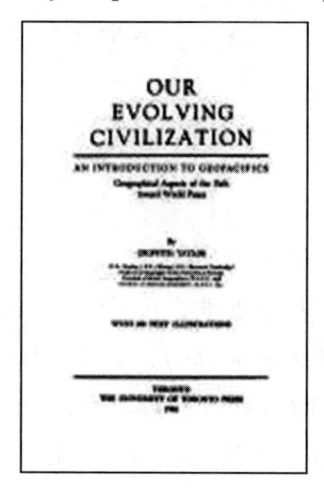

英文版于 1946 年出版。

泰勒，地理学家、人类学家和探险家。

此书涉及北京城的布局规划等内容。

［英国］ 格丽菲思·泰勒：《城市地理》

Thomas Griffith Taylor, 1880—1963

Urban geography：a study of site, evolution, pattern and classification in villages, towns and cities

英文版于 1949 年出版于伦敦，后有再版。

此书为泰勒教授的北平研究著作，书中涉及了东郊、北京城的布局规划等内容。

第三章
政治、军事、法律

［法国］圣-莫里斯·德·圣-洛：
《中国兵法与军事科学现状》

Saint-Maurice de Saint-Leu，1743—1803

État actuel de l'art et de la science militaire à la Chine

1773 年法文版在伦敦和巴黎出版。

圣-莫里斯·德·圣-洛，法国人，《公民大事记》撰稿人。

本书主要内容：雍正帝对军队的指令概述、中国兵法基本思想、钱德明对兵书的翻译、对《孙子兵法》和《吴子兵法》等的译介、中国军队的演练和阵法。本书附有9幅关于阵列和扎营的插图。

［俄罗斯］亚力克司·里纳德夫：《中国法律》

Alexis Leontief

Code pénal des chinois

1781年在圣彼得堡出版。

此书内容涉及清朝的刑法，书中节译了《大清律例》中一些与刑法有关的内容，但只是选择性介绍，在翻译过程中对原作改动较大。

［英国］乔治·亨利·梅森编著：《中国酷刑》

George Henry Mason

The punishments of China, illustrated by twenty-two engravings ;with explanations in English and French

英文版于1801年在伦敦出版，后被译成法文出版。

乔治·亨利·梅森，英军第102团的少校。

此书共54页，主要内容为清代中国两广地区部堂的刑罚概况，22种刑罚配有22幅插图，每幅插图以英文和法文注解。据记载，这些插图的绘制者是一位署名为"蒲呱"（Pu Qua）的中国人。书中涉及的刑法主要有杖刑、夹脚、夹指

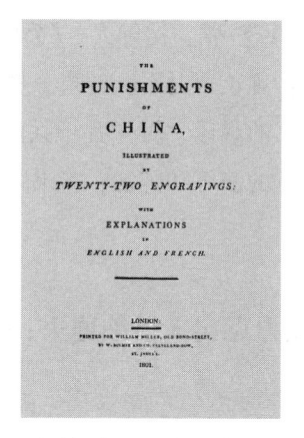

刑、示众、上枷锁、木管刑、断脚筋、绞刑和砍头等。

［英国］乔治·托马斯·斯当东译：
《大清律例重订辑注通纂》

Sir George Thomas Staunton，1781—1859

Ta Tsing Leu Lee：being the fundamental laws, and a selection from the supplementary statues, of the penal code of China

英文版于 1810 年于伦敦出版，共 581 页；法文本于 1812 年在巴黎出版；意大利文本在罗马出版。

译者在前言中写道，《大清律例》自颁布以来，几经修订，译者翻译依据的底本有两个，分别发行于 1799 年（清嘉庆四年）和 1805 年（嘉庆十年）。译者把律文的 436 条全部翻译成英文，并以此作为译作的正文。译者依照《西儒耳目资》的方法对一些专有名词做了音注。

此书是欧洲人第一次较完整翻译的中国法律著作，是第一部传入西方的中国古代法典。

[美国] 费熙邦：《中国印象与革命：进展与展望》

E. G. Fishbourne

Impressions of China and the present revolution : its progress and prospects

英文版于1855年在英国伦敦出版。

费熙邦，美国海军军官，1853年曾访问过太平天国都城。

［英国］斯温霍：《1860年华北战役纪要》

Robert Swinhoe，1835/1836—1877
Narrative of the North China campaign of 1860

英文版于1861年出版于英国伦敦，中文译本于2011年在中西书局出版（邹文华译）。

斯温霍，又名士委诺、郇和，英国人，出生于印度。曾参加第二次鸦片战争。

本书是作者作为英国侵华远征军随军翻译参加1860年英法联军进攻北京之役的记录，作者参与远征军从香港到北京，对于英法联军特别是英国军队侵占中国城镇、抢掠财物有比较详细的记载，对于清政府、不平等条约也都有记述。除此之外，作者还详尽地记载了英法联军对圆明园的劫掠和破坏。本书附有包括《恭亲王奕䜣肖像》《安定门画》等在内的 6 幅图片。

［英国］约翰·H. 唐恩：《从加尔各答到北京——一名军官写于两地的日记》

John Hart Dunne，1835—1924

From Calcutta to Pekin ;being notes taken from the journal of an officer between those places

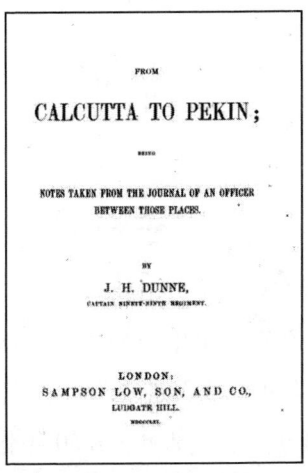

英文版于 1861 年出版，共 159 页；中文译本于 2013 年由中西书局出版（陈洁华译）。

约翰·H. 唐恩，英军上尉。

此书有涉及劫掠圆明园的部分。

［英国］吴士礼：《1860 年对华作战纪实》

Garnet Joseph Wolseley, 1833—1913
Narrative of the war with China in 1860

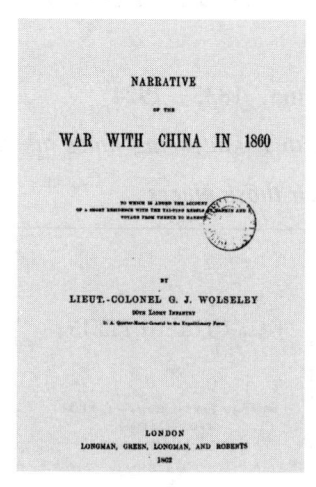

1862 年英文版在英国伦敦出版。

吴士礼，英国军官，出生于爱尔兰，1857 年随英国侵华远征军来华，曾参与英法联军进攻北京之役。

本书有两个部分。第一部分：1860 年作者随英法联军从香港到北京侵略中国各地的经历，如从天津到北京期间的多次战斗、英法联军劫掠圆明园等；第二部分：1861 年春，作者的一次私人旅行。

［法国］帕吕：《远征中国纪行》

Léopold Augustin Charles Pallu de la Barrière,

1828—1891

Relation de l'expédition de Chine en 1860

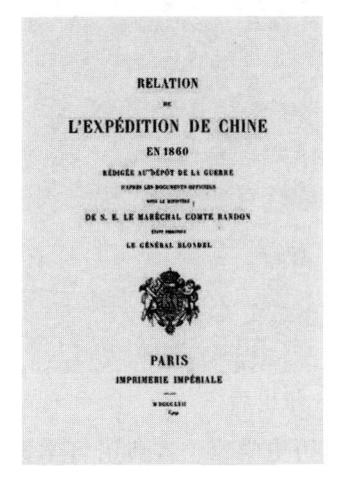

法文版于 1863 年出版于巴黎，中文译本于 2011 年由中西书局出版（谢洁莹译）。

帕吕，法国海军上将、作家、评论家，有远征中国和越南的亲身经历。

本书是经过法国海军及殖民地部部长允许，根据官方档案材料汇编而成的。书中叙述了第二次鸦片战争期间英法于 1860 年发动大规模战争，并迫使清政府签订《北京条约》的经过。其中涉及 10 月 13 日联军勒令恭亲王奕䜣打开安定门使北京城陷落，10 月 18 日英军火烧圆明园等内容。

［德国］ 海因兹：《中国法典与中国古代法制》

Johann Heinrich Plath，1802—1874
Gesetz und recht im alten China nach chinesischen quellen

德文版于 1865 年出版。

海因兹，德国历史学家、古典语言学家和汉学家，会中文。著有关于中国历史、语言学和儒家经典等著作。1848 年到 1851 年，曾担任德国国家图书馆前身的图书馆馆长。

此书共 118 页，这是西方学者关于中国法制史学的研究。

［英国］ 罗约翰：《满族——中国统治者的起源和进程》

John Ross，1842—1915

The Manchus, or the reigning dynasty of China, their rise and progress

英文版于 1880 年由伦敦的 Houlston and Sons 出版社出版。

罗约翰，苏格兰长老会传教士，1872 年来华，还著有《满洲传教法》(*Mission methods in Manchuria*, 1903)、《中华民族的起源》(*The origin of the Chinese People*, 1910)、《中国

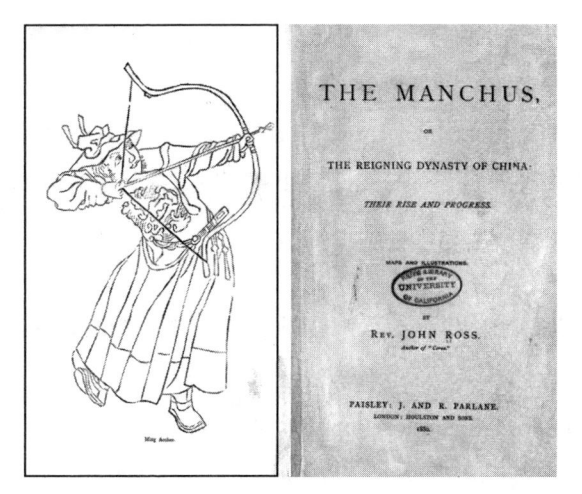

原来的宗教》(*The original religion of China*, 1909) 等。

本书共 18 章 751 页，书后附有附录，书中有插图。主要内容涉及满族早期和清前期入主中原的历史。

［英国］艾约瑟:《北京记》

Joseph Edkins, 1823—1905
Description of Peking

英文版于 1898 年出版于上海。

本书是作者发表于上海的《文汇晚报》(*Shanghai Mercury Ltd.*) 文章的汇集，主要内容是关于北京的政治和外交。

［英国］璧利南:《中国地方行政长官衙门》

Byron Brenan, 1874—1927
The office of district magistrate in China

此书于 1899 年于上海文汇报馆（Shanghai Mercury Office）出版，共 14 页。

璧利南，英国人。1866 年来华为使馆翻译学生。1870—1880 年代理汉务参赞，1898—1901 年任驻上海总领事，1901 年退休。

［美国］丁韪良：《北京被围：中国对抗全世界》

William Alexander Parsons Martin，1827—1916
The siege in Peking : China against the world

英文版于 1900 年由美国纽约的弗莱明·H. 拉维尔公司（Fleming H. Revell Company）出版。

本书又名《北京被围目击记》，全书共 188 页，分为 8 章，书中附有 19 幅插图和 2 张地图。其主要内容涉及八国联军和八个满洲人、皇上与改良派、皇太后及其集团、义和团运动以及北京使馆被困等。

[英国] 密福特:《使馆馆员在北京》

Algernon Bertram Freeman-Mitford, 1837—1916
The attaché at Peking

英文版于 1900 年在英国伦敦由麦克米兰有限公司（Macmillan and Co.）出版；中文译本于 2010 年由国家图书馆出版社出版（温时幸、陆瑾译），书名为《清末驻京英使信札（1865—1866）》。

密福特，英国男爵，国会议员，古董收藏家、作家，1865 年来到中国北京。

全书共 386 页，有 29 封书信，按照时间和地点的顺序书写，其中除第一封信（于香港）、第二封信（于上海）、第三封信（于渤海湾），其他 26 封信均写于北京。书中有两个附录。附录一：《清朝官员遴选制度》；附录二：《北京平面图》。

［英国］赫德：《北京使馆：一次全国性的暴动和国际插曲》

Robert Hart, 1835—1911

The Peking legations: a national uprising and international episode

英文版于 1900 年由上海别发洋行出版，共 39 页。

赫德，字鹭宾，英国人，1854 年来华，1859 年任职于中国海关，1863 年任海关总税务司，曾被清政府授予太子少保衔。

本书是作者在义和团运动时期发表于上海《文汇晚报》有关北京使馆的文章的汇编。

[英国] 许立德:《北京使馆被围记》

William Meyrick Hewlett, 1876—1944
Diary of the siege of the Peking legations, June to August, 1900

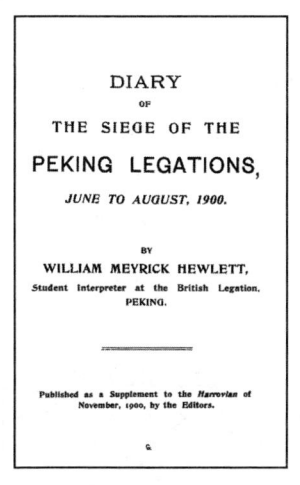

英文版于 1900 年由伦敦的 Pewtress & Co. 出版,共 103 页,有 5 幅图。次年伦敦的郎曼格林书局 (Longmans, Green and co.) 再版。

许立德,英国人,外交官,1898 年作为英国领事馆的翻译来华。1925 年"五卅"运动期间,他任英国驻厦门领事,耍弄外交手法,收买亲英分子破坏厦门人民的反帝爱国运动。1928—1933 年调任南京总领事。还著有《在华四十年》(*Forty years in China*, 1943)等书。

全书分两部分。第一部分是日记,记录作者的亲身经历。第二部分附录共分六章。1. 信使汇报、清王子等 7 月

14日写给窦纳乐爵士（Sir Claude Maxwell MacDonald）的信的译稿；2. 来自外面不同渠道的报导、传言等；3. 传言，为那些不相信早期报导人士赏阅；4.《京报》摘要；5. 信息摘要、天津摘要；6. 6月10日来自许立德的来信。

［爱尔兰］骆三畏：《北京被围记》

Samuel M. Russell, ? —1917
The story of the siege in Peking

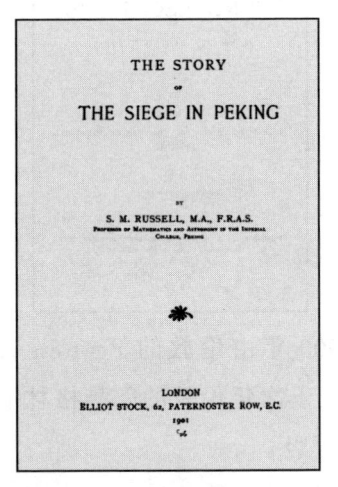

英文版于1901年在伦敦的艾略特·斯托克（Elliot Stock）出版公司出版，共有50页。

骆三畏，爱尔兰人，1879年来华，曾任京师同文馆教习，通晓数学、天文和中国知识。以调整莫维廉号码系统和研究周朝日食而闻名，著有《中西合历》《星学发轫》等。1899年与在北京的女传教士（Clara Elizabeth, 1859—1949）结婚，1900年被误传死于义和团运动。在受困的两个月中,他的妻子记下日记,此书大部分内容来自日记,目的是提供信息给那些以为他们死于义和团暴乱中的朋友。

全书为两部分。第一部分以日记形式描述了作者的经历和感受,中间插入了几封光绪帝和英公使窦纳乐之间的即时通信。第二部分是《京报》的部分摘选。《京报》是官方报纸,作者将之译成英文,目的是让读者领略当时中国政府的态度和言论。

[英国] 阿诺德·亨利·萨维奇·兰道尔:《中国和同盟国》

Arnold Henry Savage Landor,**1865—1924**
China and the allies

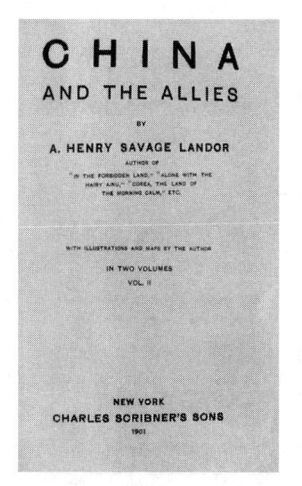

2卷本英文版于1901年在美国纽约的查尔斯·斯克里布纳之子(Charles Scribner's Sons)出版社出版,同年,

在伦敦出版。

阿诺德·亨利·萨维奇·兰道尔,英国画家、探险家、作家和人类学家,出生在意大利的佛罗伦萨。到过中国并参观过长城和北京。义和团运动爆发后,他立即返回北京,随后完成此书。

此书共 2 卷各 68 章,内有插图和影像约 250 幅。其内容涉及义和团运动、北京使馆被围攻等。

[英国] 奈杰尔·奥利潘特:
《1900 年夏北京使馆围攻日记》

Nigel Oliphant, 1874—1905

A diary of the siege of the legations in Peking : during the summer of 1900

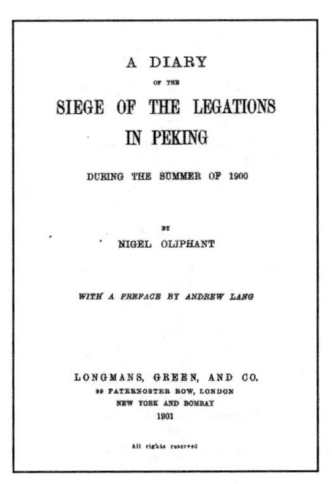

英文版于 1901 年由英国伦敦的朗曼格林书局(Longmans, Green and Co.) 出版,共 227 页。

此书为作者 1900 年夏天在北京使馆被围攻的日记。

［美国］明恩溥：《动乱中的中国》

Arthur Henderson Smith，1845—1932
China in convulsion

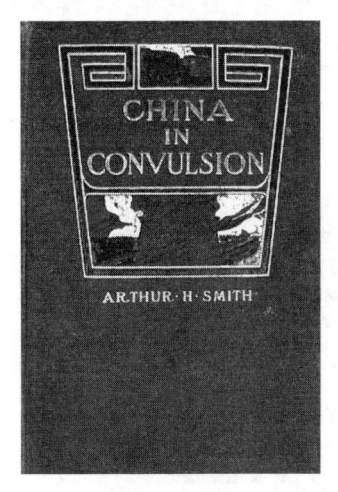

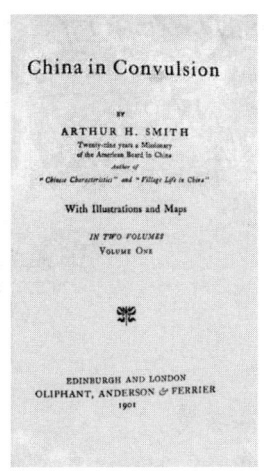

又名《中国在变乱中》，英文版于 1901 年在伦敦和纽约出版。

明恩溥，又名明恩普，美国公理会来华传教士。1872 年来华，先后在中国建小学、中学和医院，曾兼任上海《字林西报》通讯员。他在中国生活 22 年。著有多部关于中国的著作，如：《中国人的性格》（*Chinese characteristics*，1890）、《中国乡村生活》（*Village life in China：a study in sociology*，1899）、《今日的中国和美国》（*China and America today*，1907）等。

此书分上下 2 卷，主要内容涉及清末时局和义和团运动。书中附有96张图片和5幅地图。

［英国］艾伦：《北京使馆被围记——艾伦日记》

Rolland Allan, 1869—1947

The siege of the Peking legations : being the diary of the Rev. Roland Allen, M. A.

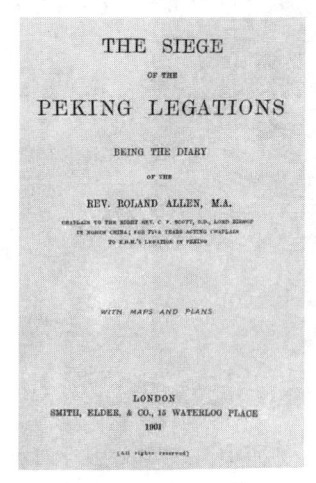

英文版于1901年在伦敦的史密斯·艾尔德出版公司（Smith, Elder & Co.）出版。

艾伦，出生在英国一个信仰英国国教的家庭。1895年被福音传道协会派往中国北部传教，1900年在义和团运动中与其他外国人一起被捕。被外国军队解救后，他将自己的经历写成此书。

全书共9章，书中附有5张地图和表格，主要内容有义和团、地貌、乡团聚结、义和团进攻、帝国军队进攻、大火、轰炸、停火、救济、护卫队等。

［美国］满乐道：《庚子北京被围记》

Robert Coltman, Jr. , 1862—1931

Beleaguered in Peking : the boxer's war against the foreigner

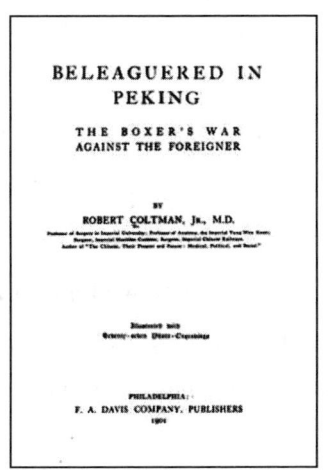

本书英文全名是 *Beleaguered in Peking : the boxer's war against the foreigner*。封面处另有英文书名 *The yellow crime* 和中文书名《朝廷之罪》，且署有中文"光绪贰拾陆年捌月初拾日"的字样。英文版于 1901 年在费城的 F. A. Davis Co. 出版。

满乐道，美国长老会传教医师，1885 年来华，1896 年任同文馆解剖学教授，是这一领域在中国的开山人物。1898 年帝国大学外科教授，是皇家御用医师。1900 年义和团围困北京时，他向外界送信，为芝加哥《记录报》记者。还著有《中国人的今日和未来：医药、政治和社会》

(*The Chinese, their present and future：medical, political, and social*, 1891) 等。

全书 248 页，分 11 章，主要内容有马可波罗桥动乱、部队官兵排外情绪、义和团及其教义、慈禧咨询相术、作者和儿子从 6 月 20 日到围困结束期间的日记、围困期间俄国人的事迹、围困期间美国人的事迹、帝国海军、海关人员以及英国使馆人员的事迹等。

［法国］ 樊国梁：《北京的心——樊国梁主教关于一九〇〇年五月到八月围攻北京的回忆》

Pierre Marie Alphonse Favier, 1837—1905

The heart of Pekin：bishop A. Favier's diary of the siege, May-August, 1900

此书于 1901 年在波士顿出版，编者为约瑟夫·弗雷里（Joseph Fréri, 1864—1927）。

樊国梁，法国遣使会会士。1862年来到中国传教，曾任天主教北京教区主教。1905年在北京逝世。

[英国] 杰西·兰塞姆：《北京围困时期医院的故事》

Jessie Ransome，？—1905

Story of the siege hospital in Peking, and diary of events from May to August, 1900

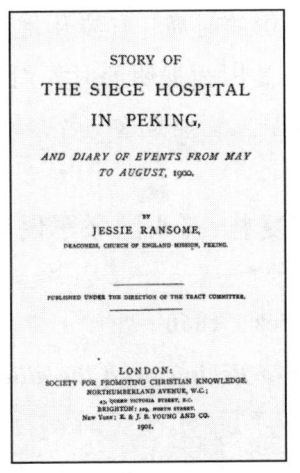

英文版于1901年由伦敦的 E. & J. B. Young and Co. 出版，共125页。

杰西·兰塞姆，英国女牧师，在京的英国教会成员。

作者以一个女牧师的身份记录了义和团运动中在北京的医院中的亲身体验，以日记形式记录了从1900年5月到8月所经历的事件。

[英国] 艾约瑟:《北京近来的变化》

Joseph Edkins, 1823—1905

Recent changes at Peking and recollections of Peking

英文版于 1902 年由上海《文汇西报》(*The Shanghai Mercury*) 汇编印刷, 共 15 页。

本书是作者 1901 年在皇家亚洲学会中国分会上的演讲, 内容是关于中国的时局, 有涉及北京的部分, 如景山常被称为"煤山"是因为据明朝时人们以为山下有煤炭, 虽然这种说法并不属实, 但是这一名称却被保留下来了。

[英国] 宝复礼:《八国联军侵华回忆录》

Brown Frederick, 1860—?

From Tientsin to Peking : with the allied forces

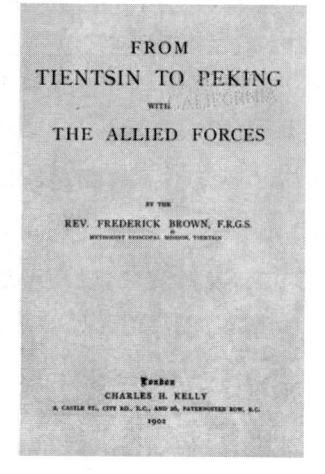

英文版于 1902 年在英国伦敦的查理斯凯利（Charles H. Kelly）出版社出版。

全书共 126 页，分 8 章：1. 介绍；2. 前往天津的兴奋之旅；3. 围困天津；4. Robert Hart 捎信；5. 北仓和杨村战役；6. 前进；7. 袭击北京；8. 使馆解围。

［法国］里昂·亨利：《包围北堂》

Léon Henry

Le siège du Pé-t'ang dans Pékin en 1900

法文版于 1903 年在巴黎出版。

［法国］考狄：《1860 年对中国的远征，外交文书和文件史》

Henri Cordier, 1849—1925

L'expédition de Chine, 1860, histoire diplomatique notes et documents

法语版于 1906 年在法国巴黎（Paris：Librairie Felix Alcan）出版。

全书共 460 页，26 章，书后有索引。

［英国］ 辛普森：《庚子使馆被围记》

Bertram Lenox Simpson, 1877—1930

Indiscreet letters from Peking : being the notes of an eyewitness, which set forth in some detail, from day to day, the real story of the siege and sack of a distressed capital in 1900——the year of great tribulation

又名《有欠谨慎的北京来信》，英文版于 1906 年由英国伦敦的 G. Bell and Sons Ltd. 出版；后多次再版；中文译本于 1917 年由中华书局出版（陈冷汰、陈诒先译），名为

《庚子使馆被围记》。

辛普森，笔名朴笛南姆·威尔（B. L. Putnam Weale），英国驻京记者。他于1877年生于中国宁波，是早期英国来华传教士辛盛（Clare Lenox Simpson）的后代，后进了中国海关。辛亥革命后，他成了一名正式的记者，并在黎元洪的总统府里获得了对外宣传顾问的职位，数年后又成为奉系军阀张作霖的顾问，并大肆反对刚刚在中国兴起的共产主义运动。还著有《满洲与俄国人》（Manchu and Muscovite）、《重塑远东》（The re-shaping of the Far East）、《北京游行》等。

此书以作者亲身见闻，逐日或逐月记录1900年夏秋北京的义和团运动，特别是各国驻华使馆被围期间的情况，也反映了八国联军入京后抢劫掳掠的暴行。全书共分三部分61章。主要内容有北京城的辉煌、义和团来到、医院和墓地、勇敢的法国人、英国使馆基地、宫廷、洗劫、持续骚乱等。

［美国］马士：《中华帝国对外关系史》

Hosea Ballou Morse, 1855—1934

The international relations of the Chinese empire

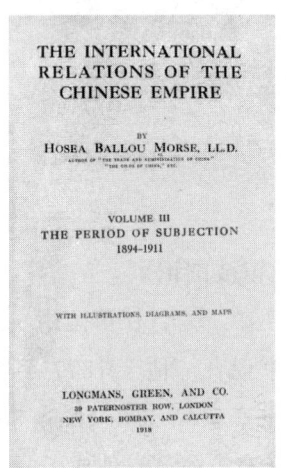

此书共 3 卷，第一卷英文首版于 1910 年在朗文出版社出版，同年，在中国上海、中国香港、新加坡三地都有出版，其余 2 卷于 1918 年出版；中文译本第一卷由三联书店于 1957 年出版，第二卷于 1958 年出版，第三卷由商务印书馆于 1960 年出版（张汇文等译）。

马士，美国人。1874 年毕业于哈佛大学，同年考入中国海关，来到上海学习中文。先后任天津海关帮办、京师同文馆英文教习、上海副税务司、海关总税务司统计秘书等职，在中国海关任职 30 多年。作为赫德的重要助手，他参与了许多机密工作，掌握了大量第一手资料。

此书是国际汉学界研究中国近代史特别是对外关系史

最主要的参考文献。

［英国］甘博士:《灭满兴汉》

Percy Horace Braund Kent，1876—1963
The passing of the Manchus

英文版于 1912 年由英国伦敦的爱德华·阿诺德（Edward Arnold）出版社出版，共 404 页。

甘博士，英国律师。于 1906 年来华。曾任清政府邮传部法律顾问，民国时期的交通部、财政部法律顾问，直隶道台法律顾问。还著有《中国铁路发展沿革史》（*Railway enterprise in China*，1907）和《二十世纪的远东》（*The twentith century in the Far East*，1937）。

本书主要内容涉及 20 世纪初期中国政局的变化、从清政府到中华民国的历史演进。书后附有 2 个附录，1 个索引，书中附有地图以及大量的照片。

《北京现在的政策》

Present policies in Peking

1914年由上海《文汇晚报》出版,共88页。

本书系汇编,主要内容关于北京的外交和政治。

[俄罗斯] 米哈伊尔·佩加门特:
《北京使馆界法理性质考》

Mikhail J. Pergament,1866—1932

The diplomatic quarter in Peking : its juristic nature

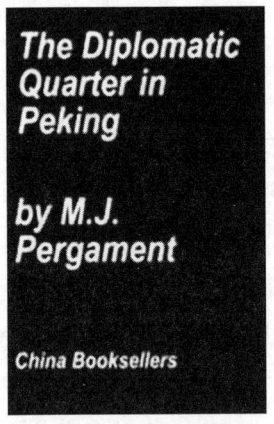

1927年由北京的中国图书有限公司(China Booksellers, Ltd.)出版,共133页。

米哈伊尔·佩加门特,曾任列宁格勒国立大学的法学教授,苏联人民委员会外交事务法律顾问,圣彼得堡大学民法学教授,圣彼得堡女子大学罗马法教授,彼得格勒参议员。是最早从事北京外交团研究的外国人之一。还著有《中国的司法问题》(*Questions regarding jurisdiction in China*, 1925)、《中国面对域外特权与司法的最新交换意见》(*Latest interchange of opinions envisaging extraterritorial privileges and jurisdiction in China*, 1925)。

全书共 133 页，分 9 章，其主要内容以 1917 年 11 月发生的张勋进入使馆区荷兰使馆寻求庇护事件为中心，从法学与历史的观点讨论北京使馆区的"庇护权"，质疑馆区存在的合理性与适当性。作者在书中提供相关法律材料，探讨了外交团体视角下的法律原则、其他事务的实践、管理上的分支与统一、决策上的一致性问题和避难权以及使馆的使用等问题。

[美国] 艾伦·纽波德·拉莫特:《京城旧事》

Ellen Newbold La Motte, 1873—1961
Peking dust

又名《北京之尘》，英文版于 1919 年由美国纽约的世纪出版公司（The Century Co.）出版，共 240 页。

艾伦·纽波德·拉莫特，美国记者和作家。曾经是职业护士，一战时志愿前往欧洲战场，将战地护士亲身体验写成日记，出版《战争的反响》（*The backwash of war*, 1916）。一战后旅行到亚洲，对吸食鸦片现象感到震惊。另著有《文明：东方故事》（*civilization : tales of the Orient*, 1919）、《鸦片垄断》（*Opium monopoly*, 1920）、《鸦片伦理》（*Ethics of opium*, 1922）、《鼻烟与黄油》（*Snuffs and butters*, 1925）、《日内瓦鸦片：联军如何处理鸦片问题》（*Opium in geneva : or how the opium problem is handled by the league of nations*, 1929）。1930 年中国国民政府授予她林则徐纪念奖。

此书以书信体的形式撰写，共两部分 28 章，附有 16 幅照片。第一部分 13 章，以 1916 年 10 月和 11 月期间的信件形式而展开。主要内容有：1. 苦难的旧中国；2. 北京；3. 文明；4. 种族敌对主义；5. 影响范围；6. 外国人的神圣性；7. 骑驴；8. 建议者和建议；9. 中国的房屋；10. 在中国如何做事；11. 老西开暴行；12. 老西开事件（affair）；13. 老西开"事件"（"incident"）。第二部分 15 章，以 1917 年 2 月和 3 月的信件形式展开。主要内容有：1. 回到北京；2. 鸦片丑闻；3. 海象与木匠；4. 中国的路线明确；5. 害怕卷入；6. 尘土风暴；7. 一碗粥；8. 来自剪贴簿；9. 德国人的答复；10. 尘土和传言；11. 外交关系破裂；12. 墙上漫步；13. 觐见中国总统；14. 大英的 12 项要求；15. 结束语。

[美国] 罕普敦·普里查德:《17和18世纪的中英关系》

Hampton Pritchard, 1907—1995

Anglo-Chinese relations during the seventeenth and eighteenth centuries

英文版于1929年由伊利诺伊州立大学（University of Illinois）出版社出版。

普里查德，美国的中国研究学者，亚洲研究协会的创建者之一。曾获牛津大学博士学位。1937—1939年在哥伦比亚大学和密西根大学学习汉语。二战期间参军为军队情报局工作，主要负责研究在中国和日本的日本交通网络，获得美国战争部的最高奖章，也是获得此奖章的第一人。另著有《中英早期关键性的年代1750—1800》（*The crucial years of early Anglo-Chinese relations 1750-1800*），参与《美国历史协会的历史文献指南》（*The American historical association's guide to historical literature*, 1961）的部分写作，与人为联合国科教文组织合著《人类历史：文化和科学发展》（*History of mankind: cultural and scientific development*）第四卷。

全书共244页，分11部分，书中有23个商品进出口方面的表格，包括茶、丝绸等，主要内容有：与西方关系紧张的中国文化特征、英国最早的东方贸易与第一次同中国贸易交往、探源中国贸易（1660—1700）、与中国贸易的稳步建立、探源中国为何反对外国人、贸易扩张与限制冲突（1720—1757）、中英之间的冲突加剧（1757—

1793)、贸易发展（1757—1795）、马戛尔尼使团等。

［美国］罗伯特·摩尔·邓肯：
《北京市政和外交地区》

Robert Moore Duncan，1906—1989
Peiping municipality and the diplomatic quarter

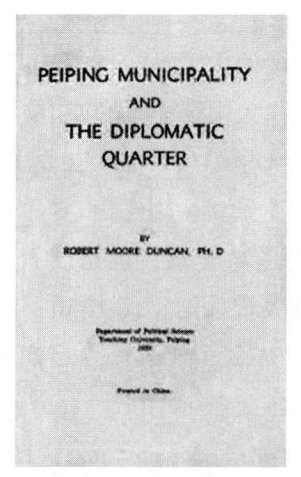

英文版于 1933 年由北京北洋印字馆（Peiyan Press）出版，共 146 页。

罗伯特·摩尔·邓肯，曾任教于燕京大学政治学系。

本书是根据历史和当时对北京的使馆区这一特殊区域的各项调理法规，对使馆区的研究性专著。全书共有 9 章，无插图照片。

［美国］ 李约翰：《清帝的逊位与列强（1908—1912）》

John Gilbert Reid, 1899—？
The Manchu abdication and the powers, 1908-1912

英文版于1935年由加州伯克利的加州大学出版社出版，此书的副标题为"第一次世界大战前的一段外交插曲，宣统皇帝统治时期的外交政策研究"（*An episode in pre-war diplomacy: a study of the foreign policy during the reign of Hsuan-T'ung*）。

李约翰，美国传教士李佳白的儿子，在中国长大，他是1900年义和团包围北京外国使馆区的时候，安然无恙的美国人当中年纪最小的一个。作者于30年代在美国加利福尼亚大学任教期间，广泛收集美、英、德、法诸国外交档案、私人文件、著作和回忆录中有关上述情况的资料而写成此书。他所引用的文献中有些是第一手材料，这些档案纪录对于研究中国清朝（1644—1912）年间最后几年提供了详尽的知识。

全书共分14章和一个结语，这是一本记述清朝末代皇帝溥仪于1912年逊位之前外交内政历史的书，一个编年式的叙述。主要内容有：中华帝国的领土完整、宣统帝初期、北京出境更为危险、摄政王穷于应付、列强纷争不断、摄政王企图脱身、互相竞争的列强和束手无策的北京、在北京从三方面退却、灾难威胁着北京、皇朝权威的丧失、皇帝逊位等。

[美国] 狄考文夫人：《围攻时期——美国妇女和儿童在北京围攻时期的经历》

Ada Haven Mateer, 1850—1936

Siege days: personal experiences of American women and children during the Peking siege

英文版于1936年由美国纽约的弗莱明．H·拉维尔公司（Fleming H. Revell Company）出版。

狄考文夫人，曾任北京裨文女塾（the Bridgman School）牧师和教师，经历过义和团运动，因而写成此书，被誉为出色的中国研究学者。1936年在北京去世。其夫狄考文（Calvin Wilson Mateer, 1836—1908）。

不同于以往记录义和团事件，此书从女性的视角出发，更加突出体验和情感。全书共411页，分14章，有36幅照片。主要内容有：半围攻、围攻、在围攻医院的最后时刻、特别的天启、感恩颂等。

老北京人:《北京的和平》

The peace of Peking

英文版于 1938 年由《北平时事日报》(*The Peking Chronicle Press*) 出版,共 71 页,作者署名"老北京人"。

书中宣讲中日亲善,认为日本人来了,北平被管理得更好了,150 万北平人正与日本人友好等。书中附有大量的黑白照片和 3 个折叠地图。

[美国] 梅谷:《中国满族统治的起源》

Franz Michael, 1907—1992

The origin of Manchu rule in China: frontier and bureaucracy as interacting forces in the Chinese empire

THE WALTER HINES PAGE SCHOOL OF INTERNATIONAL RELATIONS
THE JOHNS HOPKINS UNIVERSITY

THE ORIGIN OF MANCHU
RULE IN CHINA

*Frontier and Bureaucracy as Interacting
Forces in the Chinese Empire*

BY
FRANZ MICHAEL

BALTIMORE
THE JOHNS HOPKINS PRESS
1942

英文版于 1942 年在美国巴尔的摩约翰霍普金斯出版社（Baltimore：Johns Hopkins Press）出版。

梅谷，德国出生的美国学者，有汉学学位，曾在中国杭州的浙江大学教授德语。1942 年他在华盛顿大学设立了一个美国陆军亚洲语言培训项目。他还组织翻译了 19 世纪中期太平天国的所有可用文件，以及晚清二十二位主要士大夫的奏折。其研究范围包括：有关中国的满族、清朝、太平天国叛乱、西藏以及儒家人文主义的现代命运等。他是一个反共产主义者。

此书是作者的第一部专著，书中探讨了征服王朝是否应验了中国同化其征服者这一问题。学界后来认为，作者对满族人吸收中国文化的重视程度过高，而对他们创造的满族身份和使用中亚传统多于中国传统的统治方式重视不够。

第四章
使节、外交

[葡萄牙] 多默·皮列士:《东方志——从红海到中国》

Tomé Pires, 1465? —1524? 1540?
Suma Oriental que trata do Mar Roxo até aos Chins

葡文版撰著于 1512—1515 年,原始手稿并未出版,在很长一段时间内处于"遗失"状态,直到 20 世纪 40 年代在巴黎被发现。中文译本于 2005 年在江苏教育出版社出版(何高济译)。

多默·皮列士,葡萄牙派往中国的第一位官方使者、国王的药剂师、植物学家。1517 年随使团抵达广东,1519 年获准赴京,是第一位正式进入北京的西方外交大使,但是他并未成功觐见皇帝。其经历曲折,一说 1524 年病逝,一说逝于 1540 年,至死未离开中国。

此书作者很有可能是首次将北京称为"Peqim"的欧洲

人[1]，全书共六个部分，其中第四部分涉及了"中国帝国"，书中作者记录了16世纪初从红海出发到达中国的沿途见闻，涉及历史、地理、政治、经济、风俗、气候和文化等方面。皮列士的航线与郑和下西洋的航线大致相近，他的著作与郑和的记述同为研究该地区历史和东西方交流的珍贵一手资料。此书是16世纪介绍中国情况的第一部书。

［荷兰］约翰·尼霍夫：
《荷兰东印度公司使节团访华纪实》

Jean Nieuhoff，1618—1672

Het Gezandtschap der Neêrlandtsche Oost-Indische Compagnie, aan den Grooten Tartarischen Cham, den tegenwoordigen Keizer van China

---

［1］ 欧阳哲生：《古代北京与西方文明》，北京：北京大学出版社，2018年，第45页。

第四章　使节、外交

```
AN
EMBASSY
FROM THE
East-India Company
OF THE
UNITED PROVINCES,
TO THE
Grand Tartar Cham
EMPEROR OF
CHINA,
Deliver'd by their Excellencies
PETER de GOYER and JACOB de KEYZER,
At his Imperial City of
PEKING
WHEREIN
The Cities, Towns, Villages, Ports, Rivers, &c.
In their Passages from
CANTON to PEKING,
Are Ingeniously Describ'd
By Mr. JOHN NIEUHOFF, Steward to the
AMBASSADORS.
ALSO
An Epistle of Father JOHN of ADAMS their Antagonist,
Concerning the Whole Negotiation.
With an APPENDIX of several REMARKS taken out of
Father ATHANASIUS KIRCHER.
Englished, and do forth with divers Sculptures,
By JOHN OGILBY Esq;
His MAJESTIES Cosmographer, Geographick Printer, and Master of the Revels in the
KINGDOM of IRELAND.
The Second Edition.
LONDON,
Printed by the Author at his House in White-Friars. M.DC.LXXIII.
```

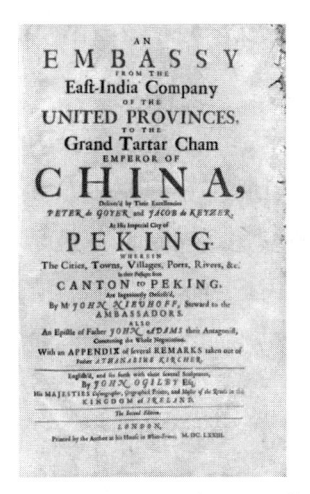

又译为《荷兰东印度公司的使节出使鞑靼可汗，即现今中华帝国》，荷文首版于 1665 年由阿姆斯特丹的国际出版中心出版；同年，法文本（*L'ambassade de la compagnie orientale des provinces unies vers l'empereur de la Chine, ou grand Cam de Tartarie*）在莱顿出版（卡朋蒂埃［Jean la carpentier］译）；1666 年德文本（*Die Gesantschaft der Ost-Indischen Geselschaft in den Vereinigten Niederländern an den Tartarischen Cham*）出版；1668 年拉丁文版（*Legatio batavica ad magnum Tartariæ chamum Sungteium, modernum Sinæ imperatorem*）出版；1669 年，英文版（*An embassy from the East-India Company of the united provinces, to the grand Tartar Cham, emperor of China*）在伦敦出版。

尼霍夫，荷兰探险家、旅行家，也是第一位驻北京大使。1655—1657 年，随荷兰东印度公司使节团到中国访问。从澳门经广州、虎门、黄埔、杭州、南京、扬州、天津等到北京觐见顺治皇帝，详尽记载了其在中国境内旅行两年多的所见所闻,还绘制了多幅中国风景和人物铜版画,被称为"东方画家"。

此书主要有两个部分:第一部分为作者的游记,介绍访华团经过广东、江西、南京、山东和北京的见闻;第二部分为中国概况的综述。它是西方最早有关中国的游记画册之一。作者在书中配有大量图画,有北京城远眺图,作者还提到了紫禁城在阳光照耀下无与伦比的美丽,并附有故宫午门外场景图。

[荷兰]达帕:《第二、三次荷兰东印度公司使节出访大清帝国记闻》

Olfter Dapper, 1639—1689

Gedenkwaerdig bedryf der Nederlandsche Oost-Indische maetschappye, op de kuste en in het keizerrijk van Taising of Sina

荷兰语版于 1670 年由荷兰阿姆斯特丹的雅各布凡米尔斯（Jacob van Meurs）出版商出版，英译本于 1671 年出版，德译本于 1673 年出版。

达帕，荷兰医生、作家、历史学家、翻译家，他两次随团出使（又有说他从未离开荷兰）。

本书内容即为记录出使路途所见，用图文结合的方式描绘了中国的民俗、动植物，以及桥梁、寺、塔等建筑，描绘了西方人眼中的中国民俗风情、社会风貌、政治事件等。书中涉及第三次荷兰访华团（1666—1668）在北京的见闻，内有 95 幅铜版画。

［德国］亚当·布兰德：《沙皇使节雅布兰 1693 至 1695 年使华旅行记》

Beschreibung der chinesischen Reise, welche vermittelst einer Zaaris Gesandschaft durch dero Ambassadeur Herrn Isbrand Ao. 1693, 1694 und 1695, von Moscau uber Gross-Ustiga, Siberien, Dauren udn durch die Mongolische Tartatey verrichtet Worden

此书德文版于 1698 年在汉堡出版，同年，英译本在伦敦出版，名为 *A journey of the embassy from their Majesties John and Peter Alexievitz, emperors of Muscovy, etc, overland into China through the provinces of Ustiugha, Siberia, Dauri, and the Great Tartary, to Peking, the capital city of the Chinese empire, performed by Everard Isbrand, their ambassador in the years 1693, 1694, and 1695*。1699 年法文版和荷兰文版出版。莱布尼茨（Gottfriend Wilhelm von Leibniz, 1646—1716）将此书摘要译为拉丁文收入其 1697 年出版的《中国新事萃编》（*Novissima Sinica：historiam nostri temporis illustratura*）中。

亚当·布兰德，德国商人、探险家，曾数次前往莫斯科。1692 年，俄国沙皇彼得大帝任命雅布兰为特使出使中国，亚当·布兰德担任其秘书。该使团于 1693 年抵达北京，次年返回。

［丹麦］雅布兰：《从莫斯科经陆路到中国的三年旅行记（1692—1695）》

Evert Ysbrants Ides/ Everard Isbrand，1657—1709

Driejaarige reize naar China, te lande gedaan door den Moskovischen afgezant, E. Ysbrants Ides, Van Moskou af, Over Groot Ustiga, Siriania, Permia, Sibirien, Daour, Groot Tartaryen Tot in China

荷兰文首版于1704年在荷兰阿姆斯特丹出版；英译本（书名为 Three years of travel from Moscow overland to China）于1706年在英国伦敦出版，共210页；德译本于1707年在法兰克福出版；法文译本于1718年出版；俄文译本于1789年出版；中文译本于1980年在商务印书馆出版。

雅布兰，丹麦旅行家、外交官。于1693—1695年受沙皇之命作为俄国公使出使中国。

此书记述了作者由莫斯科从陆路到中国北京的见闻以及在中国逗留3年期间的情况，内容包括政治、宗教、人民生活、婚姻、服装、贸易、物产、丧葬和风俗等。作者着墨更多的是在圆明园觐见康熙帝的过程，书中附有包括觐见康熙帝场景在内的30幅铜版画和地图。

［瑞典］郎喀：《郎喀的中国之行》

Laurent de Lange

Journal du voyage de Laurent Lange à la Chine

法语版于 1734 年出版于阿姆斯特丹，英译本于 1763 年出版。

郎喀，又名兰支，瑞典人。1715 年以特使身份被派往中国，他在北京居住两年，1719 年被再次派往北京。本书记录了他 1715—1725 年在中国的见闻。全书共 410 页。

［英国］约翰·贝尔：《从圣彼得堡到北京旅行记（1719—1722）》

John Bell，1691—1780

A journey from St. Petersburg to Pekin（1719-1722）

英文初版（2 卷本）于 1763 年在格拉斯哥出版，并于同年出版 3 卷本，爱丁堡的威廉·克里奇（W. Creech）出版公司于 1788 年再版，并于 1806 年重印，后有多个版本；中文版于 2018 年在云南人民出版社出版（蒋雯燕、崔焕伟

等译)。

约翰·贝尔,苏格兰旅行家、医生。曾为俄国使团随团医生,先后出使伊朗、中国、君士坦丁堡等地。1718年随俄使伊斯曼罗夫(Ismayloff)从圣彼得堡出发,穿越西伯利亚和蒙古,于1722年到中国觐见康熙帝,在北京逗留4个月。

此书即为作者随团出使的见闻录,包括使团在北京圆明园居留见闻和觐见清帝的场面,书中还涵盖以下话题:康熙帝、长城、礼仪和各种生活习俗、建筑街道城墙及其他城市建设、人民的性格、制造业和中国四大发明、山川地理和植被、中国历史和传说、妇女、军事、宗教、科学和医药等。

[荷兰] 德胜:《北京之行》

Isaac Titsingh,1745—1812
Journey to Peking

此书于1789年出版。

德胜,又名铁俊甫,荷兰外科医生、学者、商人与大使,皇家学会会员。曾被任命为荷兰驻华大使,前往大清帝国的都城北京,以参与乾隆帝的登基六十周年庆典。他与他的代表团在紫禁城和圆明园受到了罕见的尊重和礼遇。德胜为符合复杂的皇宫礼节而做出了相当的努力——包括向皇帝磕头。

［英国］爱尼斯·安德森:《英使访华录》

Aeneas Anderson

A narrative of the British embassy to China, in the years 1792, 1793 and 1794

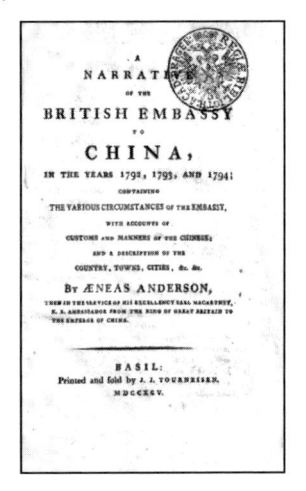

英文首版于 1795 年由英国伦敦的约翰·德布雷特（John Debrett）出版社出版，共 278 页；当年在美国纽约重印；1796 年在都柏林 J. Debrett 重印；1798 年法文译本出版于巴黎。

爱尼斯·安德森，1792 年马戛尔尼访华团"狮子"号第一大副。

本书是最早出版的使团游记，根据作者的日记整理而成，并附有 1 页插图，全书共分 25 章。1792 年 9 月 26 日访华团从英国扬帆启程到抵达中国，再到从中国返回，作者将乾隆帝接见马戛尔尼使团的具体过程以及使团在中国境内的往返途中的见闻逐一记录，涉及许多城市和村镇，中国人的风俗、习惯和生活方式等内容。

[英国] 乔治·伦纳德·斯当东：
《英使谒见乾隆纪实》

Sir George Leonard Staunton，1737—1801

An authentic account of an embassy from the King of Great Britain to the emperor of China

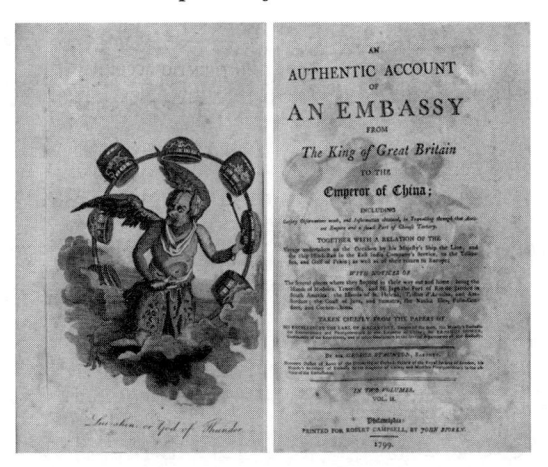

3卷本英文版版本众多，首版于1797年在英国伦敦Atlas出版，同年伦敦W. Bulmer再版，1798年伦敦G. Nicol公司重印首版，1799年在美国费城Comp bell出版。与此同时，西班牙语版、德文版、法文版和意大利文版相继问世，中文译本于1963年在商务印书馆出版（叶笃义译），后多次再版。

乔治·伦纳德·斯当东，伦敦皇家学会会员，1792年马戛尔尼访华团的副使。

全书共 17 章,详细描述了马戛尔尼访华团来华的原因、准备工作、航行的沿途见闻、抵达中国后在中国的全程活动以及作者对当时中国政治、文化、历史、地理、生活方式和社会习俗的记录和感受,如观光长城、避暑山庄,谒见皇帝,在北京的见闻和活动等,斯当东给予北京高度的评价、对所见的紫禁城极口称赞。本书各版本都有附录,约有 10 个统计表。

[荷兰] 范罢览:《北京之行——1794—1795 年荷兰东印度公司向中华帝国朝廷派赴使节纪实》

Andre Everard Van Braam Houckgeest,1739—1801

Voyage de l'ambassade de la Compagnie des Indes Orientales Hollandaises, vers l'empereur de la Chine: en 1794 et 1795

2 卷本法文首版于 1797—1798 年在美国费城出版。1798 年英文版 2 卷本出版于英国伦敦,名为 *Journey to Peking: an authentic account of the embassy of the Dutch East-India Company to the court of the emperor of China, in the years 1794 and 1795*。

范罢览,又名范百兰。1790 年来华,任荷兰驻广州商馆馆长。1794 年任荷兰东印度公司访华团副使,前往北京觐见乾隆帝。

本书以旅行日记的形式,记载了访华团 1794 年 11 月

22 日从广州出发，于次年 1 月抵达北京觐见乾隆帝，以及同年 5 月返回至广州的沿途所见所闻。作者此次来华在京逗留 40 日，并且得到乾隆帝赐宴于紫光阁。本书附有访华团的《广州—北京—广州的路线图》。

[英国] 塞缪尔·霍姆斯:《1792—1793 年访华回忆录》

Samuel Holmes

The journal of Mr. Samuel Holmes, Serjeant-Major of the XIth Light Dragoons, during his attendance, as on eof the guard on lord Macartney's embassy to China and Tartary, 1792-1793

英文版于 1798 年由英国伦敦的 W. Bulmer and Co. 出版。

此书基于作者参加马戛尔尼访华团的经验而完成，附有多幅插图。

霍拉姆斯:《从中国到鞑靼——参加马戛尔尼访华团的见闻》

Samuel. Holmes

Voyage en Chine et en Tatarie, à la suite de l'ambassade de lord Macartney

法文本于 1805 年出版于巴黎。

全书分为 2 卷，分别共 171 页和 188 页。附有 52 幅彩色版画，其中有描述圆明园和中国刑法的铜版画。

［英国］约翰·巴罗:《马戛尔尼伯爵的公众生活纪事及其未刊出作品选》

John Barrow, 1764—1848

Some account of the public life, and a selection from the unpublished writings, of the earl of Maccartney

2卷本英文版于1807年由英国伦敦的卡德尔·戴维斯（T. Cadell and W. Davies）出版公司出版，共584页。

约翰·巴罗，英国政治家、作家。1792—1794年随英使马戛尔尼伯爵来到北京，任参赞，并借此机会学习汉语，研究中国文学和科学。

此书涉及1792—1794年随马戛尔尼伯爵出使北京等内容。第一卷根据马戛尔尼生前许多没有公开的资料记述了马戛尔尼不同时期的政治生涯，第二卷主要汇集了马戛尔尼生前的一些著述。附录有马戛尔尼出使中国的记录，包括风俗、宗教、政府、人口、财政、军队建制、航海、语言和商贸等部分，还有一些马戛尔尼政治生涯的信件和参加会议的记录。

［英国］依里斯：《新近出使中国记事》

Henry Ellis, 1777—1869

Journal of the proceedings of the late embassy to China

英文首版于 1817 年在英国伦敦的约翰·穆莱出版社（John Murray Ltd.）出版，共 526 页；1818 年、1851 年再版；1819 年意大利文版在米兰出版，题为 *Viaggio di lord Amherst alla China*。

依里斯，又名伊礼士，英国外交官，曾任第三任驻华大使，1814—1816 年随阿美士德访华团来华，为使团副使。

此书附有 9 张彩色插图、7 个插页。全书分 9 章，以日记的形式记述了阿美士德访华团来华的过程。主要内容有访华团在中国海域的航行、抵达北京后同中国政府交涉的具体情况、访华团由北京至广州途中见闻、中国的政治制度、民俗和生活习惯等。

［英国］克拉克·阿贝尔：《1816 和 1817 年在中国内地旅行与往返航行记事》

Clarke Abel, 1780—1826

Narrative of a journey in the interior of China, and of a voyage to and from that country, in the years 1816 and 1817; containing an account of the most interesting transactions of lord Amherst's embassy to the court of Pekin, and observations on the countries which it visited

1818 年此书出版于英国伦敦。

克拉克·阿贝尔，英国人，皇家地理学会成员、自然主义者，也是访华团的主要医生。

NARRATIVE OF A JOURNEY
IN THE INTERIOR OF
CHINA,
AND OF
A VOYAGE TO AND FROM THAT COUNTRY,
IN THE YEARS 1816 AND 1817;
CONTAINING
AN ACCOUNT OF THE MOST INTERESTING TRANSACTIONS
OF
LORD AMHERST'S EMBASSY TO THE COURT OF PEKIN,
AND
OBSERVATIONS ON THE COUNTRIES WHICH IT VISITED.

By CLARKE ABEL, F.L.S.
AND MEMBER OF THE GEOLOGICAL SOCIETY,
CHIEF MEDICAL OFFICER AND NATURALIST TO THE EMBASSY.

ILLUSTRATED BY MAPS AND OTHER ENGRAVINGS.

LONDON:
PRINTED FOR LONGMAN, HURST, REES, ORME, AND BROWN,
PATERNOSTER-ROW.
1818.

本书内容涉及阿美士德访华团在北京的翻译问题和见闻等，包括景观、农作物和动物等。书中有大量插图和地图。

［英国］林德赛：《阿美士德勋爵号在中国北部港口航行的报告》

Hugh Hamilton Lindsay，1802—1881

Report of the proceedings on a voyage to the northern ports of China, in the ship lord Amherst

英文版于1833年在英国伦敦的B. Fellowes, Ludgate Street出版。

林德赛，又名胡夏米，英国人，任职于英国东印度公司广州商馆期间，曾跟随马礼逊学习汉语。1832年代表东印度公司乘"阿美士德"号在中国沿海航行考察。1837年以实用知识传播会（Society for the Diffusion of Useful

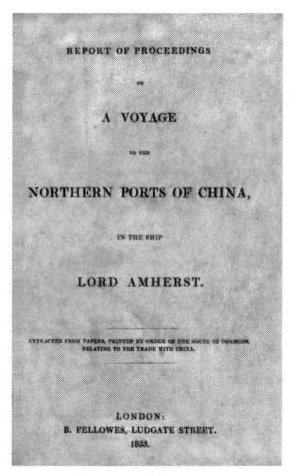

Knowledge）委员身份留在中国。

本书即为"阿美士德"号在中国沿海进行的为时 6 个月的侦察报告。侦察期间，他们不仅完成了对厦门、福州、宁波和上海水道的探测工作，而且对清政府的腐败、军备的落后以及各地经济状况都有掌握。

［英国］乔治·托马斯·斯当东：
《中国和中英商业关系杂评》

Sir George Thomas Staunton，1781—1859
Miscellaneous notices relating to China, and our commercial intercourse with that country

英文版于 1822—1850 年在伦敦出版。

乔治·托马斯·斯当东，12 岁跟其父亲乔治·伦纳德·斯当东随马戛尔尼访华团来华，1798 年进入英国东印度公司广州商馆任书记员，1816 年任阿美士德访华团副使

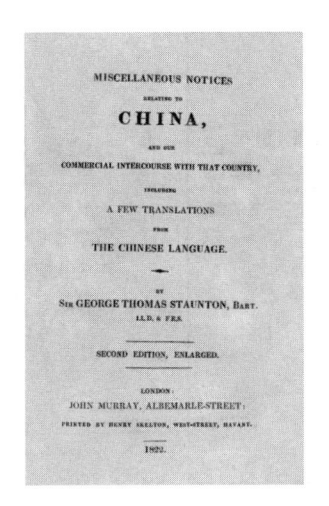

专程来到北京。

本书共两个部分。第一部分：关于中国文化和习俗的介绍和评论，包括雍正帝圣旨的部分翻译、中国人喜欢的猜拳游戏、在华天主教及北京的东堂、南堂、西堂和北堂的介绍等内容；第二部分：关于中国商业和中英贸易的介绍和评论。

［法国］阿道尔夫·阿尔芒：《出征中国和交趾支那来信》

Adolphe Armand，1818—1891

Lettres de l'expédition de Chine et de Cochinchine

法文版于 1860 年在法国巴黎 E. Thunot 出版，共 179 页；中文译本于 2011 年在中西书局出版（许方、赵爽爽译）。

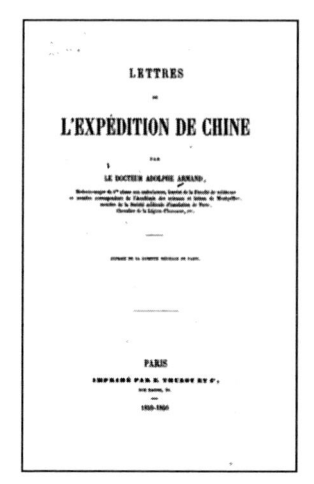

阿道尔夫·阿尔芒，第二次鸦片战争法军随军医生，另著有多部医学著作和旅行回忆录。

作者在书中描写他的旅程（从法国到中国北京），科学精确、细致入微地论述了各种问题，内容涉及广泛。书中记载了在战争中的清军和平民的伤亡以及药品等情况，是研究第二次鸦片战争的重要参考书。其中涉及北京的主要内容有从天津到北京、北京、在北京签订条约、北京葬礼等。

［法国］让·巴普蒂斯特·路易·葛罗：《黄皮书日记（1860年中法之间的谈判）》

Jean-Baptiste Louis Baron Gros，1793—1870
Négociations entre la France et la Chine，en 1860
法文版于1864年出版，中文译本于2011年由中西书

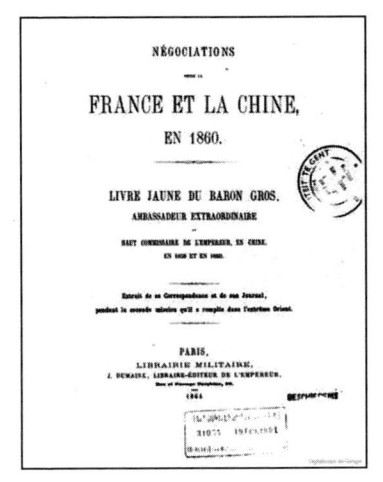

局出版（赵勤华译）。

让·巴普蒂斯特·路易·葛罗，法国外交家，远征军在华专员。1858 年与英国全权代表额尔金勋爵一起前往中国签署《天津条约》。1860 年第二次远征中国，并签署了被称为《北京条约》的和平协议，他不赞同并谴责英国人火烧圆明园的罪恶行径。

此书收录了葛罗男爵的日记和他的一些外交公函。

［英国］斯坦利·莱恩·普尔、［英国］弗雷德里克·维克多·狄更斯：《巴夏礼传记》

Stanley Lane-Poole, 1854—1931; Frederick Victor Dickins, 1838—1915

The life of Sir Harry Parkes, K. C. B., G. C. M. G., sometime her majesty's minister to China & Japan

英文版于 1894 年在英国伦敦的麦克米兰出版有限公司

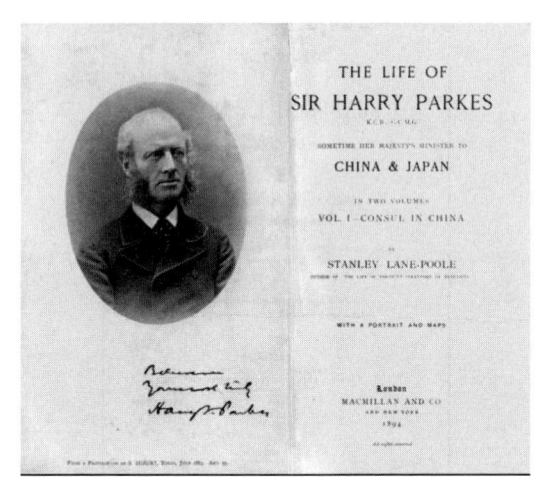

（Macmillan and Co.）出版，共 558 页；中文中国部分节译本《巴夏礼在中国》于 2008 年在广西师范大学出版社出版（金莹译）。

此书共两册。第一册由斯坦利·莱恩·普尔一人所著，记录了巴夏礼在中国 24 年的外交官生活。第二册大部分内容由狄更斯完成，记录了巴夏礼 18 年的驻日公使生涯。此书还是一部展现当时中国各地风土人情的著作。其中涉及北京的内容有向北京行进（1860）、北京的囚犯（1860）、在北京的外交（1883—1884）等。

［美国］田贝：《大清国及其臣民》

Charles Denby，1830—1904

China and her people：being the observations, reminiscences, and conclusions of an American diplomat

又名《中国及其人民：一位美国外交人员的观察、回

忆与结论》，2卷本英文版于1906年在波士顿的 L. C. Page and Company 出版，后再版。

田贝，曾任美国驻清公使达13年之久，曾做马关议和前中日联系的中间人。

全书分上、下2卷，共36章，详细记述了庚子国变的经过，涉及慈禧、光绪、李鸿章、袁世凯、义和团、甲午战争、日俄战争、列强对华政策等内容，书中收录晚清政要珍贵照片64幅（另附地图1幅）。此外，作者还描述了京城的外国人生活、北京、帝都、科举制、外交官职责、票号、海关、朝廷等内容。此书被史学界广为引证。

[英国] 翟兰思：《北京使馆被围日记》

Lancelot Giles，1878—1934

The siege of the Peking legations : a diary

英文版出版于1907年，由马钱特（L. R. Marchant）

编辑整理。

[法国] 施阿兰：《使华记 1893—1897》

Auguste Gerard, 1852—1922

Ma mission en Chine（1893–1897）

法文版出版于 1918 年。

施阿兰，法国人，另著有《我们在远东的盟邦》（*Nos allies d' Extreme-Orient*，1918）。

《北平使馆区》

Chia-Chen Chu

The diplomatic quarter in Peiping

此文为 1944 年美国乔治·华盛顿大学硕士论文。

该论文系统地介绍了东交民巷使馆区的由来、发展及

废除的可能性。1856—1860年第二次鸦片战争清朝战败后,《北京条约》要求清朝政府允许外交代表在北京居住,东交民巷一带被开放给外国公使馆。1861年,英国公使馆设立在醇亲王府,法国公使馆设立在安亲王府,俄罗斯公使馆设立在东正教会现有的俄罗斯宿舍。

第五章
经济

［英国］德尼克、［英国］梅辉立：《中日商埠志》

Nicholas Belfield Dennys, 1813—1900; William Frederick Mayers, 1831—1878

The treaty ports of China and Japan. A complete guide to the open ports of those countries, together with Peking, Yedo, Hongkong and Macao

英文版于 1867 年在伦敦的特吕布纳出版公司（Trubner and Co.）出版。

德尼克，英国领事官、新闻记者。1863 年来华，任驻天津领事。后为香港《德臣西报》（*The China Mail*）社长兼主笔。1872 年《中国评论》（*China Review*）在香港创办，德尼克为第一任主笔。还著有《粤语方言手册》（*Handbook of the Canton vernacular*)、《中国的民间传说及其与雅利安和闪米特种族民间传说的密切关系》（*The folk lore of China, and its affinities with that of the Aryan and Semitic races*, 1876）等。

此书涉及中国和日本的主要城市，如中国的香港、澳门、广州、厦门、福州、北京、宁波、汉口、天津、上海和南京等城市，并有香港、澳门、厦门、福州、宁波以及北京等城市的地图。

［英国］艾约瑟：《中国的通货》

Joseph Edkins, 1823—1905
Chinese currency

英文版于 1901 年在上海的美华书馆（American Presbyterian Mission Press）出版。

全书共 151 页，分为五个部分。第一部分关于中国的货币历史，文中提到了北京的"当十钱"；第二部分关于黄铜；第三部分关于白银；第四部分关于黄金；第五部分收录了 18 篇有关中国通货的论文。书后附有索引。

［英国］艾约瑟:《中华帝国的岁人和税制》

Joseph Edkins, 1823—1905

The revenue and taxation of the Chinese empire

英文版于 1903 年在上海的美华书馆（American

Presbyterian Mission Press）出版。

全书共 240 页，书后附有索引。书中有大量的收入、支出和税收相关数据。

［英国］艾约瑟：《中国的金融与价格》

Joseph Edkins，1823—1905
Banking and prices in China

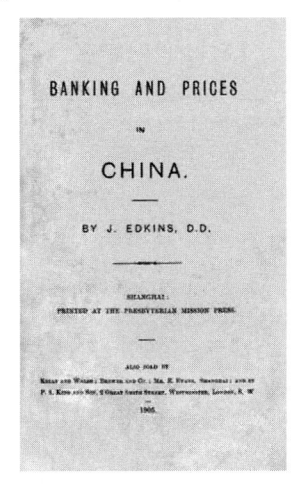

英文版于 1905 年在上海的美华书馆出版。

全书共 286 页，书后附有索引。此书是关于中国金融与价格的重要的早期研究，其主要内容有银行形式的起源、中国纸币上的印章、外国银行在中国、储蓄银行、北京的货币、开封府的货币、唐朝的行政系统、元代的纸币发行量、茶税等。

[法国] 沙海昂:《中国铁路发展规划》

Antoine Henry Joseph Charignon, 1872—1930

Les chemins de fer chinois : un programme pour leur développement

法文版于 1914 年在法国巴黎 H. Dunod & E. Pinat 出版。

沙海昂,法国土木工程师、汉学家、法国亚洲学会和巴黎地理学会会员。1899 年来华,先后参加滇越铁路、正太铁路、京汉铁路和陇海铁路的建筑,任工程师,后任北洋政府交通部顾问,1910 年取得中国国籍。1930 年逝世于北京,葬阜成门外栅栏墓地。曾注释《马可·波罗游记》(*Le livre de Marco Polo*)。

全书共 222 页,书中地名附有中文名,另附有多幅铁路地图。

[美国] 步济时:《北京的行会》

John Stewart Burgess, 1883—1949
The guilds of Peking

英文版于 1928 年由美国纽约的哥伦比亚大学出版社（Columbia university Press）出版，1942 年日文版由日本生活社刊印，1966 年英文版再版，中文译本于 2011 年由清华大学出版社出版（赵晓阳译）。

步济时，又名伯吉斯，美国社会学教授。1909 年到北京，1919 年创建燕京大学社会学系，任教授、系主任。最早将社会学研究中的田野调查带到了中国。他的第一本书《北京调查》（*Peking survey*）描写北京各种制度，如监狱、医院、妓院和行会。作者在中国多年，他热爱和同情中国人民，受学生爱戴。

全书共 270 页，分 14 章，系作者的博士论文，1928 年他获得哥伦比亚大学的博士学位。此书是在严谨的学术田野调查基础上形成的,是研究北京地区行会的第一个和唯一一个研究专著,也是第一本外国人运用现代社会学理论研究中国行会的书。作者在书中对北京的42个行会的成员、组织、集会、财务、功能进行了调查,包括行会的起源、历史、成员、组织、会议、学徒制度、行会的宗教和慈善活动以及行会的未来,都进行了记录和探讨。作者也将中国的行会组织与欧洲的类似经济组织进行了比较。

[中国] 孟天培、[美国] 甘博:《1900—1924年北京的物价、工资和生活标准》

Tien-pei Meng;Sidney David Gamble,1890—1968

Prices, wages, and the standard of living in Peking, 1900-1924

英文版出版于1926年,同年,中文版刊载于国立北京大学《社会科学季刊》,共113页(李景汉译)。

甘博,美国社会学家。一生中曾分别在1908年、1917—1919年、1924—1927年和1931—1932年四次访问中国,他以社会调查和拍摄大量宝贵的北京、中国北方照片而著名。著有《两户中国家庭的家务账》(*The household accounts of two Chinese families*,1931)、《华北农村:1933年以前的社会、政治及经济活动》(*North China villages: social political and economic activities before 1933*,1963)等。

此书为1900—1924年对北京、河北一带的平民生活的记述。

[中国] 陶孟和:《北京生活——60个家庭的开支预算》

L. K. Tao, 1887—1960

Livelihood in Peking: an analysis of the budgets of sixty families

英文版于1928年由北京中华教育文化基金董事会（China Foundation for the Promotion of Education and Culture）的北京社会研究部（Peking Social Research Department）出版。

陶孟和，直隶省天津县（今咸水沽镇，隶属天津市津南区）人，社会学家。1910年留学英国，就读于伦敦经济学院，主攻社会学和经济学，1913年，获经济学博士学位后归国，担任北京高等师范学校教授。1914年至1927年担任北京大学教授、系主任、文学院院长、教务长等职。1926年至1934年担任中华教育文化基金董事会（美国退还庚子赔款管理机构）社会调查部负责人，致力于社会调查事业。另与梁宇皋（Y. K. Leong）合著《中国乡村与城镇生活》（*Village and town life in China*, 1915）。

全书共158页，分9章，附有5个表格，主要内容有调查的过程和范围、工薪家庭的方方面面、收入和消费、食物花销、住房、家居设施和穿着、人力车夫、中学教师。

[中国] 严景耀:《北平犯罪研究》

A study of crime in Peiping

1929年由燕京大学社会学和社会工作系出版。

严景耀(1905—1976),中国社会学家、犯罪学家。曾任燕京大学社会学系教授、燕京大学政治系主任、法学院代理院长、北京大学法学院法律系教授以及北京大学政治系教授。

本书共29页,是作者的社会调查结果,主要内容涉及北京的犯罪情况、数量、范围、性质、与社会的关系以及改变的方式等。

[美国] 甘博:《北京的工资》

Sidney David Gamble,1890—1968

Peking wages

1929年由燕京大学社会学和社会工作系出版。

本书共14页,系其1929年10月在燕京大学学术讨论会的论文,主要是关于北京地区的工资状况。

[美国] 甘博:《北平市民的家庭生活》

Sidney David Gamble,1890—1968

How Chinese families live in Peiping

第五章 经济

英文版于 1933 年由美国纽约的冯克与瓦格纳公司（Funk and Wagnalls Company）出版，此书参与的田野调查人有王贺辰和梁仁和。

甘博，美国社会学家。一生中曾四次访问中国。1924年，甘博再次来到中国，1924—1927 年期间他自费组织了中国研究人员队伍，调查了 283 户家庭后出版本书。

本书共 348 页，有 31 张照片、31 个表格和地图。全书共 12 章。本研究基于 283 个家庭一年的跟踪调查，从每个月 8 银圆到 550 银圆的生活数据，解释了中国的家庭收入和消费之谜。

［中国］李建名：《经济论文第十九册：京津银号业之会计制度》

Li Chienming

Economic studies No. 19 :the accounting system of native banks in Peking and Tientsin

英文版于 1941 年出版于天津的工商学院（Hautes Études）和上海的震旦大学（Université l'Aurore），1982 年由美国纽约的加兰出版公司（Garland Pub., Inc）再版。

全书共 301 页，分 6 章。这部书内容涉及北京和上海两个城市地方银行的会计制度。主要内容有行业概况、银号分类与银号类型、商业类型与交易记录、裁定净收入与结账等。

《北平的艺术、工艺及工业合作运动》

The Peiping art and crafts and the industrial cooperative movement

1948 年由北平的 The Central Cooperative Bank of China,

Peiping Branch 出版，共 57 页，无作者署名。

  本书共有 16 章，主要内容是关于北京的各种手工业制作和工厂之间的合作。

第六章
社会、民俗

［英国］乔治·亨利·梅森:《中国服饰》

George Henry Mason

Costumes de la Chine : représentés en soixante gravures avec des explications en anglais et en francais.

The costume of China, illustrated by sixty engravings with explanations in English and French

英语和法语双语版最早于 1789 年在中国广州成书，1800 年在伦敦正式出版，1806 年在伦敦再版（71 页）。

乔治·亨利·梅森，英国人，英军第 102 团的少校。

此书是关于中国服装及妆饰的一本书，书中配有 60 幅彩色插图，均为手工上色，每幅插图都以英语和法语两种文字解释，插图内容描绘的主题为清代中国社会各种行业人物和他们的服装及妆饰，有官员贵妇，也有贩夫走卒等。

［英国］威廉·亚历山大：《中国的服饰》

William Alexander，1767—1816

The costume of China, *illustrated in forty-eight coloured engravings*

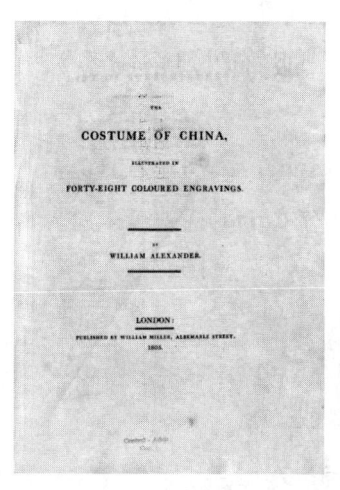

英文版于 1805 年在伦敦出版，1814 年再版。

威廉·亚历山大，英国画家。1792 年，尚为年轻的亚历山大作为制画员随马戛尔尼使团到达中国，为斯汤顿爵士的使团报道绘制插图。他在热河行宫觐见了乾隆皇帝。在从澳门到北京的往返旅行中，他创作了大量反映当时中国世态风情的画作。之后，亚历山大被聘为美术教授，并创作了一系列有关中国的风俗画。其主要作品有《去中国旅途上绘制的岬角、岛屿等景观》（Views of headlands, islands, etc. taken during the voyage to China, 1798）、《中国人的服饰和习俗图鉴》（Picturesque representations of the dress and manners of the Chinese: illustrated in fifty coloured engravings, with descriptions, 1814）等。

此书共有48幅彩色版画，介绍中国风光，使英国和欧洲人民对中国有了形象的认识。

［英国］威廉·亚历山大：《中国人的服饰和习俗图鉴》

William Alexander, 1767—1816
The costume of China

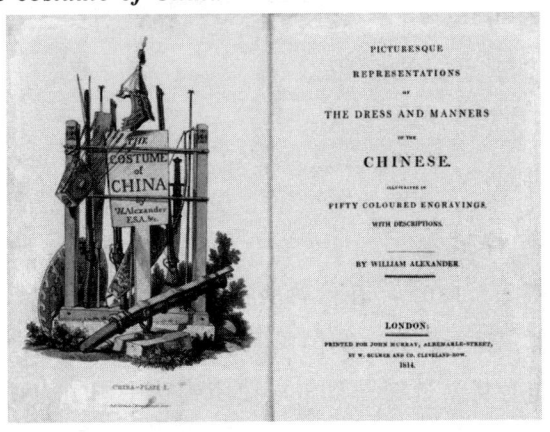

又译为《中国衣冠举止图解》，英文版于1814年在伦敦出版，共105页。本书附有50幅精美的彩色版画。2006年，中文译本由浙江古籍出版社出版。

本书是作者在从澳门到北京的往返旅行中，根据见闻创作的一部反映乾隆时代世态风情的画作，尤其以乾隆时代的服饰和民俗风情为主。全书50幅图，包括乾隆、着朝服的官员、寺庙祈福、杂技、守夜人、僧侣、卖灯笼的商贩、持火枪的士兵、推车的脚夫、着便服的官员、抬轿子、官员仆人骑马、弓箭军将军、步兵、官员随从、马上的骑兵、枷刑、有地位的女子、一个军事哨所等内容。

《中国景观》

Scenes in China, exhibiting the manners, customs, diversions, and singular peculiarities of the Chinese, together, with the mode of travelling, navigation, &c. in that vast empire

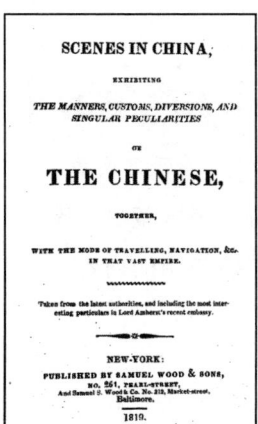

英文版于1819年在美国纽约的塞缪尔·伍德（Samuel Wood and Sons）出版社出版，汇编了阿美士德使华团中阿美士德爵士、斯当东爵士、马礼逊、依里斯等人的记录。

［美国］雅各布·艾博特：《中国和英国，或中国人的礼仪和性格》

Jacob Abbott，1803—1879

China & the English or, the character and manners of the Chinese;&c. &c.

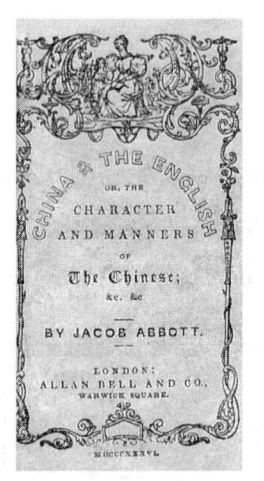

1834年出版于纽约，后多次再版。雅各布·艾博特，美国童书作家。此书还涉及英国访华团的内容。

［英国］赖特著，［英国］托马斯·阿洛姆图：《清帝国图记：古代中国的风景、建筑与社会生活》

George Newenham Wright, 1794—1877; Thomas Allom, 1804—1872

The Chinese empire, illustrated: being a series of views from original sketches, displaying the scenery, architecture, social habits, &c., of that ancient and exclusive nation

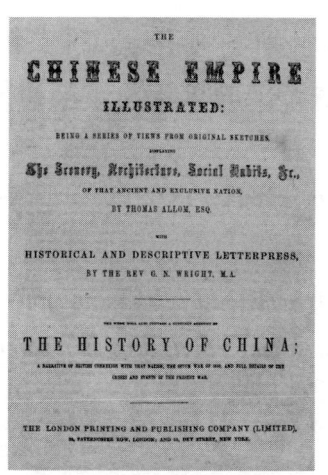

首版于1842年由英国伦敦的费塞尔公司（Fisher, Son & Co.）出版，1858年再版，中文译本于2011年由天津教育出版社出版（刘佳、马静译）。

赖特，爱尔兰作家、历史学家。

托马斯·阿洛姆，又名托马斯·艾林，英国建筑师、画家，英国皇家建筑师学会（Royal Institute of British

Architects）创始成员，其来华情况在西方记载中有很多争议。

此书是一部以版画加文字的形式反映清代中晚期中国的风土人情、景物地貌的书。书中共有 167 幅图片，这些图片从一个独特的视角真实地反映了中国的历史、社会、民俗、文化以及东西方的文化交流，是当时欧洲人眼中的"中国"。其中跟北京有关的部分有长城、运河、圆明园、西大门、皇家园林、灯笼商、八旗军、禁卫军、午门和辫子等内容。

［英国］托马斯·阿洛姆、［英国］赖特：
《大清帝国的风景、建筑和民俗》

Thomas Allom，1804—1872，George Newenham Wright，1794—1877

China, in a series of views, displaying the scenery, architecture, and social habits, of that ancient empire

英文版于 1843 年由伦敦费塞尔公司（Fisher, Son & Co.）出版，中文译本于 2002 年由上海古籍出版社出版（李天纲编译）。

此书由托马斯·阿洛姆依据 1793 年访问清朝的英国马戛尔尼使团随团画师威廉·亚历山大的画稿绘制，赖特进行史实性描述。

全书共 2 册 4 卷，有 15 章，是一部以铜版画形式描绘中国的画作，共有 128 幅画，具体描绘了北京及南京、天津等地的风景和民俗。涉及北京的内容有北京圆明园正大光明殿、午门大阅、煌煌灯笼（北京的灯笼店）、北京皇宫的花园、乾隆皇帝接见小斯当东、发现长城、西直门外、嫁妆游行、八抬大轿、通州观象灵台、北京北海掠影等。

[法国] 老尼克：《开放的中华：一个番鬼在大清国》

Paul Emile Daurand Forgues

La Chine ouverte : aventures d'un Fan-Kouei dans le pays de Tsin

法文本于 1845 年在巴黎出版，由奥古斯特·波尔热（Auguste Borget）插画；中文译本于 2004 年在山东画报出版社出版（钱林森等译）。

老尼克，又名莫菲·岱摩、平西，法国医生。

此书为作者于道光十六年（1836）至鸦片战争期间，在中国的所见所闻、所感所思，真实记录了道光时期的风

土人情、经济方式和政治制度等。内含北京、福建、上海、澳门等地版画插图百余幅。其中关于北京的内容有独轮篷车、四城、有钱人的娱乐等。

［英国］密迪乐：《中国人及其叛乱》

Thomas Taylor Meadows, 1815—1868
The Chinese and their rebellions

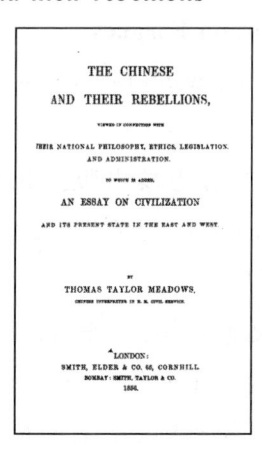

英文版于1856年在英国伦敦的史密斯·艾尔德出版公司（Smith, Elder and Co.）出版。

密迪乐，英国外交官，曾赴德国慕尼黑大学学习中文。1843年抵达香港，先后任英国驻广州领事馆译员、驻上海领事馆译员和副领事、驻宁波领事、驻上海领事等职务。1853年，作为翻译陪同香港总督文咸爵士（Sir George Bonham）到太平天国首都天京拜会北王韦昌辉和翼王石达开。基于此，他看到了太平天国的一些情况。

［英国］福钧：《居住在华人中间》

Robert Fortune，1813—1880

A residence among the Chinese：inland，on the coast，and at sea

英文版于1857年由英国伦敦的约翰·穆莱出版社（John Murray Ltd.）出版。

福钧，苏格兰植物学家、旅行家。由英国皇家园艺协会派遣，在 1839—1860 年曾四次来华调查及引种茶叶。他还著有《华北诸省漫记》（ *Three years' wandings in the northern provinces of China，including a visit to the tea，silk and cotton countries* ）、《江户和北京：中日两国首都旅行记事》（ *Redo and Peking：a narrative of a journey to the capitals of Japan and China* ）等。

全书共 440 页，22 章。书中记述了作者在中国的多个城市的足迹，涉及红茶的制作、女性的小脚、丝绸、扇子、与北京官府的直接沟通等内容。书中有多幅关于中国的交通工具船和轿子、桑树等方面的插图。

[美国] 卢公明:《华人的社会生活》

Justus Doolittle，1824—1880

Social life of the Chinese：with some account of their religious，governmental，educational，and business customs and opinions

此书共 2 卷，于 1865 年在纽约出版，1868 年胡德修订本在伦敦出版，名为 Social life of the Chinese: a daguerreotype of daily life in China，并附图 150 幅。

卢公明，美国人，另著有《英华萃林韵府》（A vocabulary and handbook of the Chinese language，2 卷，1872）等。

[英国] 芮尼：《英国驻华使馆设馆第一年间的北京和北京人》

David Field Rennie, ? —1868

Peking and the Pekingese: during the first year of the British embassy at Peking

2 卷本英文版于 1865 年在英国伦敦的约翰·穆莱出版社出版，中文译本《北京与北京人（1861）》于 2008 年在国家图书馆出版社出版（李绍明译）。

芮尼，1860年随英军进入北京，1861年北京英国公使馆建立，芮尼任使馆医生。

本书共2卷，日记体。本书主要内容有英法公使馆尤其是英国公使馆人员从天津迁往北京的一路观感、对北京城和北京人的介绍，以及北京的社会生活和习俗等。本书附有22幅有关建筑、人物和风景等方面的插图和1幅《北京市郊地图》。

［法国］乔治·奥古斯特·莫拉基：
《北京及北京人——卫生习俗研究》

Georges Auguste Morache，1837—1906
Pékin et ses habitants : ètude d'hygiène

法文本于1869年在巴黎的 J. B. Baillière et Fils 出版社出版。

乔治·奥古斯特·莫拉基，法国皇家医学院教授，法国驻北京使馆医生。

此书共164页，共11章，以北京地区的公共卫生、管理和社会福利为主题，涉及的主要内容有北京城市面积与人口、交通、公园、道路、墓葬、降水、下水道、鞑靼人和汉人、教育、身体卫生、鸦片问题、贫困问题、流产、乞丐、死亡率和自杀率、梅毒、杀婴、流行病等。

《烟片侵蚀晚清中国》

Chung Ling Soo；Wilfred Partington

The Chinese opium-smoker : twelve illustrations showing the ruin which our Opium trade with China is bringing upon that country

英文版于1870年在伦敦出版，1881年再版。此书副标题为"以十二幅插图说明英国与中国之鸦片贸易对中国

造成的影响"。

此书共 32 页，分为 4 个部分，书中用 12 幅插画和文字讲述了 18 世纪以来鸦片进入中国后在中国泛滥的情况。

［英国］约翰·汤姆逊：《中国和中国人插图集》

John Thomson，1837—1921
Illustrations of China and its people

4 卷本英文版于 1873—1874 年陆续在伦敦出版；中文译本名为《晚清碎影：约翰·汤姆逊眼中的中国》，于 2009 年由中国摄影出版社出版。

约翰·汤姆逊，苏格兰摄影家、地理学家、旅行家，1867 年到达香港，并在那里开设了一家商业照相馆。在香港 4 年的经营中，他拍摄了大量中国人肖像，并记录了丰富多彩的中国文化。汤姆逊游历了中国的大江南北，从最南边的贸易口岸香港和广州到上海再到北京，不仅去了北方的长城,还深入中国内陆。于1872年回到英国。

他回到英国后整理了自己在中国拍摄的照片,按照行程的顺序写了文字说明,出版了此书。书中共收录了他1868年至1872年在福州、广州、台湾、上海、北京、四川等地拍摄的照片200幅。在北京的时候,拍摄大量表现北京人文的照片,如皇族成员、街头市井等。他认识很多高官,曾在西郊皇家园林内拍照。约翰·汤姆逊拍摄的大量毁后荒废多年的清漪园照片,对今天研究颐和园修建前清漪园的历史变化提供了很直接的依据。

[英国] 务谨顺:《一个英国翻译学生在北京的生活》

William Henry Wilkinson,1858—1930
"Where Chineses drive", *English student-life at Peking by a student interpreter*

英文版于 1885 年由英国伦敦的威廉·艾伦出版公司（W. H. Allen & Co.）出版。

务谨顺，英国外交官，1880 年来华，1900 年至 1917 年期间任驻华领事。

此书为一本回忆录，共 8 章 275 页，后附一个说明。细节丰富且有插图，主要记述了一个外国留学生在北京的生活经历，是较早来北京的外国人的经历写照，涉及的主要内容有中国人的中国第一、欧洲人的北京、教师和教育、春天和秋天、在山上、城里的夏天、考试等。

［法国］ 冉默德：《北京的搪瓷工匠》

Maurice Louis Marie Jametel，1856—1889
Émailleurs pékinois

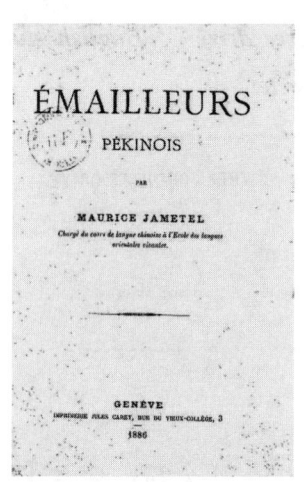

此书出版于 1886 年。

[美国] 明恩溥:《中国人的特性》

Arthur Henderson Smith, 1845—1932
Chinese characteristics

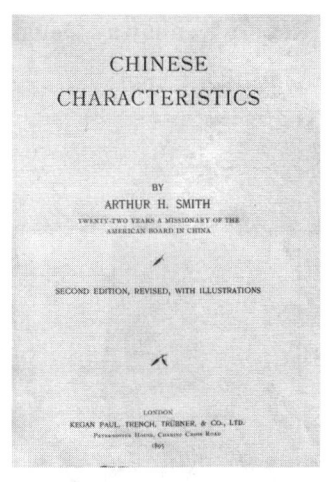

此书的内容 1890 年曾在上海的英文版报纸《华北每日新闻》上发表，同年在上海结集出版；1894 年在纽约由弗莱明出版公司出版，后一版再版；其中文译本较多，较早的是 1995 年在甘肃敦煌文艺出版社出版的《中国人的气质》（张梦阳、王丽娟译）、1998 年北京学苑出版社出版的《中国人的性格》（乐爱国、张华玉译）、1998 年北京光明日报出版社出版的《中国人的特性》（匡雁鹏译）、2001 年在学林出版社出版的《中国人的素质》（秦悦译）等。

书中作者描述了 100 多年前中国人的性格，他注意到了中国文化的特征，并把中国人的性格归纳为 26 种特征，有褒有贬，并常能在同一问题上看到正反两方面。此书每章描述一个特征，最后两章描述了宗教和社会。此书是西方人介绍研究中国民族性格的最有影响的著作。附有插图。

［英国］道格思：《中国的社会》

Robert Kennaway Douglas, 1833—1913
Society in China

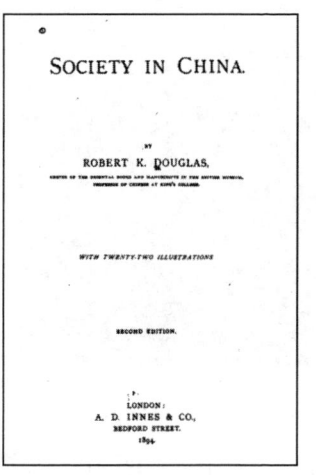

英文版于 1894 年在英国伦敦 A. D. Innes & Co. 出版，后有再版。

全书共 415 页，分为 26 章。作者在其序言中说："本书的目的是描述中国人的现状。"作者描述的中国人涵盖范围甚广，从高高在上的皇帝到官员、从商人到技工、从演员到最卑微的百姓。其主要内容有皇帝的缺点、官吏的贪污腐败、人民的愚昧无知、戏剧、舞台、戏剧中的人物、管弦乐、巫师、赌博等。书中附有大量插图。

[德国] 穆麟德:《中国家法》

Paul Georg von Möllendorff, 1848—1901
Das chinesische familiecht
此书于 1895 年出版。

穆麟德,又名穆麟德夫,德国语言学家、汉学家和外交官,普鲁士人。毕业于哈雷-维滕贝格大学(University of Halle-Wittenburg),主修法律、东方学和语文学。1869 年来到中国上海海关任职,后到汉口,其间掌握了中文。1874 年为德国领事馆的译员,后被提拔为天津的德国副领事。在天津期间与李鸿章的幕僚马建忠交好。1879 年穆麟德帮助李鸿章从德国购买武器弹药。还曾任宁波海关专员,对宁波方言比较熟悉,生前大量购置中国古籍以及与东方学和汉学相关的西文书籍,著有多本有关中国语言的书,如《宁波方言便览》(*The Ningpo syllabary*, 1901)、《中国方言的分类》(*Classification des dialectes chinois*, 1899)、《满文文法》(*A Manchu grammer : with analysed texts*)等。

[美国] 何天爵:《华游志略》

Chester Holcombe, 1844—1912
The real Chinaman

又名《真正的中国佬》或《中国人的本色》等,英文版于 1895 年在纽约和伦敦出版。此书中文版本较多,较早的于 1998 年在光明日报出版社出版(鞠方安译)。

何天爵，美国传教士，外交官。他1869年来华，在北京负责公理会所办的教会学校，1871年辞去教会职务，先后任驻华使馆译员、头等参赞等职务。曾参与起草1880年关于华人移居美国的条约。1885年回美国。

此书是何天爵根据他本人在中国居留16年的所见所闻的深入思考写成的，是关于晚清中国社会的一幅全方位、大视角的生动画卷，其内容涉及中国生活的方方面面，其对中国人特质的揭示，对生活在今天的中国人仍然具有借鉴意义。书内有77幅插图。

[英国] 立德夫人：《在中国的婚事》

Archibald（Alicia Bewicke）Little，1845—1926
Marriage in China
英文版于1896年出版。
立德夫人是英国人，作家、旅行家和社会改革家。

1887年来到中国，先到重庆。她学习汉语，教授英语。在与丈夫生活在中国的20年里，立德夫人写了10本关于中国的书，其中3部是小说。1895年她创办了不同于教会的天足会，倡导女子禁止裹足，出版中国妇女关于禁止裹足的诗歌作品。她参加中国名门贵族的聚会，劝导人们废止裹足习俗，1900年获得李鸿章的赏识和支持。1907年立德夫人离开中国。其关于中国的作品还有《熟悉的中国》(Intimate China: the Chinese as I have seen them, 1899)、《北京指南》(Guide to Peking, 1904)、《李鸿章，他的生平和时代》(Li Hung-Chang, his life and times, 1903)等。

此书为立德夫人第一部也是最好的一部作品，关注的是妇女与种族问题。

［德国］ 花之安：《中国妇女的地位》

Ernst Faber, 1839—1899

The status of women in China

英文版出版于 1897 年。

［英国］ 翟理斯：《古今姓氏族谱》

Herbert Allen Giles, 1845—1935

A Chinese biographical dictionary

英文版于 1897—1898 年在伦敦和上海出版；中文译本最初名为《中国人名大字典》，于 1962 年在经文书局出版。

此书时限从公元前 2 世纪一直延伸到 19 世纪。1897 年，出版第一卷，1898 年出版第二卷。这本辞典共 1029 页，其中收录了中国杰出政治家、军事家、诗人、历史学家的传记 2579 条，对各人物的解释除注明该人物的生卒年，还有一简明扼要的小传。此书获当年年度儒莲奖。

［美国］明恩溥：《中国乡村生活》

Arthur Henderson Smith，1845—1932

Village life in China : a study in sociology

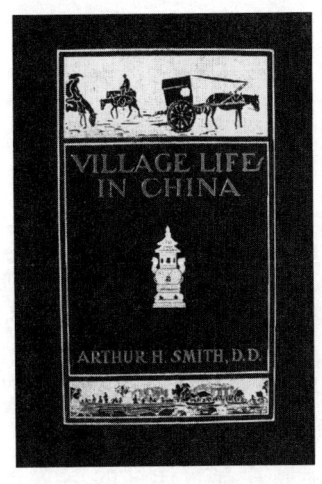

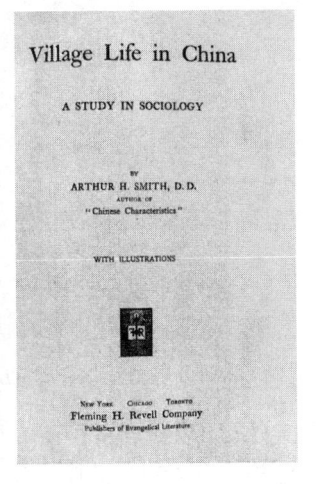

英文版于 1899 年在美国纽约的弗莱明·H. 拉维尔公司（Fleming H. Revell Company）出版，中文译本于 1998 年在时事出版社出版（午晴、唐军译）。

［英国］伊莎贝拉·露西·伯德·毕晓普：《中国图像记》

Isabella Lucy Bird Bishop，1831—1904

Chinese pictures : notes on photographs made in China

英文版于 1900 年由美国纽约的查尔斯·鲍曼公司（Charles L. Bowman & Co.）出版，后再版。

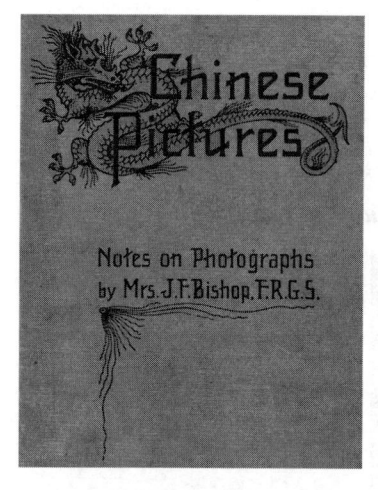

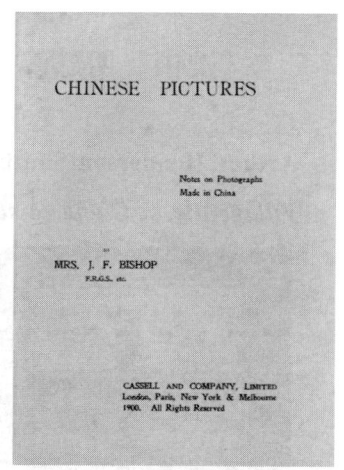

伊莎贝拉·露西·伯德·毕晓普，也有人叫她毕晓普夫人，英国摄影师，世界百大探险家之一。另有《长江流域及其他》（*The Yangtze valley and beyond*，1899）等书 10 余册。其作品在其晚年被集结为此书。

此书共有 60 幅照片，每幅照片都有详细的英文介绍，涉及的城市主要有北京、成都、杭州、上海等。涉及北京的内容主要有故宫的秘密入口、英国大使馆门口、英国公使馆的常用马车、北京到四川成都的石头路上、骡车、满洲家庭的旅行、轿子和轿夫、旅行者与满洲旅店、货物人力等。

［美国］怀尔德曼：《中华开门：唐人录记书》

Rounsevelle Wildman，1864—1901
China's open door : a sketch of Chinese life and history

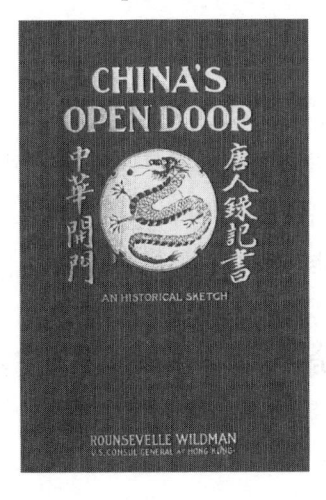

英文版于 1900 年在波士顿出版。

［法国］菲尔曼·拉里贝：《中国》

Firmin Laribe，1855—1942
La Chine

菲尔曼·拉里贝，法国摄影家，1900—1910 年在华期间，在法国公使馆内负责安全保卫工作。在工作之余，拍

摄了大量照片，内容涉及清末中国社会的方方面面。

书中记录了清末中国的各种人物、家具、服饰、戏剧、建筑街道、佛像石刻等。作者是在中国北方尤其是在北京拍摄的，如北京天文台的仪器、故宫、长城等。

亨利·皮尔森·格拉通编：《一个中国人看我们》

Henry Pearson Gratton

As a Chinaman saw us : passages from his letters to a friend at home

英文版于 1904 年在美国纽约的阿普尔顿出版公司（D. Appleton & Company）出版，共 324 页，1906 年再版。

此书信集编者署名为亨利·皮尔森·格拉通，其身份未被揭露，书信皆为匿名，故此一些学者认为这些书信为伪造的。由书信中透露的中国移民经验、文化知识和立场以及写作风格等方面推断，书信作者极有可能是中国人。

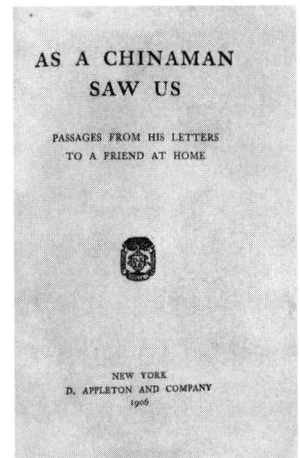

[美国] 丁韪良:《中国觉醒》

William Alexander Parsons Martin, 1827—1916
The awakening of China

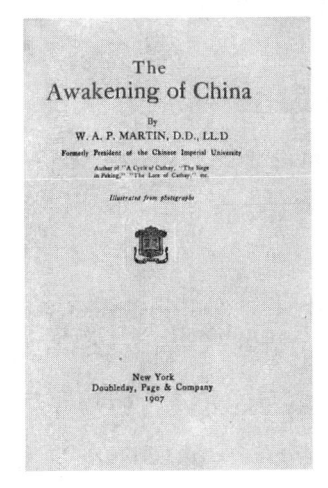

英文版于 1907 年由美国纽约的双日出版公司（Doubleday, Page & Co.）出版。

此书共 328 页，内附有 60 幅整页图。

［英国］坎贝尔·布朗士：《中国儿童》

Colin Campbell Brown
Children of China

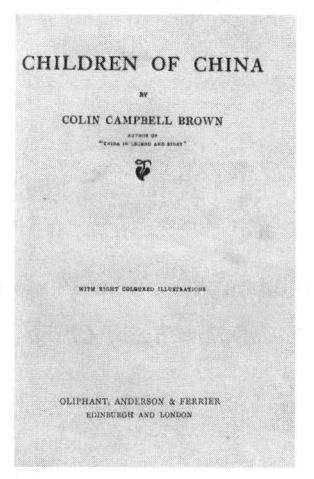

英文版于 1909 年在英国出版。

此书共 96 页，其中含 8 幅彩图。

［美国］柏生士：《一个美国工程师在中国》

William Barclay Parsons, 1859—?
An American engineer in China

英文版于 1900 年出版，中文本名为《西山落日》（余

第六章 社会、民俗

静娴译)。

柏生士，美国人，清末来华工程师。1898年，清政府驻美公使伍廷芳与美国美华合兴公司签订《粤汉铁路借款合同》。时任美华合兴公司总工程师的柏生士奉命来华测量粤汉铁路地形。

全书共11章，有60多幅插图和铁路线地图、索引。作者在本书中考察了鄂、湘、粤三省的地形、地质、铁路、房舍及社会经济、风土人情，对当时中国的商业贸易、财政状况、建筑、交通等都有所观察和描述。作者驳斥了"黄祸论"，并预言20世纪的中国有光明的前途，"一定能够再一次在世界大国之列占有一席之地"。

[德国] 顾路柏:《北京民俗》

Wilhelm Grube, 1855—1908
Zur Pekinger Volkskunde

德文版出版于1901年。

顾路柏，又名顾威廉，德国汉学家。1883年出任柏林民俗博物馆东亚部主任，后兼任柏林大学教授，是德国研究女真文字的开创者。到过中国，主要贡献是在研究中国文化与文学方面，翻译过《封神演义》，著有《中国的宗教和祭祀》(Religion und kultus der chinesischen, 1910)，最著名的著作《中国文学史》(Geschichte der chinesischen literatur, 1902)是德国第一部由专家所写的中国文学史著作，代表当时德国汉学的研究水平。

此书比较系统地介绍了北京的民俗。

[法国] 古恒：《在中国——风俗习惯与制度、人和事》

Maurice Auguste Louls Marle Courant, 1865—1935
En Chine : mœurs et institutions, hommes et faits

第六章 社会、民俗

法文版于 1901 年出版。

［美国］何德兰：《中国的男孩与女孩》

Isaac Taylor Headland, 1859—1942
The Chinese boy and girl

又名《中国的儿童》，英文首版于 1901 年在美国纽约的弗莱明·H. 拉维尔公司（Fleming H. Revell Company）出版。

全书共 176 页。此书以"中国的男孩与女孩"为题，事实上是以北京的男孩与女孩为主，详细具体地介绍了清末时期中国儿童生活的各个方面：儿歌、游戏、玩具、杂耍、童话等。书中附有百余幅插图和照片。

［美国］爱德华·西尔维斯特·莫尔斯：《中国和中国人家庭生活掠影》

Edward Sylvester Morse，1838—1925
Glimpses of China and Chinese homes

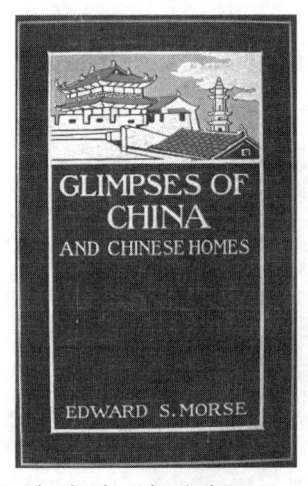

英文版于 1902 年在波士顿出版。

爱德华·西尔维斯特·莫尔斯，又名摩尔，美国学者，生物学家和东方学家。

此书共13章，分别介绍了作者在上海、广州等地的所见所闻，包括中国人的日常生活、剧场、监狱、寺庙、军人练场、医院和民宅等，并附多幅绘制插图。

埃米尔·威廉米：《大清国——土地与国民》

Emil Wilhelmy

China land und leute : illustrierte geschichte des reiches und seiner wirren

德文版于1903年在德国柏林的W. Herlet出版，1904年、1905年均有再版。

此书共704页，共14章，内附有418幅插图和8幅水彩。涉及的主要内容有城市（北京、天津、上海等）、国民、语言与文学、艺术、农业与手工业、畜牧业、贸易、运输、政府与法律、军队、宗教等各个方面，并记录了北京使馆之围等历史事件。

[美国] 约翰·斯图亚特·汤姆森:《中国人》

John Stuart Thomson, 1867—1950
The Chinese

英文版于 1909 年出版于美国印第安纳波利斯的 Bobbs-Merrill 出版公司。

约翰·斯图亚特·汤姆森, 美国传教士, 1909 年来中国传教。辛亥革命爆发之时, 适逢作者在中国。

全书共 441 页, 11 章, 书后有索引。书中附彩色地图 3 幅, 还附有大量照片, 照片内容涉及龙华寺、香港皇后大道中、澳门大三巴牌坊、北京故宫、长城、广州、上海、江西、湖南、天津、云南茶馆、李鸿章、总理衙门官员和日俄战争等。

[英国] 倭讷、[英国] 赫伯特·斯宾塞：《叙述社会学：中国人篇》

Edward Theodore Chalmers Werner, 1864—1954；
Herbert Spencer

Descriptive sociology ; or , groups of sociological facts : Chinese

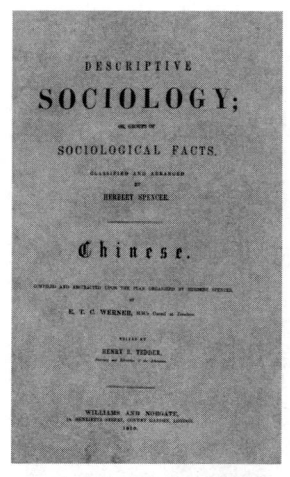

英文版于1910年在英国出版。

倭讷，英国驻福州领事，汉学家。1884年以英国使馆翻译实习生身份来华，1914年在领事任上退休后长居北京。1917年10月起，受蔡元培校长之聘，担任英文讲师，之后长期讲授英国史课程。他专心于他的中国学研究。他是北京协和医学院讲师规划委员会员、中国政府史学局和皇家亚洲协会的成员。

赫伯特·斯宾塞，英国哲学家、生物学家、人类学家、社会学家、政治理论家。

［英国］波乃耶：《在本土的中国人》

James Dyer Ball，1847—1919

The Chinese at home, or the man of Tong and his land

英文版首版于 1911 年在英国伦敦的圣教书会（Religious Tract Society）出版，次年由美国纽约的弗莱明·H. 拉维尔公司（Fleming H. Revell Company）再版。

全书共 370 页。有 7 幅市井人物整版彩色水粉画和 21 幅清末黑白插图，其中有中国人吃米饭、中国官员、夫人与仆人、三代同堂等家庭照等内容。

[德国] 巴兰德：《中国人自己描绘的社会和家庭中的中国人》

Maximilian August Scipio von Brandt，1835—1920

Der Chinese in der offentlichkeit und der familie，wie er sich selbst sieht und schildent

德文版出版于 1911 年。

巴兰德，又名班德，德国人，另著有《中国姑娘和妇女类型素描：中国人透视》（*Sittenbilder aus China，madchen und frauen：ein beitray zur kenntnis des Chine sischen volkes*，1895）、《中国的哲学和国立的儒教》（*Die chinesische philosophie und der Staatskonfu-zianismus*）和《在远东三十年回忆录》等。

[美国] E. A. 罗斯：《变化中的中国人》

Edward Alsworth Ross，1866—1951

The changing Chinese

英文版出版于 1911 年，中文版于 2015 年在译林出版社出版（何蕊译）。

E. A. 罗斯教授，美国社会学家，辛亥革命爆发之前曾在中国考察 6 个月。

此书涉及的主要内容包括中国人的体质与精神、中国人的生存状况、中国的环境、工业、禁烟运动、妇女解放运动以及基督教在中国的传播等。因为视角的专业性，作

者把东西方文化的冲突在当时的中国所引起的变化描写得鞭辟入里,并在书中提出了自己的一些有趣见解。其中对中国人口、环境以及禁烟等问题的讨论,极富预见性和史料价值。

[美国] 切蒂:《中国》

J. R. Chitty

En Chine choses vues

法文版于 1910 年在法国巴黎 Librairie Vuibert 出版,共 216 页。

切蒂,1900 年游历了北京、上海、南京、广州等地,出版了关于中国的书《晚清中国见闻录》(*Things seen in China*,1909)等。

此书为大开本,书中收入几十幅清代照片,包括人物、风景、民俗、寺庙等多种题材。

第六章　社会、民俗

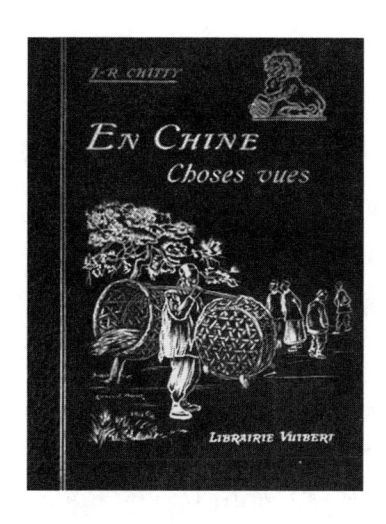

[美国] 约翰·斯图亚特·汤姆森：
《革命化的中国》

John Stuart Thomson，1867—1950
China revolutionized

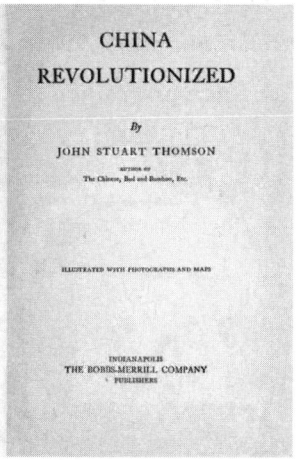

英文版出版于1913年，中文版书名为《北洋之始》。

约翰·斯图亚特·汤姆森，著有《中国人》（*The Chinese*）一书。辛亥革命爆发之时，作者就在中国，他亲身感受到了革命爆发前后，中国社会方方面面的深刻变化，作者在此书中对此做了详尽的描述。

此书共31章，详细描述了各国传教士和教会在推动中国新式教育和医学发展方面做出的贡献，以及教会学校和医院所起的重要作用。同时，作者也表达了对鸦片贸易和罂粟种植的谴责。不仅如此，作者还对当时中国人的生活状况，以及当时外国人在中国的生活情况进行了描述。

［美国］甘博、［美国］步济时：《北京社会调查》

Sidney David Gamble，1890—1968；John Stewart Burgess，1883—1949

Peking : a social survey conducted under the auspices of the princeton university center in China and the Peking young men's christian association

第六章 社会、民俗

英文版于 1921 年在美国纽约的乔治·H. 杜兰出版公司（George H. Doran & Co.）和牛津大学出版社出版，1940 年日文版由日本生活社出版，2011 年英文版再版，中文译本于 2010 年由中国书店出版社出版（邢文军译）。

1917 年至 1919 年甘博作为基督教青年会干事来到北京，对中国进行了许多社会调查，并在步济时（John Stewart Burgess）协助下完成本书。

全书共 17 章，包含 1918—1919 年北京人的问卷数据，对首都生活的方方面面做了广泛细致的记录，如历史、地理、政府、健康、教育、经济、生活、娱乐、贫困、慈善事业、监狱、宗教、社区服务和人口等。书中附有 50 幅老照片、38 幅地图和若干图表。

［法国］让·布绍:《胡同风景与北京人习俗》

Jean Bouchot

Scènes de la vie des Hutungs : croquis des mœurs Pékinoises

法文版出版于 1922 年，同年出版第二版，1926 年出版第三版。

让·布绍，曾居住在北京。

全书共 125 页，16 章，主要内容涉及宗教仪式、胡同生活、摊位、流动商店、中国人的辫子、长袍、交易、象牙、人力车与车夫等。书中有两个折页的图画，一个描绘的是婚礼队伍，另一个是葬礼队伍。

柯马克夫人:《生、婚、丧》

Mrs J. G. Cormack

Chinese birthday, wedding, funeral, and other customs

英文版于 1923 年由北京的法文图书馆（La Librairie Française）出版，1927 年再版，1935 年在英国的莫雷出版社（The Moray Press）再版。

全书共 209 页，书中附有 15 幅图。它是了解民国时期中国民俗的工具书。

[英国] 安得生：《人道与劳动》

Dame Adelaide Mary Anderson，1863—1936
Humanity and labour
此书出版于 1923 年。
安得生女士，退休后曾三次访华。

[中国] 王文显：《爱情与婚姻》

John Wong-Quincey，1886—1968
Love and marriage

此作品很有可能已经遗失，其副标题为"东西方的问题、中国的离婚、道德的双重标准"。这是一篇演讲稿，从1925 年 3 月的《京津时报》摘取，并再次印刷。演讲发生于1925 年 3 月 14 日，在北京的美国大学女子俱乐部（American College Women's Club in Peking），据记载有 100 多名美国女性听，她们强烈要求全文出版，以便她们和丈夫仔细鉴赏。

王文显，江苏昆山人，剧作家。生于英国伦敦的一个华侨家庭。从小在英国读书，长期在国外受教育。曾先后担任清华大学教务长、副校长、代校长。另著有英文话剧《梦里京华》（*Peking politics*，又名《北京政变》）、《委曲求全》（*She stoops to compromise*）等。

全书共 24 页，共四部分。第一部分介绍了"总体问题"；第二部分题为"东方人遇到问题的方法"，谈到了中国女子的地位、中国女子的教育、婚姻生活中的爱和离婚；第三部分题为"西方遇到问题的方法"，内容包括现代西方的求爱、结婚和离婚，过去西方女性地位；第四部分题为"解释和比较东西方两种方法"，内容包括西方对女性的观念、中国妇女的教育、中国两性的距离、人生伴侣和择偶的个人选择、父系制大家庭、婆婆的权威、妾、加强禁欲的问题、孝顺、离婚、中国家庭制的弱点、东西方比较、东西方各有弊端的解决办法。最后以"有解决爱情与婚姻问题的可行办法吗？"结尾。

[美国] 诺曼·辛斯代尔·皮特曼：《龙魅力：北京的浪漫》

Norman Hinsdale Pitman, 1876—1925

Dragon lure : a romance of Peking

英文版于 1925 年在上海商务印书馆出版。

诺曼·辛斯代尔·皮特曼，美国作家、教育家。1909—1912年在中国的池州学院任教，之后成为北京师范学院的英语教授。1925年在中国天津逝世。曾出版过几部小说和小说集，但最为人所知的是《中国奇谭》（*Chinese wonder book*）。

全书共318页，书中有多幅插图，为中国著名艺术大师李竹堂画作。

［美国］葛来思：《穿过月洞门：美国人在北京的生活经历》

Dorothy Graham，1893—1959

Through the moon door：the experience of an American resident in Peking

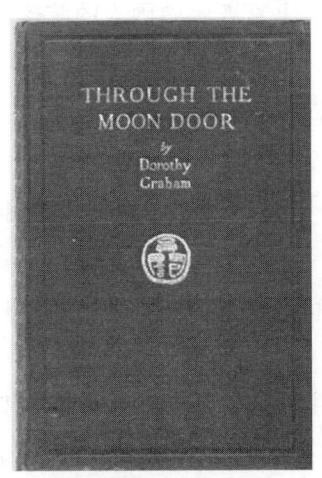

英文版于1926年由美国纽约J. H. Sears & Company出版，中文译本于2012年由金城出版社出版（龙薇译）。此

书又译为《穿过月亮门》、《圆门记》(圆拱门即月亮门)。

葛来思,美国作家、摄影家,曾在中国考察了北京、洛阳、苏州、杭州、扬州、南京、广州等地园林,还著有《中国园林》(Chinese gardens : gardens of the contemporary scene, an account of their design and symbolism, 1938)、小说《中国探险》(The China venture, 1929)、小说《黄昏的莲花:浪漫中国》(Lotus of the dusk : a romance of China, 1927)、小说《青妓画扇:中国风格的诗文》(Brush strokes on the fan of a courtesan : verse fragments in the manner of the Chinese, 1927) 等。

本书附有 32 幅照片,全部为作者所摄。记录了作者于 1924 年在北京居住期间的所见所闻,以一个女性摄影师的独特角度真实记录了她和丈夫在北京四合院中生活的点点滴滴,对当时北京的市井生活、节庆习俗等方面做了细致生动的描写。主要内容有北京贵族、穿过月洞门、集市、紫禁城、慈禧的海上宫殿、中国人的院落、庙宇里的天堂、北京的夜晚、黄袍和尚、除旧布新、正月的第一天、皇帝的山谷、长城、西山等。

[英国] 燕瑞博:《北京生活侧影》

Robert William Swallow, 1878—1938
Sidelights on Peking life

又名《北京生活杂闻》,英文首版于 1927 年由北京中国图书有限公司(China Booksellers Ltd.)出版,1930 年于法文图书馆(The French Bookstore)再版。

燕瑞博,英国人,1878 年出生于浙江宁波,1902 年在

第六章 社会、民俗

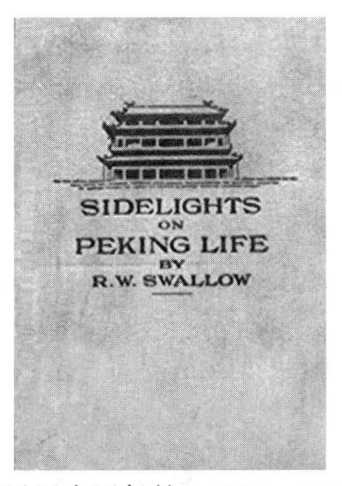

英国大学毕业后返回中国任教。1912—1916 年在北京大学预科任英文教员,他以研究中国古董著称,在上海英文报纸《字林西报》发表了很多有关中国风俗及古董的文章。燕瑞博能讲一口流利、地道的中文。同中国人相处融洽,与中国各阶层官员接触自如无间。他从教多年,对中国学生十分熟悉。燕瑞博很好地融入了中国社会,称得上是"中国通"。20 世纪 20—30 年代出现了一批以研究北京社会生活、民风习俗为题材的英文研究著作。他搜集了北京各社会阶层、街头风景和生活习俗的材料,撰写此书。此书文字细腻、生动活泼,并收录了 100 多张记录北京当时市井民俗的珍贵图片。其他著作有《中国古镜图说》(*Ancient Chinese bronze mirrors*,1937)。

全书共 135 页,分 12 章,内容涉及胡同、沿街小贩、柳巷花街、商铺、宴会和饭店、剧院、各种职业、名胜古迹、政府机构、教育单位、喜事风俗和神鬼传说等。

［英国］裴丽珠、米托发诺：
《阴历年——中国风俗节日记》

Bredon Juliet, ? —1937; Igor Mitrophamnow
The moon year : a record of Chinese customs and festivals

英文版于 1927 年由上海的别发洋行出版，1930 年别发洋行再版，1931 年伦敦的别发洋行再版，2009 年 Soul Care Publishing 再版。

全书共 522 页，分 15 章，描写了 20 世纪 20 年代中国的传统习俗，但因作者长期生活在北京，内容基本以记述北京为主。本书的特别之处在于作者按照中国的农历顺序记述了中国人是如何经过一年中的各个节日活动的，系统地向外国人揭示中国的宗教、迷信、哲学、习俗和社会等各个方面。材料有的来自旅途中遇到的人们所获取的一手材料，有的则来自中国书籍文献。但无论如何，这本书向外国人解开了中华民族的习俗文化之谜,详细地描述了中国人日常的信仰和节日庆贺。书中有 37 幅有关风俗和建筑方面的照片。

[中国] 林志宏:《北京人的社会生活》

Jermyn Chi-Hung Lynn
Social life of the Chinese in Peking

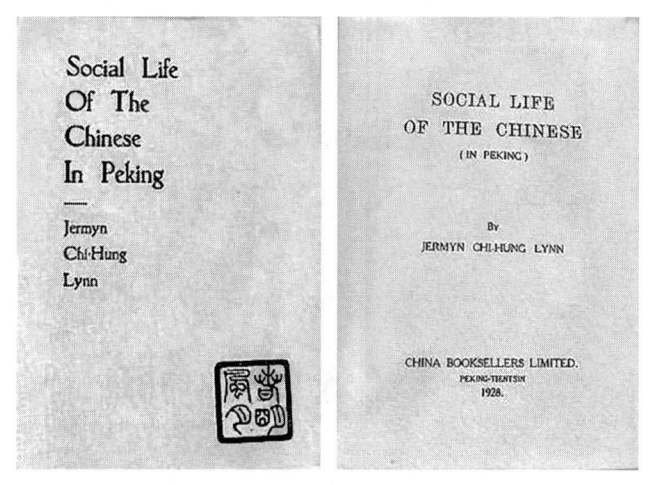

英文版于 1928 年由北京和天津合办的中国图书有限公司(China Booksellers Limited)出版。

林志宏,中国人,曾留学美国,在美国大学的时候时常被邀请讲中国人的事情。他撰写此书,介绍居住了 20 多年的北京社会方面。此书文字细腻,生动活泼。还撰写了《中国政党》(*Political parties in China*,1930)。

此书是一部关于中国人的社会生活的书,是外国人了解中国的指南,是对清末民初社会生活的记录。全书共

182页，分10章，收录11幅照片作为插图。内容有拜访、娱乐、麻将、戏院、公园、集市、旅店、婚礼、葬礼、服饰等。书中出现一些汉字，在书后都按照顺序列了一个表，还附上相应的英文含义。

［英国］裴丽珠：《中国新的年节》

Bredon Juliet，？—1937
Chinese New Year Festivals

英文版于1930年由上海别发洋行出版。

全书共29页，附有6幅彩色插图。此书是关于中国新年节庆、礼节、仪式和纪念活动的图画专著。

［美国］甘博：《两户中国家庭的家务账》

Sidney David Gamble，1890—1968

第六章 社会、民俗

The household accounts of two Chinese families

英文版于 1931 年在纽约出版。

书中调查的两户中国家庭均生活在北京，一户为中产阶级（12 口人），一户为小康家庭，分别是 1919 年 3 月 1 日—1924 年 10 月 31 日、1922 年 1 月 1 日—1924 年 12 月 31 日的家务账。

［美国］卜德译:《燕京岁时纪》

Derk Bodde，1909—2003

Annual customs and festivals in Peking

英文译本于 1936 年由北京的魏智（Henri Vetch）出版，共 147 页。后多次再版。另有法文和日文译本。

作者富察敦崇，满族人，著述甚多。

卜德，美国著名的汉学家和中国历史学家。

此书是一部记叙清代北京岁时风俗的杂记，共分 12

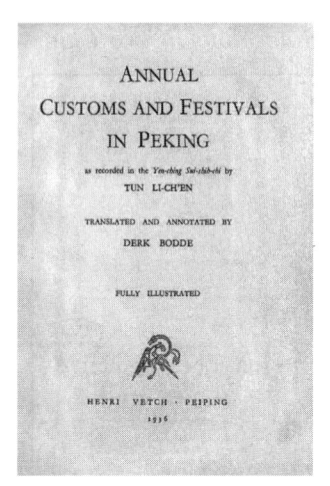

章，主要以一年 12 个月，从阴历新年开始，一年期间在北京，人们都做什么。比如节日、庙宇朝拜、赶集、风俗、穿衣、食物、季节性动物等，以每月对应的不同的节日和风俗而展开，一共有 146 条。

［中国］卢兴源：《吴氏历险记——一个北京人的生活周期》

H. Y. Lowe

The adventures of Wu : the life cycle of a Peking man

英文版于 1940—1941 年由《北京时事日报》(*The Peking Chronicle Press*) 连载，1951 年、1983 年、2014 年由普林斯顿大学出版社一再出版。

卢兴源，北京人。根据自身经验，结合外国人对中国和北京文化的不解而创作此书。

此书是一本以北京人吴先生的家庭生活为线索，介绍

北京风俗和习惯的书。每章的题目就像英国18世纪的小说一样，极尽详细。涉及的主要内容有孩子出生、满月庆典、串门、请医生、朝拜、中国童谣、北京名花、庙宇、自家花园、儿童游戏、端午节、热闹市场、夏日消遣、钓鱼出行、上学、七月七和祭祖等。

［澳大利亚］高伯兰：《中国的社会结构》

Douglas Berry Copland，1894—1971
The Chinese social structure
英文版出版于1948年。

高伯兰，又名柯普兰爵士，澳大利亚学者、外交官。1946年，被任命为澳大利亚驻华公使。

第七章
游记、回忆录

［意大利］马可·波罗：《马可·波罗游记》

Marco Polo,1254—1324
Livres des merveilles du monde

又译《东方见闻录》。自问世以后很长时间一直处于手稿本或者说抄本状态。欧洲各类博物馆、图书馆保存的游记手稿据说有 85 种，而且各不相同。最初为古法文，题为

Livres des merveilles du monde 或 *Devisement du monde*，意大利文题为 *Il millione* 或 *Oriente poliano*（《百万》），拉丁文题为 *De mirabilibus mundi*。此书极为畅销，多种语言再版的版本超过 150 种。我国共有 6 个译本，最早的中文译本是 1913 年梁启超题字、魏易汉译的《元代客卿马哥博罗游记》，后有 1923 年张星烺译《马哥李罗游记》、1936 年李季译科姆诺夫《马可波罗游记》、1937 年张星烺译贝雷戴托发现的抄本《马哥孛罗游记》、1981 年福建科学技术出版社出版的陈开俊等译科姆罗夫本《马可·波罗游记》。

马可·波罗是意大利威尼斯的著名商人和旅行家。1271 年伴随他的父亲尼可罗·马可和叔父马飞阿踏上东方之旅。经过三年半的跋涉，在 1275 年到了上都（现北京），受到元世祖忽必烈的盛情款待和重用。1275 年到 1292 年的 17 年间，他们一直在元政府任职。马可·波罗还学会了蒙古语和汉语，精通中国文化。据说还担任中国扬州总督。1295 年，回到了威尼斯。1298 年威尼斯遭到另一个意大利城邦热那亚（Genoa）的进攻，马可·波罗进了监狱。在热那亚黑暗而潮湿的狱中，他将自己在中国和其他亚洲国家的所见所闻口述给作家鲁思梯谦（Rusticiano）。

全书有序言和 4 卷。序言部分有 6 章，铺陈马可·波罗在东方各国寄居多年的生活以及回到故乡威尼斯的过程；《马可·波罗游记》像是西方介绍中国的一部奇书，其中记载了元朝初年的政事、战争和大汗朝廷、宫殿、节日、游猎等情况，讲述了北京、西安、开封、杭州、苏州等地的繁荣，给欧洲知识界开辟了一个了解东方文明古国的窗口。此书对北京的皇宫和朝廷的描述集中在第二卷,如:忽必烈的功绩和权威、北京附近宏伟华丽的宫殿、大汗的禁卫军、皇后、王子、狩猎和王宫治安设施以及大汗召见使臣的仪式等。书中有一个篇章详尽地描述了卢沟桥,在西方,它也叫"马可波罗桥"。

[意大利] 鄂多立克:《鄂多立克东游录》

Odorico da Pordenone,1280?—1331
Viaggio del beato Odorico da Pordenone

此书为鄂多立克口述,由他人笔录成书,中文译本于2002年在中华书局出版(何高济译)。

鄂多立克,又名和德理,意大利方济各会会士,是中世纪著名的旅行家,著有《鄂多立克东游录》,中世纪四大旅行家之一。于1325年到达北京,曾在北京居住3年,是在马可·波罗东部之旅仅30年之后,唯一一次旅行到东部的宗教旅行者。

本书称北京为"汗八里"(cambalech),书中对元代宫廷礼仪、规章制度、宫殿建筑和元代广袤的疆域等都有记录。

[英国] 曼德维尔:《曼德维尔游记》

John Mandeville,？—1372

The travels of Sir John Mandeville : the fantastic 14th-centruy account of a journey to the east

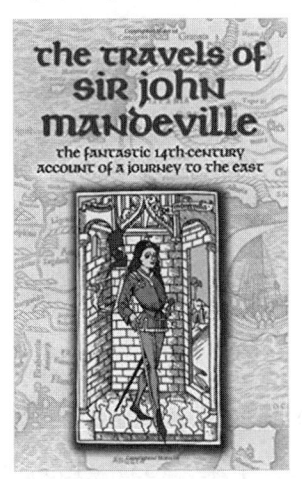

此书在1356年之后流传,现存最古老的版本为法语本,中文译本于2010年在上海书店出版社出版(郭泽民、葛桂录译)。

曼德维尔,中世纪英国旅行家。

此书是14世纪英国第一部游记,基本上延续了《马可·波罗游记》的叙事风格和主题,记述了作者在东方数十年的旅程，对于当时"汗八里"宫殿有浓墨重彩的渲染。此书对当时的欧洲影响巨大。

［葡萄牙］平托：《平托历险记》

Fernão Mendes Pinto, 1509—1583
The voyages and adventures of Ferdinand Mendez Pinto

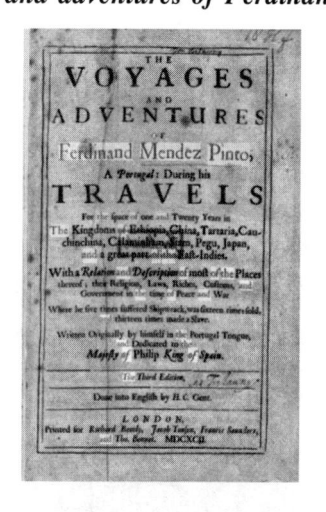

葡萄牙语版于 1614 年出版，英译本于 1663 年出版，英文删节版于 1891 年在伦敦出版。

平托，探险家、作家，1537—1558 年游遍亚洲各国。1542 年由于航船失事，停靠中国南部，得以北上北京。

本书第 14—39 章主要内容为在中国的见闻，尤其是在南京、北京、宁波和广州等地，作者在记述北京部分时感叹，不能把北京想象成是罗马、威尼斯、巴黎、伦敦、塞维利亚、里斯本或是欧洲众多名城中的任何一个，哪怕这个城市再有名、人口再多也不行……他断言，所有这些城市都无法与北京最细微的东西相比,更难与北京各方面的宏大规模与气势相提并论,诸如雄伟壮观的建筑,用之不竭的财富,极其充沛的各种必需品,难以计数的人口、交易、船只、司法情况,国家的治理,宫廷的平稳,等等。

[法国] 皮埃尔·伯杰龙等编:《鞑靼旅行记》

Pierre Bergeron, ? —1637

Relation des voyages en Tartarie

法文版于1634年出版于法国巴黎。

这本书的内容涉及1294年方济各会在北京建立据点,此部分内容作者为意大利天主教方济各会会士柏郎嘉宾(Jean du Plan Carpin, 1182? —1252)。

[荷兰] 阿诺尔多·蒙塔纳斯编：《中国图集：从联合省东印度公司到中国》

Arnoldus Montanus，1625？—1683

Atlas Chinensis：being a second part of a relation of remarkable passages in two embassies from the East-India Company of the united provinces, to the vice-roy Singlamong and general Taising Lipovi, and to Konchi, emperor of China and East-Tartary

英文首版于 1671 年在伦敦 Tho. Johnson 出版。

阿诺尔多·蒙塔纳斯，荷兰传教士，曾编纂并出版多种游记。

此书中有大量的图片和地图，全书共 723 页，分 4 个部分。前两个部分简要回顾了欧洲人两次使华情况：1655

年东印度公司派遣16人到北京求通自由贸易,以及1663年东印度公司派人到福建求通贸易的情况。第三部分为第三次使华,主要介绍1666年第三次访华团经福建、浙江、广东和江南到北京的旅途记事等。第四部分主要是有关中国总体情况和15个省情况的介绍。

[意大利] 乔万尼·佛朗西斯科·杰梅利·卡雷里:《环游世界》

Giovanni Francesco Gemelli Careri, 1651—1725
Giro intorno al mondo

6卷本意大利语版于1689—1700年在意大利的那不勒斯面世,1704年英文译本(*A voyage round the world*)在伦敦出版,1719年M. L. N.译为法文(*Voyage du tour du monde*)在巴黎出版。

杰梅利·卡雷里，17世纪后期意大利著名旅行家，1693—1698年环球旅行。

本书第四卷为中国卷，长达329页，分四个部分。第一部分：关于中国的商业、工事、京杭大运河、北京城和皇宫等；第二部分：专门一章记述康熙帝的召见，又专章记述长城、皇帝出巡等；第三部分：介绍了中国的文化、礼仪、风俗和气候等；第四部分：旅途见闻等。书中附6幅与中国有关的插图。

[法国] 菲利普·爱维利尔：《欧亚行记——在法王指令下寻找中国之路》

Philippe Avril，1654—1698

Voyage en divers etats d'Europe et d'Asie, entrepris pour découvrir un nouveau chemin à la Chine

法文首版于 1692 年在法国巴黎出版，次年重印；1693 年英译本（Travels into divers parts of Europe and Asia, undertaken by the French king's order to discover a new way by land into China）由英国伦敦 Tim. Goodwin 出版，共 178 页。

菲利普·爱维利尔，法国耶稣会士，哲学家、数学家和探险家。

此书介绍了作者在多地考察从欧洲陆上来华的诸多路线，并介绍了每条路线途经各地的民情风俗、地理、历史、哲学、宗教等各方面的情况。书的最后附有从俄国到中国线路的具体行程。

《耶稣会士书简集》

Lettres édifiantes et curieuses ecrites des missions etrangeres par quelques missionnaires de la compagnie de Jesus

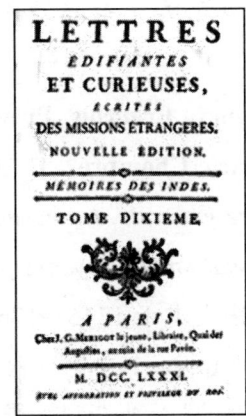

法语版最早第一卷是在 1702 年由在北京的法国神父郭弼恩（Charles Le Gobien，1653—1708）编辑，次年出版第二卷，至 1708 年，在其主持下共出版了 8 卷，后杜赫德神父主持了第九卷至第二十六卷，之后巴社耶神父（P. Patouillet）等主持了第二十七卷至第三十四卷。1780—1843 年，法国先后出版了 4 种改编本。本书中来自中国的书信已经由大象出版社于 2001—2005 年以《耶稣会士中国书简集：中国回忆录》为题翻译出版（郑德弟、朱静等译）。

此丛书关于中国部分介绍了中国元明清历史概况、自 12 世纪开始西方人到中国探险及传教的历史、中国的教育、政治、语言、康熙帝与传教士在自然科学方面的交流、在康熙帝的支持下传教事业的发展、康熙帝的离世及雍正继位等。其第二十七卷的《王致诚书信》中，记录了圆明园的信息。

［法国］安东尼·佛兰西斯科·普列沃斯、［法国］艾蒂安·孔普雷等编著：《海陆游记新编》

Antonine' François Prévost D'exiles, 1697—1763; Étienne Marie Chompré, 1701—1784

Histoire générale des voyages, ou nouvelle collection de toutes les relations de voyages par mer et par terre

64 卷法文本于 1746—1761 年先后在法国巴黎和荷兰阿姆斯特丹出版，其中第十六卷为索引。

安东尼·佛兰西斯科·普列沃斯，又名 Abbé Prévost,

法国作家和小说家。

艾蒂安·孔普雷,法国作家。

书中收录了大量当时在中国传教士的游记,如《1693年被康熙帝派往欧洲的法国耶稣会士白晋从北京到广州的游记》(*Voyage du Pere Joachim Bouvet, Jésuite, de Peking à Canton, lorsqu'il fut envoyé en europe par l'empereur Kang'hi, en 1693*)、《五位法国耶稣会士宁波至北京游记》(*Voyage de cinq Jésuites françois, de Ning-po à Pékin*)等。其中第九卷有26幅中国和越南的地图和版画;第十卷有25幅日本和中国的图画。第二十卷收录了意大利旅行家乔万尼·佛朗西斯科·杰梅利·卡雷里的《环游世界》中于1695年对于中国的描述。第二十四卷中有法国耶稣会士张诚(Jean-François Gerbillon,1654—1707)与1687年抵达中国后并定居中国的多年的"鞑靼之行"等。

《环球旅行记手稿集》

A collection of voyages and travels, some now first printed from original manuscripts, others translated out of foreign languages, and now first publish'd in English: to which are added some few that have formerly appear'd in English, but do now for their excellency and scarceness deserve to be reprinted[1]

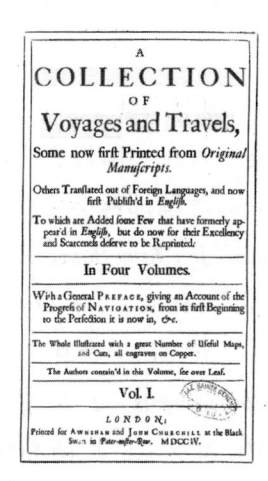

英文版于1704年在伦敦出版，4卷本，由Awnsham and John Churchill 出版。

书中亦包含翻译的文章，如《环球旅行》（*A voyage round the world*）一文为乔万尼·佛朗西斯科·杰梅利·卡雷里（Giovanni Francesco Gemelli Careri，1651—1725）用

---

[1] 此标题中"publish'd"即"published"、"appear'd"即"appeared"。——编者注

意大利语写成。该文记述了卡雷里先到达澳门、广州，之后从陆路经南昌和南京于 1695—1696 年到达北京的所见所闻，并涉及卡雷里与当地传教士的会面等内容。后来此文被节译成英语收入此丛书。

《中国人信札》

Chinese letters

法文首版于 1753 年在法国巴黎出版；英文版于 1761 年在伦敦 D. Browne, and R. Hett. 出版，共 314 页。

此书包括 40 封书信，这些书信是一位在巴黎的中国人和他的在中国北京、俄国莫斯科、日本与波斯的同胞之间的通信。其主要内容涉及中国和上述几个国家和地区的历史、哲学、文学以及风俗习惯等。其中与中国北京的同胞的往来信件中，对古希腊哲学及牛顿、笛卡儿、洛克和莱布尼茨等人的哲学思想做了介绍。

［瑞典］彼得·奥斯博格：《中国、东印度公司航海记》

Peter Osbeck, 1723—1805

A voyage to China and the East Indies

瑞典语首版于 1757 年在斯德歌尔摩出版；德语版于 1765 年出版；英文版（2 卷本）于 1771 年在伦敦 Benjamin White 公司出版，共 1766 页，1796 年费城据伦敦本重印。

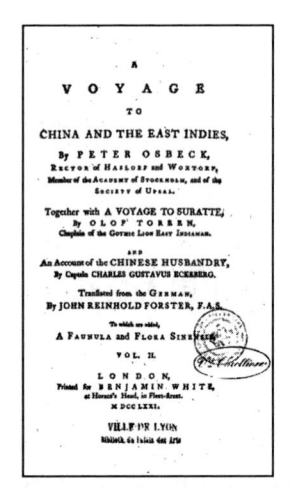

彼得·奥斯博格，瑞典自然学家、探险家，植物学家林奈的学生。

此书是作者于1750—1753年随瑞典东印度公司船只的航海日志，其间作者为该船的牧师。书中作者对所经各地的动植物做了详细的记录，对于之前所未见的动植物，书中都附有插图。其中有关中国动植物的内容记录在1751年7月到1752年2月的日记中。

［英国］查尔斯·弗雷德里克·诺布尔：
《1747—1748年东印度群岛旅行记》

Charles Frederick Noble

A voyage to the East Indies in 1747 and 1748

1762年此书2卷本出版于英国伦敦，共341页。

本书有大量中国的内容，其中涉及中国皇帝、广州、中国宗教、居民、风俗等内容。

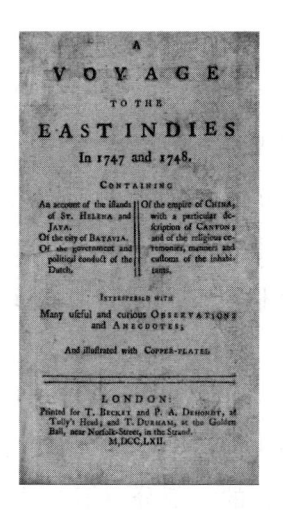

[英国] 约翰·贝尔:《从圣彼得堡到亚洲各地旅行记》

John Bell, 1691—1780

Travels from St. Petersburg in Russia to diverse parts of Asia

2卷本英文首版于1763年在格拉斯哥出版，同年3卷本出版，3卷本法文译本于1766年在巴黎出版，英文版于1788年在爱丁堡再版。

约翰·贝尔，苏格兰旅行家、医生。1714年到圣彼得堡，1718年随俄使伊斯曼罗夫（Ismayloff）从圣彼得堡出发，穿越西伯利亚和蒙古，于1722年到中国觐见康熙帝，在北京逗留4个月。

本书英文版第一卷：记录作者1715—1718年从俄国的圣彼得堡到波斯的伊斯法罕的旅程、1719—1721年经由西伯利亚到北京的旅程的一部分；第二卷：记录1719—1721年随伊斯曼罗夫访华团从莫斯科到北京觐见康熙皇帝、4个月后返回莫斯科的整个行程、俄国特使驻京贸易代表朗格（Lorenz Lange）1721—1722年驻北京朝廷日记的翻译等。本书英文版附两幅地图，其中一幅为《从莫斯科到北京路线图》。

［英国］约翰·巴罗：《中国游记：从北京到广州》

John Barrow，1764—1848

Travels in China

英文版于1804年在英国伦敦的卡德尔·戴维斯（T. Cadell and W. Davies）公司出版；1805年费城再版；1806年伦敦重印首版；1807年法文译本在巴黎出版；中文译本于2007年由北京图书馆出版社出版，名为《我看乾隆盛

世》(李国庆、欧阳少春译)。

全书共632页，分为10章，其中第五章是作者对皇宫以及皇家园林的见闻。其余七章记述使团从北京出发，沿内河河道返回广州的沿途见闻，内容涉及中国的政治、法律、财政、税收、对外贸易、军事、建筑、医药、机械、皇宫的礼仪、民情风俗、宗教、语言、文学和艺术等方面。

[法国] 杜赫德:《李明在中国游历记》

J. B. Du Halde, 1674—1743

Voyage de Lecomte en Chine

1806年在巴黎出版。

李明（Louis le Comte / Louis-Daniel Lecomte, 1655—1728），法国耶稣会传教士。1684年受法国国王路易十四派遣来华传教，被授予"国王数学家"、法国科学院院士等荣誉称号。1687年，到达中国。1691年，李明回国，在

法国出版了《中国近事报道》(*Nouveaux mémoires sur l'état présent de la Chine*)和《论中国礼仪书》，向西方世界介绍东方的儒家思想并批评西方的堕落。

[法国] 小德金：《北京、马尼拉、法兰西岛游记》

Chrétien Louis Josephe de Guignes，1759—1845

Voyages a Peking, Manille et l'île de France, faits dans l'intervalle des années 1784 à 1801

法文首版于 1808 年在法国巴黎面世，此书共 3 卷，为作者 1784—1808 年在中国、马尼拉及法兰西岛等地的游记。1829—1830 年意大利文首版于意大利米兰，1832 年在意大利那不勒斯意大利文再版。

小德金，法国东方学家大德金（Joseph de Guignes，1720—1800）之子。1784 年从法国出发，到达澳门，在澳

> VOYAGES
> A PEKING, MANILLE
> ET
> L'ÎLE DE FRANCE,
> FAITS
> Dans l'intervalle des années 1784 à 1801,
> Par M. DE GUIGNES,
> Résident de France à la Chine, attaché au Ministère
> des Relations extérieures, Correspondant de la
> première et de la troisième Classe de l'Institut.
>
> TOME PREMIER.
>
> A PARIS,
> DE L'IMPRIMERIE IMPÉRIALE.
> M. DCCC. VIII.

门居住长达 10 年，1794 年随荷兰特使德胜（Issac Tizing）等自广州赴北京，次年南返。还著有《关于汉语的思考》(*Réflexions sur la langue chinoise*, 1807)，并于 1808 年开始主持《汉语、法语、拉丁语词典》(*Dictionnaire chinois, français et latin*, 1813)的编纂工作。

本书共 3 卷。第一卷为中国古史概要以及从广州到北京的见闻；第二卷为作者从北京到广州返途中的日记；第三卷为作者在中国、马尼拉、法兰西岛等地的见闻录，尤以中国见闻为主。本书第二、第三两卷主要以中国记载为主，时间段为 1794 年 11 月至 1796 年 1 月。

［俄罗斯］季姆科夫斯基：《1820—1821 穿过蒙古旅行北京记》

Egor Fedorovich Timkovskii, 1790—1875
Voyage a Péking, a travers la Mongolie, en 1820 et 1821

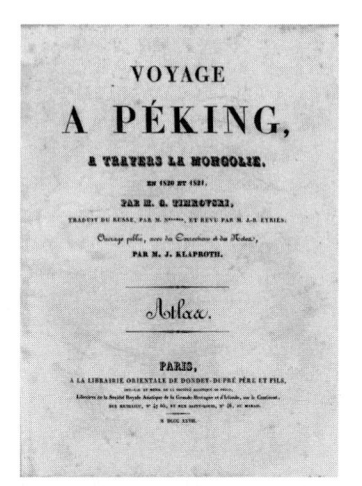

1824 年此书俄文首版在圣彼得堡出版。1827 年法文版在法国巴黎出版，英文版于 1827 年在伦敦出版，名为 *Travels of the Russian mission through Mongolia to China, and residence in Peking, in the year 1820-1821*。

季姆科夫斯基，1820—1821 年任第十届传教士团监督官，负责搜集中国地图。

本书共 2 卷。第一卷：俄国传教士团北京之行的原因、目的和旅程；第二卷：传教士团抵达北京之后游览北京的见闻，包括北京街道、当铺、大清皇帝出行、天坛祭祀仪式、处决罪犯的行刑日、北京的天文馆、科学院、嘉庆皇帝的驾崩及其遗孀，以及北京顺天府之名称的由来、北京的地理面积、居民人口、民宅、北京城门，并把紫禁城和俄克里姆林宫进行对比，最后还有北京的民俗、小吃和文化娱乐等。

［意大利］马国贤：《清廷十三年——马国贤在华回忆录》

Matteo Ripa, 1682—1745

Memoirs of father ripa, during thirteen years' residence at the court of Peking in the service of the emperor of China

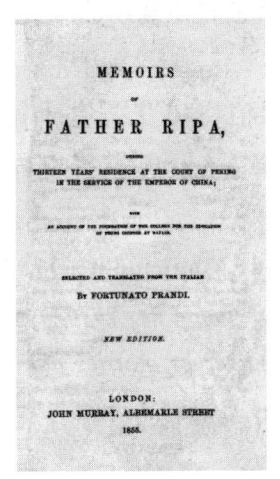

意大利文首版于 1832 年在意大利拿波里出版，原意大利文书名为 *Storia della Fondazione della Congregazione e del Collegio de' Cinesi, sotto il titolo della sagra famiglia di G. C.*（《中国圣会和中国学院创办记事》）；英文版于 1844 年由英国伦敦的约翰·穆莱出版社（John Murray Ltd.）出版，由普兰迪（Fortunato Prandi）译，共 160 页；1846 年在纽约出版，1855 年伦敦再版，1939 年中国影印了 1855 年的英译版本，在封面上加上题名"京廷十有三年记"；中文节译本于 2004 年由上海古籍出版社出版（李天纲从英文节

译)。

马国贤，意大利人。马国贤于1710年到达澳门，1719年在北京建立一所学校，1724年离开广州，在中国待了14年，其中有13年的时间在北京。1745年在意大利逝世。

此书是用第一人称写的回忆录，对清初宫廷描写细致入微，很多地方比清朝官方的实录更详细。正因如此，本书至今仍然被欧美大学作为中国研究课程的必读书，中国学者也用它来补充和验证康熙朝的历史。

[法国] 阿尔伯特·艾蒂安·德·蒙特蒙特编译：《世界旅行文库》

Albert Étienne de Montémont，1788—1861

Bibliothèque universelle des voyages effectués par mer ou par terre dans les diverses parties du monde, depuis les premières découvertes jusqu'a nos Jours

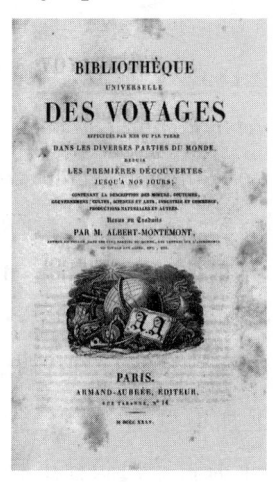

法文版于 1833—1837 年在巴黎的 Armand-Aubrée 陆续出版 46 卷。

阿尔伯特·艾蒂安·德·蒙特蒙特，作家、旅行家、翻译。

此书第三十三卷《19 世纪亚洲旅行记》（V33. *Voyages en Asie, dix-neuvieme siecle*）中有很多关于北京的内容。

［美国］雅裨理：《1830—1833 年居留中国和邻近国家日记》

David Abeel, 1804—1846

Journal of a residence in China and the neighbouring countries from 1830 to 1833

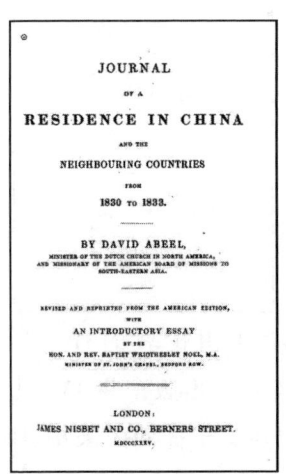

英文版于 1834 年出版，次年重印。

雅裨理，基督教新教来华传教士，曾与徐继畬交流，对后者的地理观略有影响。

全书共 397 页，20 章。书中有对中国渔船、鸦片贸易、广州、女性的外表、乞丐、海南岛、中国寺庙等内容的记述。书中附有彩色地图。

［英国］德庇时：《中国见闻录》

John Francis Davis, 1795—1890

Sketches of China ; partly during an inland journey of four months, between Peking, Nanking, and Canton ; with notices and observations relative to the present war

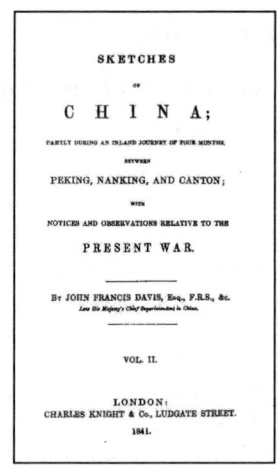

英文版于 1841 年由伦敦的查尔斯·奈特出版公司（Charles Knight & Co.）出版，共 335 页。

1816 年英国派阿美士德使团来华，德庇时当时为使团的汉文正使。在这部游记中，他记录了在北京、南京和广州等地为期 4 个月的旅行见闻。他认为，中国军队不堪一击，主张在中国的沿海地区维持英国的海军力量，控制京杭大运河，切断北京的命脉，以迫使清政府屈从，保护英国的贸易礼仪。德庇时对中国的观察和研究客观上为英国政府制定对华政策提供了重要参考。本书附《中国地图》1幅。

［英国］爱德华·卑路乍：
《1836—1842年环游世界》

Sir Edward Belcher, 1799—1877

Narrative of a voyage round the world, performed in her majesty's ship Sulphur, during the years 1836 - 1842, including details of the naval operations in China, from Dec. 1840, to Nov. 1841 published under the authority of the volume 1

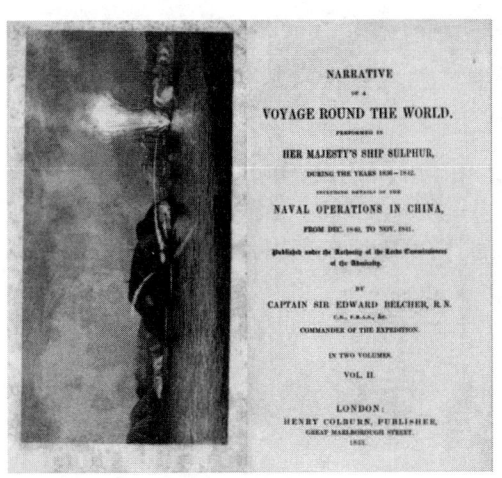

英文版于1843年在英国伦敦出版。

爱德华·卑路乍，英国皇家海军军官，水文学家和探险家。

书中记载了作者 1840 年 12 月至 1841 年 11 月在中国的游记。

［英国］ 福钧：《华北诸省漫记》

Robert Fortune, 1813—1880

Three years' wanderings in the northern provinces of China, including a visit to the tea, silk and cotton countries

英文版于 1847 年在英国伦敦约翰·穆莱出版社（John Murray Ltd.）出版。

[英国] 施嘉士:《旅华十二年——人民、叛乱与官员》

John Scarth,1826—1909

Twelve years in China: the people, the rebels, and the mandarins

英文版于 1860 年在英国爱丁堡的托马斯·康斯戴伯出版公司（Thomas Constable and Co.）出版。

施嘉士，苏格兰商人，一说为间谍。他 1847 年抵达广州，足迹遍及中国南部大部分地区。为了能近距离地观察中国，他戴着眼镜，身穿中国服饰，头上顶着假辫子，一副中国人打扮。1859 年离华回国。

此书共 328 页，详细记录下了他在中国的所见所闻，书中有对小刀会和太平天国的记述。另有 12 幅彩色石版画和 15 幅插图。

[法国]克鲁雷:《北京之旅,远征中国的回忆》

Georges de Keroulee
Un voyage à Pé-kin

法文版于1861年在法国巴黎的布鲁内特出版公司(P. Brunet)出版,共318页。

本书记述了作者1860年随英法联军从天津登陆,进军北京,最后返回天津的全部历程。作者详细描述了游历北京的经过,包括游历北京外城的街道、店铺、场屋、寺庙、刑场等处的见闻,此外,作者还参观了观象台,介绍了南怀仁主持建造的经纬仪、1678年耶稣会士测绘的中国分省地图等。

[英国] 雒魏林:《在华行医传教二十年》

William Lockhart, 1811—1896

The medical missionary in China: a narrative of twenty years' experience

英文版于1861年在英国伦敦出版。

雒魏林，又名雒颉，英国伦敦会医药传教士。著有《上海华人医院十一年（1846—1857）年份报告》（*Eleven annual reports of the Chinese hospital at Shanghai from 1846 to 1857 inclusive*）、《北京及其近郊纪事》（*Notes on Peking and its neighbourhood*）等。

此书共404页，为作者的回忆录。作者1839年到广州，与伯驾等传教士发起成立医学传道会，曾在澳门开设诊所，在定海开设眼科诊所，在上海南门城内租民房创办诊所、北门外创办仁济医院，1861年，至北京开设医院。

雒魏林来华 20 年，据他自己估算，诊治的中国病人至少十几万。此书基于此经历写成。

［英国］爱德华·巴林顿·德·方布兰克：《日本和北直隶》

Edward Barrington de Fonblanque，1821—1895
Niphon and Pe-che-li; or two years in Japan and northern China

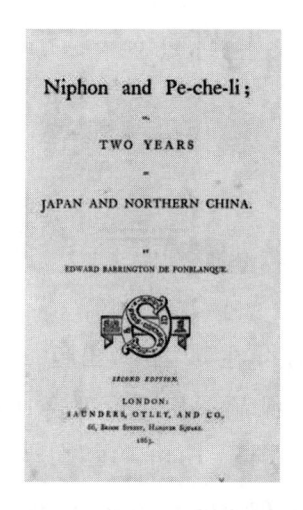

英文版于 1862 年在英国伦敦的桑德斯·奥特利公司（Saunders, Otley and Co.）出版，共 286 页。

爱德华·巴林顿·德·方布兰克，英国历史学家。曾作为英国外交使团成员之一于 1860 年到 1861 年先后访问日本和中国。他的作品基本都与军队历史有关。还著有《从将军、政治家和戏剧家约翰·伯戈因爵士生活和通信中所见的 19 世纪下半叶的政治和军事事件》（*Political and military episodes in the latter half of the eighteenth century derived from the life and correspondence of the Right Hon. John Burgoyne, general, statesman, dramatist*, 1876）、《波西家族年鉴：从诺曼征服到 19 世纪初》（*Annals of the house of Percy, from the conquest to the opening of the nineteenth century*, 1887）等。

此书共分为两部分：日本和中国。中国部分，介绍了北京、天津、河北省大部和河南、山东小部的北直隶地区，描述了该地区的风土人情、人文景观和清朝宫廷等。

［英国］麦吉：《我们如何进入北京——1860 年在中国战役的记述》

Robert James Leslie McGhee, 1789—1872

How we got into Pekin: a narrative of the campaign in China of 1860

英文版于 1862 年由英国伦敦的理察·宾利（Richard Bentley）出版，共 368 页，后有重印本；中文译本于 2011 年由中西书局出版（叶红卫、江先发译）。

此书为一份重要的历史史料，揭露和批判了 1860 年英法联军抢劫和焚烧圆明园的罪恶行径。

［普鲁士］约瑟夫·马里亚·冯·拉多维茨著，［美国］哈约·霍尔伯恩整理：《东亚来信》

Joseph Maria von Radowitz, 1839—1912; Hajo Holbom, 1902—1969

Briefe aus Ostasien. Herausgegeben von Hajo Holborn

德文版于 1926 年经哈约·霍尔伯恩整理后，在德国斯图加特（Deutsche Verlags-Anstalt）出版社出版。

约瑟夫·马里亚·冯·拉多维茨，普鲁士外交官。1862 年，拉多维茨随普鲁士首任驻华公使李福斯（Guido von Rehfues，又名"列斐士"）来华，并长时间滞留北京。

哈约·霍尔伯恩，德裔美国历史学家。

此书为拉多维茨 1862 年滞留北京期间的书信经整理编辑而成。

［英国］福钧：《江户和北京：中日两国首都旅行纪事》

Robert Fortune, 1813—1880

第七章 游记、回忆录

Yedo and Peking. A narrative of a journey to the capitals of Japan and China. With notices of the natural productions, agriculture, horticulture, and trade of those coutries, and other things met with by the way

英文版于1863年在英国伦敦的约翰·穆莱出版社（John Murray Ltd.）出版。

此书前部分为关于日本的旅行见闻，后部分描述从上海途经天津前往北京的一路见闻，如天气变化、农作物种植、贸易、商店、苦力等。最后一章对北京的方方面面进行了细致刻画，不仅介绍了京城的帝王宫殿、雍和宫、安定门、天主教牧师的墓碑，还介绍了北京的街景、西山和农业、植物等。

［英国］密吉：《从北京到彼得堡的西伯利亚路》

Alexander Michie, 1833—1902

The Siberian overland route from Peking to Petersburg, through the deserts and steppes of Mongolia, Tartary, &c.

英文版于 1864 年由英国伦敦的约翰·穆莱出版社（John Murray Ltd.）出版。

密吉，又名宓吉、立嘉、米嘉、米契，英国人。曾在中国旅行数年，以关于中国的写作而闻名。他于 1863 年开始从北京到俄国之行。

全书共 402 页，分 23 章，书中附有 2 张折叠地图，11 幅版画插图，书中记录了从北京到彼得堡的西伯利亚陆路一行，此行他从上海出发，经天津、北京、蒙古、乌尔加、基亚查塔、贝加尔湖、伊尔库茨克、克拉斯诺亚尔斯克、鄂木斯克、奥昌斯克和喀山到彼得堡的陆路旅行。作者在序言中说："近一个半世纪以来，英语世界中没有任何关于中俄两国首都之间整个旅程的记录。"第一章"从上海到天津"作者提到约翰·贝尔（John Bell，1691—1780）是他写作此书的灵感来源；第二章"从天津到北京"；第三章"北京";第四章"北京到张家口"等。

［法国］F. 卡斯塔诺:《中国之行》

F. Castano

L' expédition de Chine. Relation physique, topographique et médicale de la campagne de 1860 et 1861

法文版于1864年在法国巴黎V. Rozier出版，共346页；中文译本于2011年在中西书局出版（张昕译）。

F. 卡斯塔诺，英法联军中法国随军神职人员。

此书为作者的见闻札记，描述了沿途各国的风光，记述和评论了清朝的风土人情，书中提及圆明园劫掠，但是并不详细，一笔带过。

[法国]阿奇尔·普西尔格编:《从上海经过北京到莫斯科的旅行》

Achille Poussielgue,1829—1869
Relation de voyage de Shang-Hai à Moscou par Pékin

法文版于1864—1865年发表在法国旅游刊物《环游世界》(*Le Tour du monde*,1864年第一卷Ⅰ,第81~128页;1864年第二卷,第39~96页和第289~336页;1865年第一卷,第233~273页)上。

阿奇尔·普西尔格,法国旅行家,驻华盛顿使馆专员。阿尔方斯·德·布尔布隆(Alphonse De Bourboulon,1809—1877),法国驻华公使,其夫人凯瑟琳·布尔布隆夫人(Catherine de Bourboulon,1827—1865)。

此游记为编者根据布尔布隆夫妇1859—1862年到中国的游记而撰写的,其主要内容有上海、宫廷政变及政治和谈、漫步北京、朝廷、宗教、司法、天津的衙门、婚丧嫁娶、民俗、教育、圆明园游记、从北京到昌平州、从昌平州到宣化府、从宣化到长城和长城由来等。书中附有多幅版画插图。

［英国］ 雒魏林：《北京及其近郊纪事》

William Lockhart, 1811—1896
Notes on Peking and its neighbourhood
英文本于1866年出版。中文名又译为《北京及其附近略记》。

［英国］ 德尼克：《华北旅行记录》

Nicholas Belfield Dennys, 1813—1900
Notes for tourists in the north of China

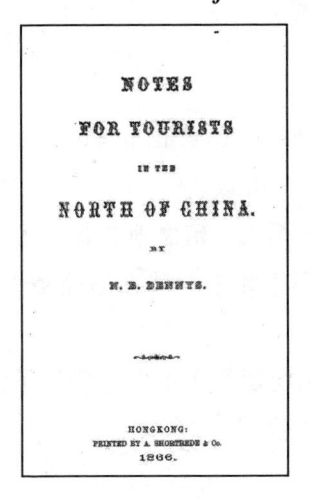

英文版于 1866 年由香港的索图利德公司（A. Shortrede & Co.）出版，共 38 页。

［英国］罗亨利:《1860 年远征中国回忆录》

Henry Brougham Loch，1827—1900

Personal narrative of occurrences during Lord Elgin's second embassy to China，1860

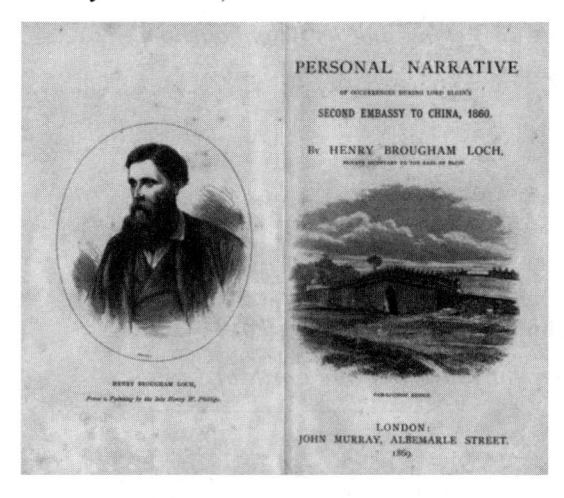

英文版于 1869 年在英国伦敦的约翰·穆莱出版社（John Murray Ltd.）出版。

罗亨利，英国军人、殖民地总督。第二次鸦片战争时，任额尔金勋爵的私人秘书。曾在通州被俘获，被押往北京囚禁，事后获释。

此书对焚毁圆明园等历史事件提供了独特的宝贵信息，具有极高的历史价值。

[法国] 比索内：《从北京到上海——旅行回忆》

Eugène Buissonnet

De Pékin à Shanghai, souvenirs de voyages

法文版于 1871 年由法国巴黎的 Amyot 出版，共 335 页。

此书为作者从北京到上海旅行回忆录。

[普鲁士] 莱因霍尔德·维尔纳：《1860、1861、1862 年德意志远征中国、日本和暹罗——旅行书信》

Reinhold von Werner, 1825—1909

Die preussische expedition nach China, Japan und Siam in den Jahren 1860, 1861 und 1862. Reisebriefe

德文版于 1873 年在德国莱比锡的布洛克豪斯出版社（F. A. Brockhaus）出版。

莱因霍尔德·维尔纳，曾以皇家海军舰队舰长和指挥官的身份参加东亚外交使团，其间他写有许多书信。

此书共 551 页，是作者应布洛克豪斯出版社的请求，将其书信整理成书出版。作者在书中详细记述了外交使团的组建、行程和历次外交谈判，同时对中国的政治、经济、军事、宗教、社会、教育、风俗习惯以及思想文化等方面都有详细的介绍，还归纳总结了中国人的"国民性格"。书中不乏作者否定和"批判"的态度。

［美国］祢结理：《北京目标：和平的唯一希望》

Gideon Nye，1812—1888

Peking the goal, the sole hope of peace

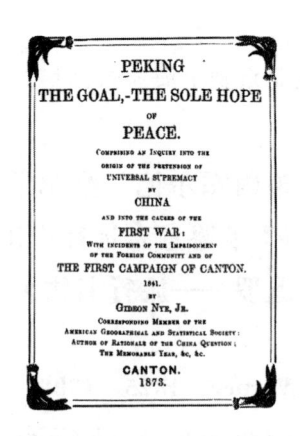

英文版于 1873 年出版。

Gideon Nye 曾被直译为吉迪恩·奈伊，祢结理是其中文名。1833 年，祢结理跟随表兄来到广州，在十三行从事茶叶贸易。1856—1863 年，兼任美国驻澳门领事一职。1873 年，被任命为驻广州副领事。其著作有《茶与茶叶贸易》（1850）、《中国问题的根本原因》（*Rationale of the China question*，1857）、《两个文明的标尺：基督教文明动摇了？》（*The gage of the two civilizations：shall Christendom waver？* 1860）、《我在中国生活的早年（1833—1839）》（*The Morning of My life in China 1833-1839*，1873）等。

　　书中记述了关于中国皇帝的一些事情。

［法国］卢多维奇·德·波伏娃：《世界各地旅行——北京、江户（东京）、旧金山》

Ludovic de Beauvoir, 1846—1929

Pékin, Yeddo, San Francisco. Voyage autour du monde

法语版第三卷1874年（第8版）出版于巴黎。

卢多维奇·德·波伏娃，法国旅行家，19岁时踏上了环游世界的旅程。

全书共360页，主要内容是关于北京、东京和旧金山的旅行。

［法国］楚泽:《环游世界——北京与中国北方》

M. T. Choutzé，1844—1899
Le tour du monde：Pékin et le nord de la Chine[1]

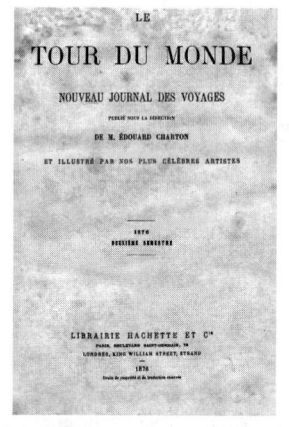

此刊为法国旅游刊物，1860—1894年在巴黎出版了68卷，创刊人兼总编为查尔顿（Edouard Charton，1807—1890）。其中第三十二卷（1876年上半年总第801—804期和下半年总第820—823期合订而成）共451页，其中含有

---

[1] "Le tour du monde"为该旅游刊物的总期刊名，"Pékin et le nord de la Chine"为1876年各期文章合订后的总名称，即下文所说的第三十二卷的名称。图片中展示的是1876年该期刊中的其中一期的封面，故二者不一致。——编者注

中国的内容，署笔名楚泽。

楚泽，加布里埃尔·德韦里亚（Gabriel Deveria）的笔名，1860年作为外交部翻译学生来华。1873—1880年任法国驻华公使首席翻译，1882年任外交部汉语翻译和秘书。1889年起主持巴黎现代东方语言学校汉语讲座。著名的汉学家沙畹（Emmanuel-Édouard Chavannes，1865—1918）就是他的学生之一。另著有《16—19世纪中国和安南-越南关系史》（Histoire des relations de la Chine avec l'Annam-Viêtnam du XVIe au XIXe siècles，1880）和《中国的一次皇家婚礼》（Un mariage impérial chinois）等。

此书主要记述作者在北京及中国北方的所见所闻，主要内容包括北京及其周边的历史地理情况、同治朝廷的情况、中国的风景人物和民俗等。作者重点介绍了北京名胜和民俗，对了解第二次鸦片战争后的北京有重要参考价值，书中附有200幅根据照片绘制而成的版画。

[法国] 罗淑亚：《北京与中国内地》

Louis Jules Emilien Rochechouart，1831—1879

Excursions autour du monde：Pékin et l'intérivur de la Chine

法文版于1878年在巴黎出版。

罗淑亚，法国外交官，1866—1876年历任法国驻华公使馆二等参赞、头等参赞和代办。

本书是作者在北京与中国各地的游记，书中附有8幅插图，主要内容有香港到北京、北京近郊、扬子江等。

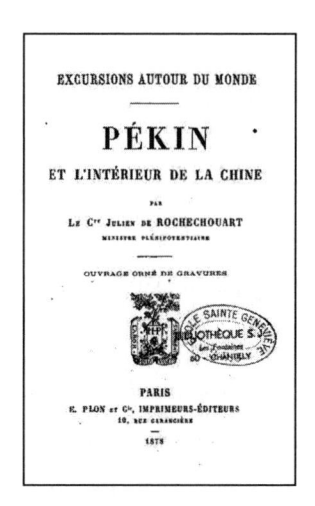

［美国］哈巴安德：《北京访问记》

Andrew Patton Happer, 1818—1894

A visit to Peking, with some notices of the imperial worship at the altars of heaven, earth, sun, moon and the gods of the grain and the land

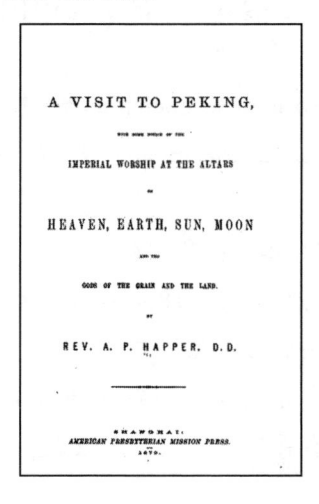

英文版于1879年由上海美华书馆出版。

哈巴安德，美国北长老会最早派往中国的传教士之一，1844年抵达澳门，1845年开办了一所男子寄宿学校，1880—1884年主编《教务杂志》。

[俄国] 皮亚赛特斯基：《穿越蒙古与中国的旅行》

Pavel Iaovlevich Piasetshii, 1843—1919
Voyage à travers la Mongolie et la Chine

俄文首版于1880年出版，1883年法文版在法国巴黎出版，1884年英译本于英国伦敦出版。

皮亚赛特斯基，俄国贵族，作家、艺术家、旅行家和医生。1874—1875年受邀随俄国大尉所思诺夫斯基（Uyli Sosnovsky）率领的中国考察团来到中国。

本书共15章，主要内容有：探险队从莫斯科出发进入蒙古，经长城到达张家口，然后抵达北京；在北京及其周围地区游历,由白河到天津,拜会直隶总督李鸿章;从天津经烟台到上海;从上海到汉口,继续沿江西行……直到穿越沙漠到达斋桑。本书附 90 幅版画和 1 幅地图。

[英国] 韦廉臣夫人:《中国的古老驿路》

Isabelle Williamson

Old highways in China

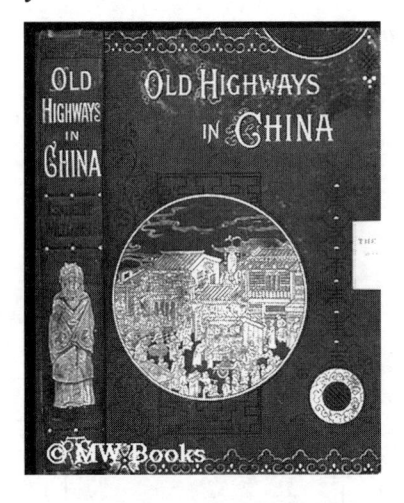

英文首版于 1884 年由伦敦圣教书会(The Religious Tract Society)出版,共 227 页。书名又译为《中国古道》。

韦廉臣夫人,英国苏格兰圣公会的妇女宣教协会传教士,她和她的丈夫韦廉臣(Alexander Williamson,1829—1890)曾在中国传教。

本书叙述了华北地区的语言、妇女、风俗和土地等情况,以及作者 19 世纪 60—70 年代在山东一带和北京之间的旅行见闻。本书附 18 幅插图以及直隶和山东驿路交通图。

[法国] 埃利松：《翻译官手记》

Herisson（Maurice D'Irisson），1839—1893
Journal d'un interprète en Chine

法文版于1886年出版，署名是埃利松伯爵；中文译本于2011年由中西书局出版（应远马译）。

埃利松，莫里斯·伊里松（Maurice Irisson）的笔名。20岁时，他陪同蒙托邦将军到中国，时任英语翻译。

此书最出名的几个章节是关于圆明园大洗劫，虽然此书所展示的史实有待商榷，但是作者笔下描述的圆明园大洗劫却让人印象深刻。

[法国] 保罗·博纳坦:《泰东》

Paul Bonnetain, 1858—1899
L' extrême Orient

法文首版于 1887 年在法国巴黎出版。

保罗·博纳坦,19 世纪法国小说家、记者,自然主义运动的代表人物。

本书为巴黎 Maison Quantin 出版社"风景如画与名胜古迹的世界"(Le monde pittoresque et monumentale)系列之一。本书共 3 卷:印度支那、中华帝国和日本。其中"中华帝国"卷有 9 章,其中第三章作者介绍了汉族人的传统、风俗和政治社会状况。作者以虚构的从渤海湾到广州旅行为线索,着墨于天津、北京、山东、江苏、浙江和广东等南北各地迥然相异的市井风情,其中还穿插了李鸿章的对话等内容。本书附有约 400 幅铜版画和 3 幅地图。

[英国] 戈登-卡明：《漂泊在中国》

Constance Frederica Gordon-Cumming，1837—1924
Wanderings in China

2卷本英文版于1888年出版。

戈登-卡明，苏格兰人，她喜欢环球旅行，一边写游记一边画画，访问印度、澳大利亚、新西兰、美国、中国和日本等国家，留下了大量绘画作品，出版数十本游记。1879年，访问北京。

[法国] 哈里·德温特：《从北京到加来陆路之旅》

Harry De Windt，1856—1933
From Pekin to Calais by land

FROM PEKIN TO CALAIS
BY LAND
BY
H. DE WINDT.
WITH ILLUSTRATIONS AND MAP.
LONDON—CHAPMAN AND HALL,
1889.

英文版于 1889 年在英国伦敦的查普曼与霍尔出版社（Chapman and Hall, Ltd.）出版。

哈里·德温特，法国探险家、旅行作家。

全书共 656 页，是根据作者亲身经历编著，记载的 1887 年北京—加来陆路行。

［美国］多拉·梅·德鲁、
［美国］爱德华·邦斯·德鲁编：《北京的纪念》

Dora May Drew, 1877—?; Edward Bangs Drew, 1843—1924

A souvenir of Peking

英文注释版图册于 1892 年刊行。

多拉·梅·德鲁，中国海事海关关员爱德华·邦斯·德鲁之女，出生在中国。

爱德华·邦斯·德鲁，1865 年抵达中国，长期在中国

任职，是一位老资格的中国通。他收集了19世纪中国服装、风俗和日常生活的大量照片。

此纪念册为28张照片，包括紫禁城、街景、英美大使馆以及北京西山区的各种景点，有英文注释。

[英国] 霍普·格兰特、[英国] 亨利·诺利斯：《格兰特私人日记选》

James Hope Grant, 1808—1875; Henry Knollys, 1840—1930

Life of General Sir Hope Grant : with selections from his correspondence

英文版于1894年出版，中文译本于2011年在中西书局出版（陈洁华译）。

霍普·格兰特，英国陆军上将，第二次鸦片战争中英国远征军总司令。

此书由英国皇家炮兵上尉亨利·诺利斯根据霍普·格兰特爵士的私人日记以及与 1860 年对华战争有关的信件编著而成。

［美国］ 海伦·倪维思:《倪维思传——40 年在华传教》

Helen Sanford Coan Nevius，1833—1910

The life of John Livingston Nevius : for forty years a missionary in China

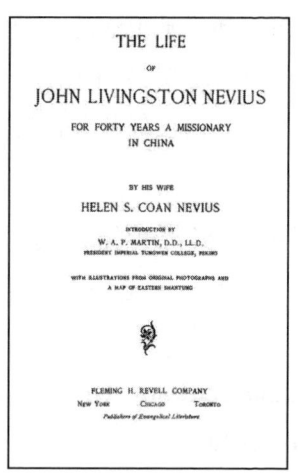

英文版于 1895 年在美国纽约的弗莱明·H. 拉维尔公司（Fleming H. Revell Company）出版。

海伦·倪维思，19 世纪来华传教士之一，美国基督教北长老会牧师约翰·倪维思的夫人。1861 年到登州（今在山东境内，地处山东半岛），在中国传教、教学 57 年。

此书共 476 页，附有 16 幅影像和 1 幅鲁东地图。

［美国］丁韪良：《花甲忆记》

William Alexander Parsons Martin, 1827—1916

A cycle of Cathay, or, China, south and north : with personal reminiscences

英文版 1896 年在美国纽约首版，中文译本于 2004 年由广西师范大学出版社出版（沈弘等译）。

本书集自传和游记为一体，主要记述了作者 47 年的在华生活，共分为两个部分。第一部分介绍了作者在中国南方的生活；第二部分是介绍在北方的生活，1863 年前后，作者移居北京，此部分有作者和恭亲王奕䜣、李鸿章、李善兰等人的交往记录。除此之外，书中还有部分篇幅涉及广州、厦门、北京、福州、宁波和河南犹太人的居住地印象。

［德国］雷德福：《在中国十年——经历、感受与旅行》

J. E. Reiffert

Zehn Jahre in China Erlebnisse, Erfahrungen und Reisen

德文版于 1896 年在德国帕德博恩（Paderborn）出版。

雷德福，天主教罗马教廷传教士，19 世纪 60—70 年代旅居北京、满洲里等地长达 10 余年时间。

此书为作者回到德国后写的回忆录，书中详细记述了他来回中国的旅程中的所见所闻，在北京、满洲里等地的传教活动以及中国教徒的宗教和社会生活。他根据自己的亲身经历，对天津教案发生后北京中国政府、外国公使、传教士和基督教徒诸方面的反应进行了特别报道，补充了正史关于此事的空白。

[奥地利] 海司：《山东与德国在中国属地：1898年从胶州到中国圣地，以及从扬子江到北京》

Ernst von Hesse-Wartegg，1854—1918

Schantung und Deutsch-China : von Kiautschou ins heilige land von China und vom Jangtsekiang nach Peking im jahre 1898

德文首版于1898年在莱比锡面世。

海司是 19 世纪著名的旅行家和旅行作家。

此书是作者对其 1898 年在中国旅行的报道，是基于作者实地考察完成的著作，他从青岛登陆，经崂山等到达济南、泰山，他还造访了邹县（今邹城市），从济宁抵达黄河岸，并沿运河到达北京。

［英国］ 约翰·汤姆森：《镜头前的旧中国》

John Thomas, 1837—1921

Through China with a camera

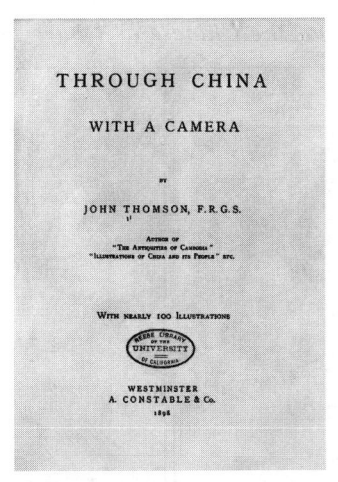

英文版于 1898 年在英国伦敦威斯敏斯特的阿奇博尔德·康斯特布尔出版公司（Archibald Constable & Co. Ltd.）出版，中文译本于 2001 年由中国摄影出版社出版（杨博仁、陈宪平译）。

约翰·汤姆森，英国旅行家、街头摄影家、传教士、皇家地理学会成员，1868 年来到中国，在香港开设照相馆。他一生共有 8 部著作，5 部与中国相关。

本书共 10 章，主要介绍了作者 1868 年来到中国在中国旅行经历和所拍摄的照片。作者从香港出发，经广州、澳门、汕头、潮州、厦门、台湾、福州、上海、宁波、南京后北上天津和北京，去过长城等地。内容涉及中国的政治和民俗风情等。

［英国］立德夫人：《熟悉的中国》

Archibald（Alicia Bewicke）Little，1845—1926
Intimate China:the Chinese as I have seen them

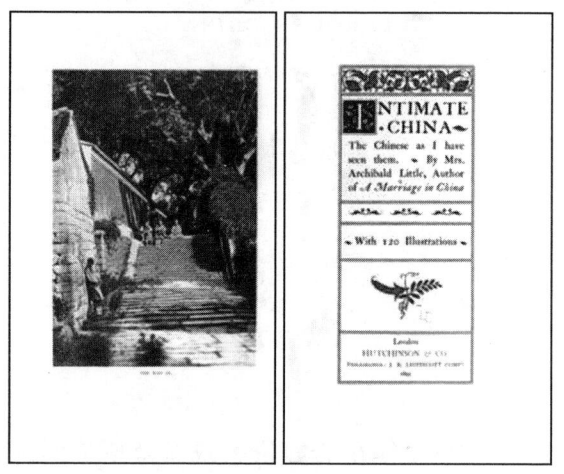

英文版于 1899 年在英国伦敦的哈奇森出版公司（Hutchinson & Co.）出版，1901 年再版。

［法国］绿蒂:《在北京最后的日子》

Pierre Loti, 1850—1923

Les derniers jours de Pékin

又名《北京外记》，法文版于 1901 年左右在法国巴黎的卡尔曼-列维（Calmann-Lévy）出版社出版；次年英文版在波士顿出版（296 页），后多次再版；中文译本于 2006 年由上海书店出版社出版（马利红译）。

皮埃尔·洛蒂，又名"绿蒂""毕尔·罗逖"，本名朱利安·维奥（Julien Viaud），法国小说家，以写海外风情擅长，1892 年入选法兰西学院院士。在八国联军镇压义和团运动期间，曾以法国海军上校身份于 1900 年和 1901 年两次应召出征，入侵北京。另著有《冰岛渔夫》（*Pêcheur d'islande*, 1889）、《拉曼邱的恋爱》、《菊子夫人》（*Madame Chrysanthème*, 1887）等书。

法文版全书共 464 页，7 章，由作者的私人日记汇编而成，记述来京见闻，如实记录了 1900—1901 年八国联军侵华时期北京及其周围的方方面面。作者以一个列强军官的视角、冷峻蔑视的情感，描绘了一幕幕中华帝国被西方列强宰割屠杀的画面，以及一个临终帝国首府的残败破落形象。

［英国］璧阁衔：《1899—1900 在华一年记》

Clive C. Bigham，1872—1956
A year in China，1899-1900

英文版于 1901 年由美国纽约的麦克米兰出版公司（Macmillan and Co., Limited）出版。

璧阁衔，英国贵族、政治家，八国联军中的英军上校情报官，曾担任《泰晤士报》的特别记者。1899 年，他被调到北京大使馆，并在义和团运动期间加入俄国军队在满洲的活动。

全书共 234 页，16 章，3 个附录和索引。此书是作者在 1899—1900 年在中国见闻的描述。作者在书中评价义和团时感叹中国人的勇猛："……中国人并不像我之前所想象的那样，他们很少怯懦，而更多的却是爱国心和信念。""冷漠的外表之下，中国人是有灵魂的。"书中有几十幅黑白插图和 4 幅彩色地图，涉及中国的北京、天津和满洲里，还涉及朝鲜及亚洲的铁路。

［英国］ 立德夫人：《穿蓝色长袍的国度》

Archibald（Alicia Bewicke）Little，1845—1926
In the land of the blue gown

英文版于 1901 年由英国伦敦的 T. 费希尔·安温（T. Fisher Unwin）出版社出版，1908 年第 2 版，之后多次再版。中文译本于 1998 年在北京时事出版社出版，2006 年

在中华书局出版，2016年在电子工业出版社出版。

此书共20章，是立德夫人在中国的游记作品，为我们讲述了她在中国10多个省市的经历，其主要内容包括首访北京——围城之前、上海的城墙、乡村中国、春日宁波、宜昌—龙王洞和龙丘之行、阎王爷的府邸——丰都、传教士的穷日子、在重庆农村的生活、西南地区的排外暴动、餐桌的装饰、"反缠足"运动等，书中还提及了作者同李鸿章的对话，以及她为反裹脚陋习做出的努力。书中附有大量的照片，具有很高的历史参考价值。

［德国］史利普尔：《我在中国的战争经历——西摩联军的远征》

Korvetten-Kapitän Schlieper

Meine kriegserlebnisse in China : die expedition Seymour

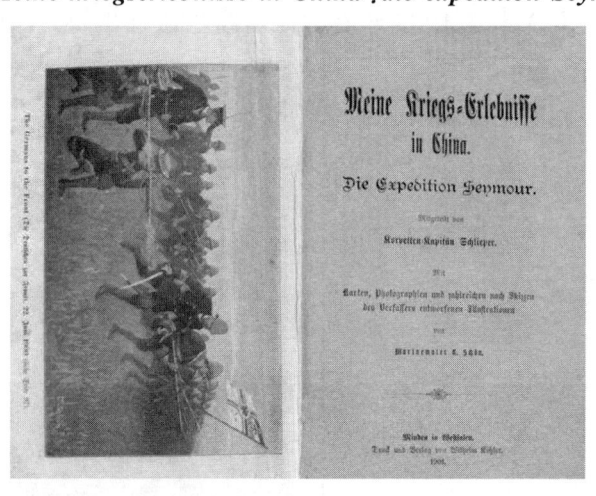

德文版于 1902 年在德国明登（Minden）出版。

史利普尔，德国海军军官，在八国联军镇压义和团起义的侵华战争期间，参加过英国西摩（Edward Hobart Seymour，1840—1929）将军指挥增援北京的军事行动。

作者声明此书为他"亲自经历的事件"和"个人的印象"，他试图借此使人们对"我们的军旅生活和活动"有所了解，也想为其战友提供一种"对共同度过的艰难时光"的回忆。此书是参战士兵思想和行动的生动写照，书中附有大量插图，但是这些插图并不是历史事件的真实写照，并非作者提供。

［德国］威廉·冯·李希霍芬：《菊花与龙——东亚战前与战争期间日记摘抄》

Freiherrn Wilhelm von Richthofen

Chrysanthemum und drache : vor und während der kriegszeit in Ostasien, skizzen aus tagebüchern

德文版于 1902 年在德国柏林出版。

威廉·冯·李希霍芬，19 世纪德国著名的地理学家费迪南德·冯·李希霍芬的侄子，德国东亚驻军的军官，曾在 1900 年前后随军到过日本和中国。

此书共 288 页，主要以描写各地名胜古迹为主，同时也讲述了一些有关义和团起义和八国联军侵华的史实。

[德国] 海沙伊特等:《北京照相》

Marine-Stabsarzt; Meerscheidt-Hüllessem
In und um Peking, während der Kriegswirren 1900–1901

德文版于1902年在柏林出版。

由两名德国军官拍摄。内收德国远征军1900—1901年庚子事变期间于北京、天津及大沽的照片190幅,包括北京仪銮殿、被拆除的天体仪建筑、午门前列队的八国联军士兵、街市风俗及八国联军,重建中的东郊民巷使馆区、德军拆除建国门古观象台等,以及八国联军在北京处决清政府主战官员和刺杀克林德主犯恩海等历史影像,书后另附折页北京地图1幅。

[英国] 迪金森:《来自一位中国官员的信札:西方文明的东方看法》

Dickinson, G. Lowes, 1862—1932

Letters from a Chinese official : being an eastern view of western civilization

英文版于1903年出版,后多次再版。

迪金森,英国历史学家、散文家。1912年夏,迪金森来中国,游历了广州、南京、长江三峡、北京、山东的泰山和曲阜，另著有《面面观：东西方游记》（*Appearances: notes of travel, East and West*, 1914）等。

［英国］立德夫人：《京华往事》

Archibald（Alicia Bewicke）Little，1845—1926
Round about my Peking garden

又名《我的北京花园》，英文版于 1905 年在英国伦敦的 T. 费希尔·安温出版社（T. Fisher unwin Ltd.）出版，中文译本于 2004 年由北京图书馆出版社出版（李国庆、路瑾译）。

此书是立德夫人在华撰写的最后一部作品，也是一部以北京游历为题材的游记作品。全书共 276 页，有大量的照片。共 22 章，主要内容有北京花园里、宫廷重回北京、驾崩之葬、北京人的狗与金银鱼、西山、皇城暖春和明十三陵、北京宫殿、西陵、如何在北京不作为等。

[英国] 卜禄士:《沿着马可·波罗的脚步: 从印度西姆拉到北京》

Clarence Dalrymple Bruce, 1862—1934
In the footsteps of Marco Polo : being the account of a journey overland from Simla to Pekin

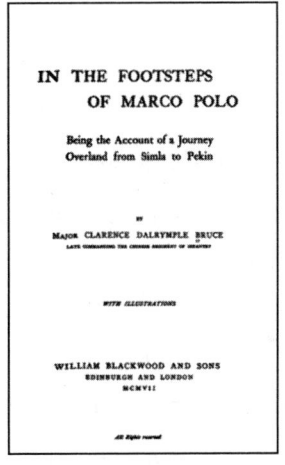

英文版于 1907 年在伦敦出版,共 379 页。

卜禄士,英国军人,1898 年来华。

全书共有 16 章,主要内容有进入西藏、在中国的突厥人、中国佛教简介、中国新疆的边境、马可·波罗的描述、中国军队精神的提高等。书中附有插图 24 幅。

[法国] 让·泰利斯:《北京至巴黎汽车拉力赛 80 天》

Jean du Taillis

Pékin-Paris automobile en quatre-vingts jours

法语版于 1907 年在巴黎出版。

全书共 318 页。其记录了 1907 年北京至巴黎的汽车拉力赛的全过程，内附有 100 多张随行拍摄的照片和地图。6 月 10 日早晨，5 队汽车从北京公使馆区的法国兵营出发，途经中国的长城，跨过戈壁大沙漠、乌拉尔山脉和普鲁士属波兰，横穿亚欧大陆，行程 16000 千米。8 月 10 日，意大利队首先到达巴黎，耗时 62 天，比第二名提前两个星期到达。当年成行的 5 队有意大利七升队（Italian 7 litre）、荷兰 Spyker 队、三轮摩托车队、De Dion-Bouton 队、De Dion-Bouton 队。作者所在的荷兰 Spyker 队第二名到达。

［英国］庄士敦：《从北京到曼德勒：自华北穿过四川藏区和云南到缅甸的旅行》

Reginald Fleming Johnston，1874—1938

第七章 游记、回忆录

From Peking to Mandalay : a journey from North China to Burma through Tibetan Ssuch' uan and Yunnan

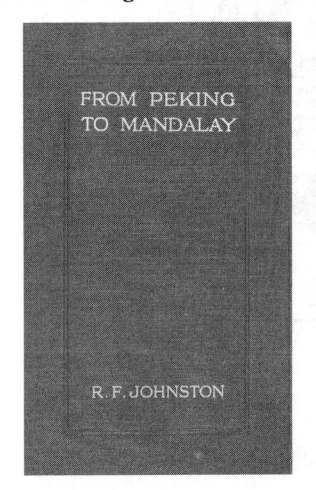

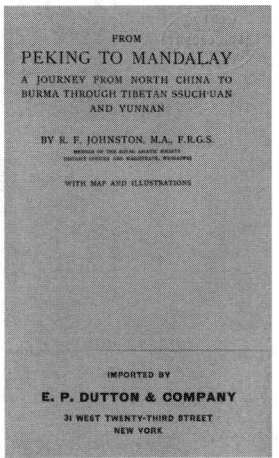

又名《从北京到瓦城》，英文版于1908年在英国伦敦的约翰·穆莱出版社（John Murray Ltd.）出版，共460页。

［英国］艾米丽·乔治亚娜·坎普：《晚清中华面貌》

Emily Georgiana Kemp，1860—1939
The face of China
英文版出版于1909年。

艾米丽·乔治亚娜·坎普，英国女画家，于1893—1894年和1907—1908年曾在中国游历考察，其足迹遍布山西、山东、河北、湖北、四川和云南以及东北三省，她

是清末民初极少到中国旅行的外国女性之一。

此书为作者游历了中国的北京、河北、山东、上海、湖北、四川、云南等地后记录下的旅途经历和见闻，书中有60多幅手绘素描和彩绘插图。

［美国］萨拉·康格：《北京信札》

Sarah Pike Conger, 1843—1932

Letters from China: with particular reference to the empress dowager and the women of China

英文版于1909年出版，中文译本于2006年在南京出版社出版（沈春蕾等译）。

康格夫人，美国外交官夫人。1898年，跟随丈夫来到中国，在北京住了7年。1909年，她将自己在北京期间写给家人的书信结集，名为《北京信札》。作为觐见慈禧太后并和慈禧太后有过密切交往的第一个外交官夫人，她对

第七章　游记、回忆录

> Letters from China
> WITH PARTICULAR REFERENCE TO THE
> EMPRESS DOWAGER AND THE
> WOMEN OF CHINA
>
> BY
> SARAH PIKE CONGER
> (MRS. E. H. CONGER)
>
> WITH EIGHTY ILLUSTRATIONS FROM PHOTOGRAPHS
> AND A MAP
>
> CHICAGO
> A. C. McCLURG & CO.
> 1909

慈禧太后直接的观察和评价，为我们研究慈禧太后政治面貌的另一面提供了不可多得的宝贵史料。

《北京信札》是作者与亲朋好友之间的书信合集，共收录了 80 封信件。此书记述了她在中国的见闻，尤其是关于与慈禧及王公贵族女眷的交往，附有地图和大量的照片，如慈禧太后召见七国公使夫人等。

［美国］切蒂:《晚清中国见闻录》

J. R. Chitty
Things seen in China

英文版于 1909 年在美国纽约和英国伦敦分别出版。法文译本于 1910 年在法国巴黎出版，由卢涅·菲利普（Lugné-Philipon）翻译，书名为 *En Chine choses vues*，后又再版。

此书详细记录了作者游历中国的见闻和感受，书内共

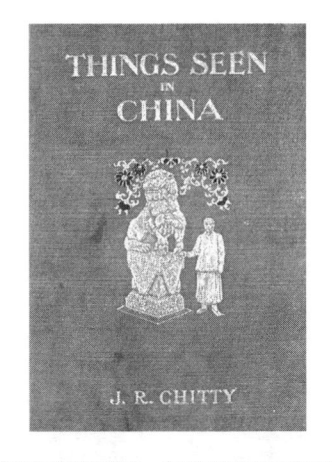

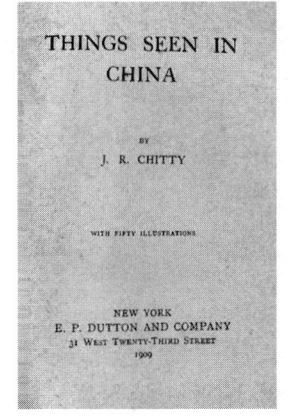

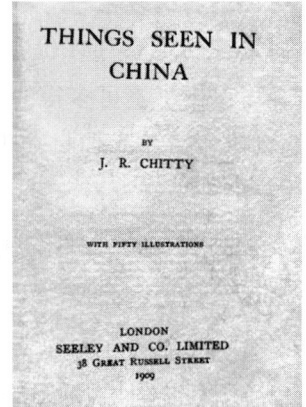

附有清代中国各地的风景、人物、寺庙、民俗等多种题材的插图 50 幅。

[英国] 李通和：《帝国丽影》

Thomas Hodgson Liddell, 1860—1925
China, its marvel and mystery
英文版出版于 1910 年前后，中文译本于 1998 年在光

明日报出版社出版。

李通和，英国画家，英国皇家艺术家学会成员，第一位为慈禧太后画像的外国技师。作者从香港、澳门、广州到上海、苏州、杭州，再转道北戴河、山海关过天津到北京，一路游览清末中国，每到一处作水彩画并著游记。

此书是作者李通和于1907年在中国旅行后图文结合的作品，共有插图约40幅，其中彩色插图35幅。其中涉及北京的有万里长城、山海关、天坛、皇穹宇、圜丘、牌楼、寺庙、鼓楼看北京、煤山、紫禁城城门、北海、颐和园、万寿山、佛香阁、石舫等。

［英国］立德：《旅华五十年拾遗》

Archibald John Little，1838—1908
Gleanings from fifty years in China
英文版于1910年出版。

立德，英国皇家地理学会会员，英国在华著名商人。1898年乘蒸汽船横渡长江，是第一个横渡长江的外国人，也是书写中国的著名作家。他的作品有《穿越长江三峡：中国西部的贸易和旅行》（Through the Yang-ste Gorges, or trade and travel in western China, 1888）等。

此书主要由四个部分组成，共22章。第一部分为贸易和政治：中英贸易、中国西部物产、伦敦和北京、西藏对于英国的价值等；第二部分为游记：重游四川等；第三部分为戏曲和传说：中国戏曲等；第四部分为宗教和哲学：佛教徒、传教士和儒家思想等。

［英国］ 玛丽·胡克：《北京外纪》

Mary Hooker

Behind the scenes in Peking : being experiences during the siege of the legations

第七章　游记、回忆录

> BEHIND THE SCENES IN PEKING
>
> BEING EXPERIENCES DURING THE SIEGE OF THE LEGATIONS
>
> BY MARY HOOKER
>
> WITH ILLUSTRATIONS
>
> LONDON
> JOHN MURRAY, ALBEMARLE STREET, W.
> 1911

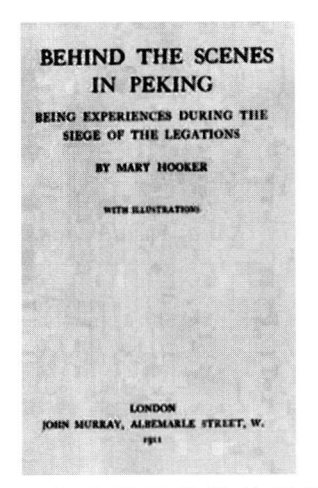

英文版于 1910 年由英国伦敦的约翰·穆莱出版社（John Murray Ltd.）出版，共 209 页。

此书叙述的是作者在北京使馆被围困期间的经历。

［英国］玛丽·克劳馥·弗雷泽：《一位外交官夫人的回忆》

Mary Crawford Fraser, 1851—1922

A diplomatist's wife in many lands

又名《外交夫人世界游记》。英文版于 1910 年在美国纽约出版。

玛丽·克劳馥·弗雷泽，1870 年太平天国运动被镇压后，乘船抵达北京。

书中作者流露出对北京城恐惧的不良印象，还提及中国女人"三寸金莲"即缠足一事。

[英国] 慕雅德:《在华五十年:回忆与观察》

Arthur Evans Moule, 1836—1918

Half a century in China : recollections and observations

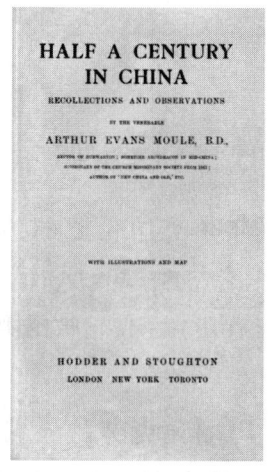

英文版于1911年出版,共343页。

慕雅德,英国圣公会传教士,1861年来华。在宁波、杭州和上海一带传教长达50年。

全书分为11章,是作者在中国50年的见闻,书中有18张照片作为插图。

[荷兰] 亨利·博雷尔:《晚清游记》

Henri Borel

The new China : a traveller's impressions

英文版于1912年由英国伦敦的T. 费希尔·安温出版

第七章　游记、回忆录

社出版，由卡雷尔·蒂姆（Carel Thieme）译自荷兰文。

亨利·博雷尔，时任荷兰阿姆斯特丹《电讯报》驻北京记者，在此期间，恰逢慈禧太后葬礼（1908年），本书对此有详细的记载。

此书英文版共286页，其主要内容有初到北京、紫禁城、北京街道、长安门、喇嘛庙、慈禧葬礼、从景山到大钟寺、寺院、孔庙、五塔寺、颐和园、天坛等。有插图48幅。

［英国］司督阁著，伊·英格利斯·克里斯蒂编：《在满洲首府三十年——司督阁回忆录》

Dugald Christie, 1855—1936

Iza Inglis Christie, 1855—1952

Thirty years in Moukden, 1883–1913: being the experiences and recollections of Dugald Christie, C. M. G.

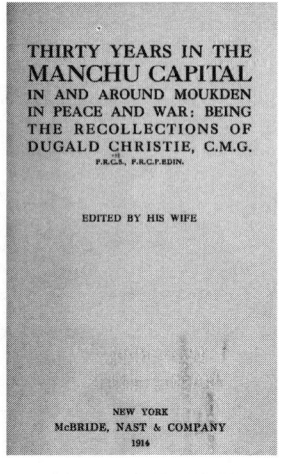

英文版于 1914 年在英国伦敦的康斯戴伯出版公司（Constable and Company Ltd.）出版，同年又在美国纽约出版，书名为：Thirty years in the Manchu capital, in and around Moukden, in peace and war: being the recollections of Dugald Christie, C. M. G.。中文译本于 2007 年在湖北人民出版社出版（张士尊、信丹娜译）。

此书由其夫人伊·英格利斯·克里斯蒂编辑整理。

司督阁，苏格兰人，长期在中国东北传教，是一位著名的医疗传教士，另著有《在满洲十年：1883—1893 年盛京医务传教活动史》（Ten years in Manchuria: a story of medical mission work in Moukden, 1883-1893, 1895）等。

此书共 303 页，附有 24 幅插图。作者通过对自己亲身经历的回忆，形象地描绘出了那个时代的社会历史风貌。

［英国］巴克斯、［英国］濮兰德：《北京宫廷年鉴与回忆》

Edmund Trelawny Backhouse, 1874—1944; John Otway Percy Bland, 1863—1945

Annals & memoirs of the court of Peking

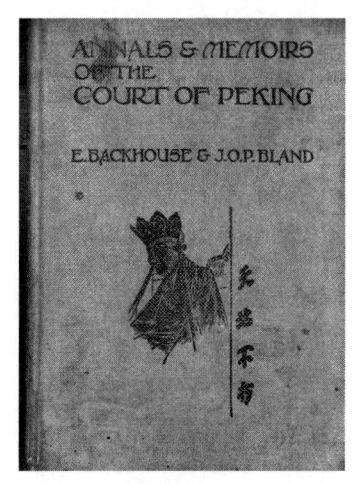

又名《清室外纪》，英文版于1914年在英国伦敦的威廉·海涅曼（William Heinemann）出版公司出版，在出版后最初的18个月里就重印了8次，后多次再版。

本书聚焦北京的宫廷生活，记述了从衰败没落的明朝末期开始，历经清朝建立，到清朝国力开始逐渐强大、清朝灭亡和民国建立。其主要内容有一个声名狼藉的太监、李自成起义与北京沦陷、吴三桂、清王朝的建立、顺治帝、为人父的康熙帝、雍正王朝的忧患、雍正报仇雪恨、乾隆帝、和珅下台、嘉庆王朝的末日初兆、道光王朝来自西方的冲击、咸丰王朝和同治王朝一路下坡、光绪帝愁思纷纷、光绪帝的悲痛、庚子年（1900年）纪事、关于老佛爷、摄政王的朝廷等。

［瑞典］ 斯文赫定：《从北京到莫斯科》

Sven Hedin, 1865—1952
Von Peking nach Moskau

1924年由布罗克豪斯（F. A. Brockhaus）出版社出版，全书共321页。

斯文赫定，瑞典探险家，1885—1930年多次在中亚以及中国西藏、新疆地区探险，其多部作品被译成中文。

［英国］ 柏来乐、荣赫鹏：《从北京到拉萨》

George Edward Pereira, 1865—1923; Francis

Younghusband, 1863—1942

Peking to Lhasa

英文版于 1925 年在英国伦敦的康斯戴伯出版公司（Constable and Company Ltd.）出版，次年美国再版。为柏来乐所撰写，由荣赫鹏整理。

柏来乐，英国探险者、作家和外交官，有准将军衔。1905 年至 1910 年作为英国驻外武官驻扎北京，汉语流利，经常徒步旅行几千英里（1英里约等于 1.6 千米）。他是第一位从北京到达拉萨徒步旅行的欧洲人。1923 年他从云南穿越西藏边界旅行，在即将到达甘孜时生病去世，埋葬在甘孜。

全书共 287 页，附有两张地图（第一张为亚洲总图）和 33 幅图，其中有 32 张黑白图片，以及柏来乐的正面照片。全书共有 22 章：1. 柏来乐；2. 从北京出发；3. 华山；4. 西安；5. 秦岭；6. 汉中到成都；7. 去峨眉山；8. 迅疾的探险；9. 去打箭炉；10. 去兰州；11. 去坦加尔；12. 从西藏出发；13. 玉树到昌都；14. 昌都到拉萨；15. 昌都到拉萨；16. 昌都到拉萨；[1] 17. 回到中国；18. 最后的跋涉；19. 结束；20. 中国的现状；21. 中国学生；22. 初步提议。

［美国］ 郝文德:《与中国土匪同行的十周》

Harvey James Howard, 1880—1956

Ten weeks with Chinese bandits

英文版于 1926 年在纽约出版，此书被翻译成七种语言，八次印刷。

郝文德，美国医生，会说一口流利的中文，1921—1925 年担任溥仪的眼科医生，也是协和医院眼科的创始人。1910 年，他与妻子完婚后便一起来到中国，担任广州基督教大学医学院眼科主任，5 年后返回美国。1917 年再

---

[1] 全书用三个章节（第 14—16 章）讲述了从昌都到拉萨的具体情况，这三章的标题都是"Chamdo to Lhasa"。

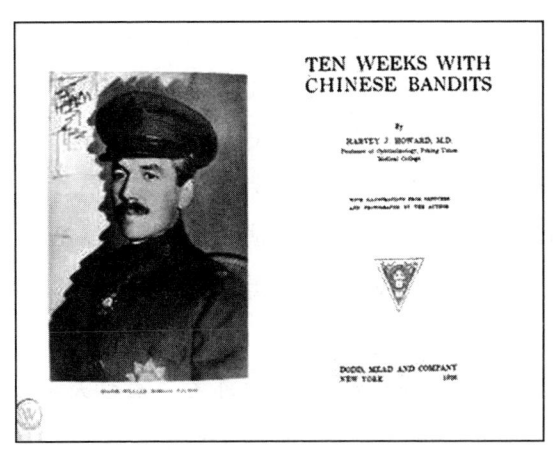

度来到北京并在大学进行眼科教学。

本书主要记述了作者与他 11 岁的儿子吉姆（Jim）被满洲的土匪绑架期间被囚禁的经历。

[美国] 路易丝·乔丹·米恩：《北京往事》

Louise Jordan Miln, 1864—1933
It happened in Peking

英文版于 1926 年在美国纽约 Frederick A. Stokes Co. 出版，共 368 页。同年，英国伦敦的霍德与斯托顿公司（Hodder & Stoughton Ltd.）再版。

米恩，孩提时代曾有机会接触到美国唐人街。19 世纪末，她以演员的身份和同为演员的丈夫乔治·克赖顿（George Crichton）一起来到中国，把自己的这些经历都记录在《一个西方艺人的东方印象》一书中。后来她转而学习东方文化，成了东方文化的崇拜者。米恩关于中国的作品还有《苏州河畔》（Soochow waters）、《山东花园》（In a Shantung garden）、《云南一隅》（In a Yun-nan courtyard）、《沈氏夫妇》（Mr. & Mrs. Sen）、《武先生》（Mr. Wu）、《灯会》（The feast of lanterns）和《稻米》（Rice）等。其主要作品出现在赛珍珠的名作之前，以一种唯美的笔调描述了中国的风土人情，为西方读者认识中国打开了视野，在美国一度极为风行。

［美国］阿灵敦：《青龙过眼——一个在中国政府机构服务的外国人五十年的经历》

Lewis Charles Arlington，1859—1942

Through the dragon's eyes : fifty years' experiences of a foreigner in the Chinese government service

英文版于 1931 年在美国纽约的 Richard R. Smith Inc. 出版。

全书共 348 页，附有 13 幅彩图、11 张黑白照片和 1 幅

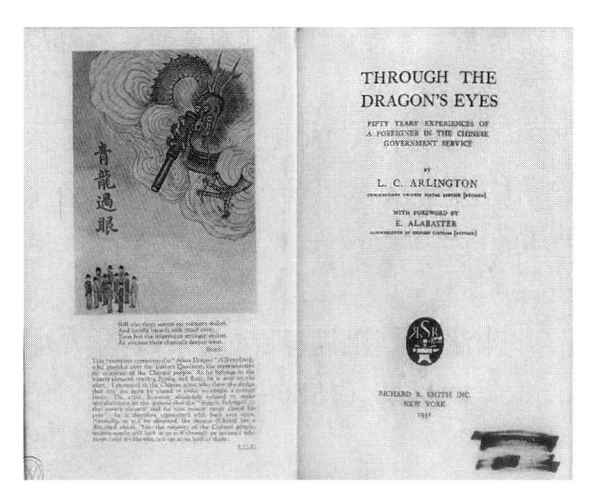

红黑相间的折页地图《18个省和周边地区的总图》，书后有附录。该书基本涵盖了1879—1930年这一时期的中国历史，以及作者对中国及其海关、中国官员、对外关系等的印象。书末的附录涉及1925年的邮政罢工、冯玉祥、中国国民党及其制度、海关等。书中照片包括李鸿章、穿着中国服装的作者、冯玉祥以及汪精卫等人的照片。

［英国］彼得·奎奈尔：《浅游东京和北京》

Peter Quennell，1905—1993

A superficial journey through Tokyo and Peking

1932年由英国伦敦的费伯与费伯出版社（Faber & Faber Limited）出版，1934年再版，1986年牛津大学出版社（Oxford University Press）再版。

彼得·奎奈尔是诗人、评论家、传记作家，1992年被封为爵士。父母是著名的社会史学家。他从小就写诗，17

岁出版了他的第一本诗集《面具和诗歌》（*Masques and Poems*）。

此书是一部游记，共 250 页，分四个部分。关于北京的主要内容有小河、宫殿、庙宇鸟瞰、宴会、乡下、演出等。书内附多幅照片。

［法国］谢满禄：《北京四年回忆录（1880—1884）》

Comte de Semalle，1849—？

Quatre ans a Pékin，Août 1880–Août 1884，*le Tonkin*

法文版于 1933 年在法国巴黎出版。

谢满禄，又名谢满梁，曾任法国驻北京使馆秘书。谢满禄在京期间曾经拍摄过大量北京地区的历史古迹的照片，其中有圆明园木构建筑照片。他是目前已知拍摄过圆明园木构建筑在 1900 年被彻底破坏前的遗存最多的一位摄影师。

本书为作者于 1880—1884 年任法国驻北京使馆秘书等职期间的回忆录。全书共 279 页，并附有照片。

［英国］菲尔普斯·豪吉斯：《英国军团：战争的伟大历险记》

Phelps Hodges

Britmis：a great adventure of the war——being an account of allied intervention in Siberia and of an escape across the Gobi to Peking

英文版于 1931 年在英国伦敦的乔纳森·凯普（Jonathan Cape）出版公司出版。

菲尔普斯·豪吉斯，英国军团上校，在西伯利亚地区活动。占领跨西伯利亚铁路几个月后，苏俄红军进攻，白人撤退，军队溃败，豪吉斯和同伴为了不被逮捕而逃跑，穿过唯一路线——向南穿过荒凉的戈壁沙漠,到达中国。参加了一个游牧商队,他们安全到达上海,豪吉斯得以生存下来,并讲述了这个惊心动魄的故事。

此书共 364 页,是他随军战斗的回忆录。书名中"Britmis"是"British Mission"英国军团的缩写,指的是 1918 年苏俄内战,主要内容为英军声援西伯利亚以及从戈壁逃亡北京的记述。

[瑞典] 斯文赫定:《热河——帝王之城》

Sven Hedin,1865—1952

Jehol:city of emperors

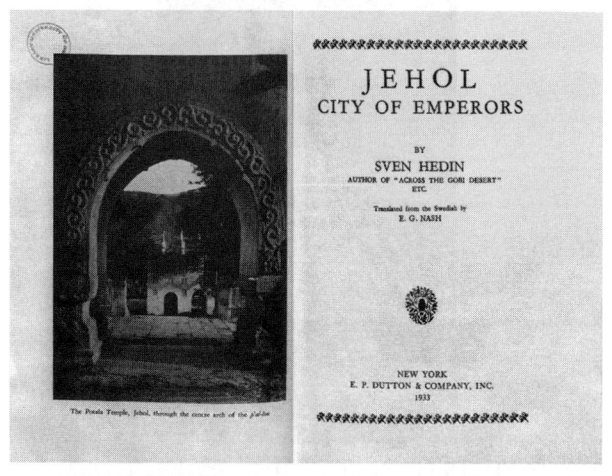

原文用瑞典文写成,1932 年英文版由伦敦 Kegan Paul, Trench, Trubner & Co. Ltd. 出版(E. G. Nash 译),1933 年再版于纽约 E. P. Dutton 出版社。

全书共 278 页,13 章,有 62 幅照片。其主要内容有康熙帝、乾隆帝、承德、寺庙和热河的故事等。书后有人物和地点的索引。

[美国] 孟佳莲：《西方旅行者在中国》

Frances Markley Roberts, 1901—1975

Western travellers to China: a personalized story of China's relations with the west in religion, commerce, diplomacy and culture, during eleven centuries

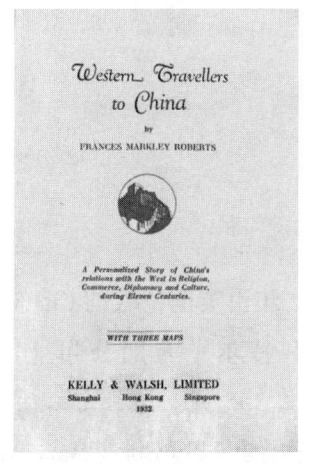

英文版于 1932 年由别发洋行出版，共 178 页。

孟佳莲，曾任上海圣约翰大学（Shanghai St. John's University）历史系讲师，在中国生活了 32 年。

其主要内容为 11 世纪的西方旅行者在中国的见闻，见闻涉及宗教、商业、外交和文化等方面的内容，书中附有 3 张地图。

［英国］ 安·布里奇：《北京野餐》

Ann Bridge, 1889—1974
Peking picnic

英文版于 1932 年由英国伦敦的 Chatto & Windus 出版社和美国波士顿的利特尔·布朗公司（Little, Brown, and Co.）联合出版，共 355 页。

安·布里奇是玛丽·奥玛利（Mary Ann Dolling Sanders O'Malley）的笔名。她于 1925 年至 1927 年跟随英国外交官丈夫欧文·奥玛利（Owen St. Clair O'Malley）到中国北京。此书一经出版，就受到很大欢迎，获得《大西洋月刊》10000 美元奖励的殊荣。她一生创作了 14 部小说，素材大多来自她国外的旅居生活。她生前文采斐然，但去世后其作品被评论界认为是娱乐性的游记。

此书是以北京为背景创作的小说，记述了在北京的欧洲外交官在军阀混战时期的生活。

［法国］夏尔·库赞·蒙托邦:《1860 年征战中国——蒙托邦回忆录》

Charles Cousin Montauban, 1796—1878

L'expédition de Chine de 1860: souvenirs du général Cousin de Montauban comte de Palikao

法文版于 1932 年由夏尔·库赞·蒙托邦后人整理在巴黎出版, 中文译本于 2011 年在中西书局出版（王大智、陈娟译）。

夏尔·库赞·蒙托邦, 法国将军和政治家, 对华远征军总司令。曾迫使清廷签订《天津条约》, 1860 年曾在八里桥一战中大获全胜, 因此获拿破仑三世赐封"八里桥伯爵"（Comte de Palikao）爵位。蒙托邦将军反对焚毁圆明园。

此书共 450 页, 详述了当年远征中国的具体情况。其中涉及北京的内容有进军北京、张家湾、八里桥之役、攻占圆明园、占领北京、签订和约等。

［英国］傅勒铭:《人们的客人：中国旅行记》

Robert Peter Fleming, 1907—1971

One's company, a journey to China in 1933

英文版于1934年在英国伦敦的乔纳森·凯普出版公司（Jonathan Cape）出版。

傅勒铭，又名弗莱明，英国冒险家和旅行家。曾任《泰晤士报》记者。另著有《鞑靼通讯：从北京到克什米尔》（ News from Tartary : a journey from Peking to Kashmir, 1936）、《北京围困记》（ The besiege at Peking, 1959）、《刺刀向着拉萨：1904年英国侵略西藏详记》（ Bayonets to Lhasa : the first full account of the British invasion of Tibet in 1904, 1961）。

全书共319页，书中附有16张黑白照片，包括1张正面照和1张折叠地图。这是作者的第二本书，是他从伦敦出发，乘坐西伯利亚铁路穿越俄罗斯抵达饱受战争蹂躏的中国的7个月旅行记录，其中包括他与蒋介石非常短暂的会面。此书在当时是一种全新的游记写作方式。

［法国］莫里斯·德哥派拉：
《孔夫子穿上燕尾服》

Maurice Dekobra，1885—1973

Confucius en pull-over，*ou*，*le beau voyage en Chine*

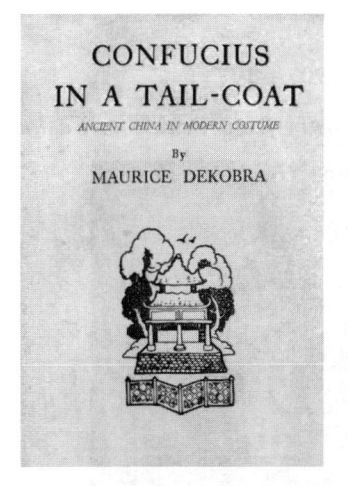

法文版于1934年出版；英文译本于1935年在伦敦出版，书名为 *Confucius in a tail-coat*，由梅特卡夫·伍德（Metcalfe Wood）译。

莫里斯·德哥派拉，汉学家，为法国小说家欧内斯特·莫里斯·泰西耶（Ernest Maurice Tessier）的笔名。作者19岁时，成了一名会讲三种语言（法语、英语、德语）的记者，晚清民国初年，曾游历中国，其中在北京还租住过四合院。另著有《他的中国妃子》（*His Chinese concubine*，1935）等。

此书描绘了作者在上海、杭州、北京、广州和云南等地的经历。书中附有33幅北京建筑、广东砍头、上海舞女等老照片。

［英国］ 傅勒铭：《鞑靼通讯：从北京到克什米尔》

Robert Peter Fleming, 1907—1971

News from Tartary: a journey from Peking to Kashmir

英文版于1936年在英国伦敦的乔纳森·凯普（Jonathan Cape）出版社出版。

第七章　游记、回忆录

全书共394页，附有57幅图。作者在此书中毫无保留地描述了1935年2月16日，作者同瑞士女旅行作家艾拉·k.麦拉特（Ella k. Maillart）通过坐卡车、骑骆驼、骑小马和步行等从中国的北京到印度的克什米尔的一次陆上旅行，历时7个月，行走了3500英里。但是他们对于此次旅行的看法和观察的内容有很大不同，麦拉特将此行记录在《禁忌之旅：从北京到克什米尔》中。此书共7部分：1.走向麻烦；2.牙齿的皮肤；3.走向蔚蓝；4.无人之地；5.没有野餐；6.荒芜的马路；7.世界屋脊。

［瑞士］艾拉·k.麦拉特：《禁忌之旅：从北京到克什米尔》

Ella k. Maillart, 1903—1997

Forbidden journey : from Peking to Kashmir

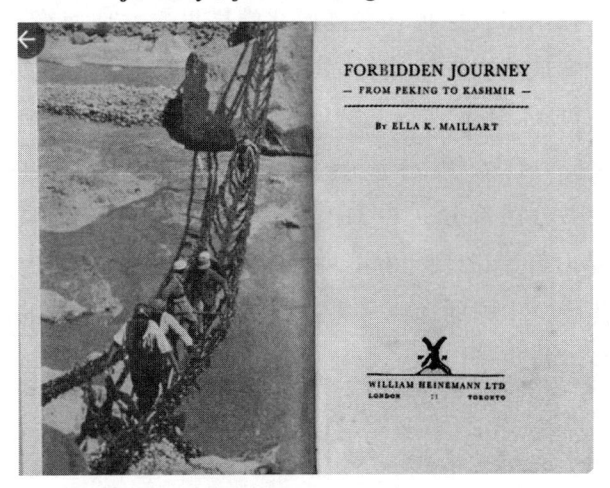

又名《难以抵达的绿洲》。英文版于1937年在英国伦

敦的威廉·海涅曼出版公司出版，当年即多次再版。1938年、1940年、1949年、2003年又多次再版。法文版由托马斯·麦克格雷维（Thomas McGreevy，1893—1967）翻译，至今已有6个版本。

艾拉·k.麦拉特，瑞士冒险家、旅行作家、摄影家，能熟练用英语、法语两种语言写作。1930年开始，她开始探索东方的共和国苏联，以及亚洲其他国家，出版了一系列著作。现今，她的摄影和著作被认为是见证历史的有价值参考。1934年法国日报《小巴黎人》（Le Petit Parisien）派她到中国东北汇报日本占领下的局势。在东北她遇到著名作家和《泰晤士报》记者傅勒铭（Robert Peter Fleming），二人结伴于1935年开始从北京出发到印度的斯利那加（Srinagar），途经沙漠地区和陡峭的喜马拉雅峭壁，历时7个月，二人乘火车、搭货车、徒步、骑马和骑骆驼，目的是想确定新疆局势。比较不同的是，他们从青海格尔木到克什米尔，穿越青藏高原北端塔里木盆地南缘的一段旅程。完成这次探险旅行后，麦拉特将这个旅行记录在此书，傅勒铭记录在《鞑靼通讯：从北京到克什米尔》（News from Tartary：a journey from Peking to Kashmir，1936）。

全书分两部分，共312页，有64幅插图、3幅地图。其主要内容有北京、中国内部、西安、首次与权贵交难、西宁焦躁、中国的远西、唐古特人村落、世界之端的房子、穿越塔克拉玛干沙漠、新疆、和田、喀什、再见中国等。

[意大利] 丹尼尔·华蕾:《含笑的外交官》

Daniele Varè, 1880—1956
Laughing diplomat

英文首版于 1938 年在英国伦敦的约翰·穆莱出版社(John Murray Ltd.)出版,后多次重印。

丹尼尔·华蕾,意大利外交家。1912—1920 年任意大利驻华使馆头等参赞,曾兼代办。1927—1930 年任意大利驻华公使,1928 年代表其政府与中华民国政府签订了《中意友好通商条约》。他著作很多,除本书外,还有《一位驻华外交官笔下的慈禧》(*The last empress*, 1936)等。

全书共 455 页。这是一本关于 1900—1930 年意大利外交官生活的精彩回忆录。作者在一战前被派往北京,关于当时北京的出行工具,作者在书中记载"骑马去跑马场、去西山、去颐和园,甚至在北京城内也骑马往来,比如去天坛或北堂"。

［英国］奥斯伯特·西特韦尔：《跟我走！一部东方的素描书》

Osbert Sitwell, 1892—1969
Escape with me ! an oriental sketch-book

英文版于 1939 年英国伦敦的麦克米兰出版公司（The MacMillan Co.）出版，次年再版。

奥斯伯特·西特韦尔，英国作家，致力于文学与艺术。写讽刺和严肃诗歌、小说和评论。在他 40 岁的时候，热衷旅行的他来到北京，停留了 4 个月。出版商打算让他写一本关于中国的左翼书，但他厌倦政治。正如他在前言中表达的，他只是关心中国，这是一本关于中国的旅行书。

此书是作者参考了以前的一些写北京的图书写成。共有 340 页，附有 16 幅图。分上下编，上编题为"异域图景",下编题为"北京景观"。共分8章：1. 第一圣爆竹；2. 北京一天的所见所闻；3. 张和中国人；4. 去年的财富；5. 紫禁城；6. 梧桐树；7. 令人肃然起敬的祖先堂；8. 北京：小夜曲和黎明曲。

［美国］格拉姆·裴克:《穿过中国的长城》

Graham Peck, 1914—1968
Through China's wall

英文版于1940年出版于美国纽约，次年再版于伦敦，共318页，并有多幅插图。

格拉姆·裴克，美国作家、画家，出版多部与中国相关的书籍。

[奥地利] 斐士：《1894—1940年在华旅行记集》

Emil Sigmund Fischer, 1865—1945
Travels in China, 1894-1940

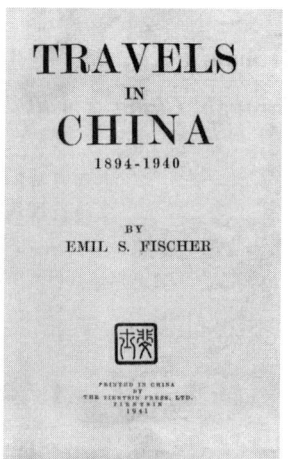

英文版于1941年由天津印字馆（Tientsin Press）出版。

斐士，出生在维也纳，银行家、旅行家，1894年来到中国，清华学堂（清华大学前身）的承建者，天津顺泰洋行的开办人，1941年被日本人关进监狱，1945年在狱中死去。还著有《京师地志指南》（*Guide to Peking and its environs near and far*）、《去往安徽》（*A trip into Anhui*）、《穿过江南和浙江的产丝和产茶的地区》（*Through the silk and tea districts of Kiangnan and Chekiang*）、《跨西伯利亚之路》（*The Trans-Siberian route*）等。

全书共 343 页，附有老照片和地图 70 余幅，末附内地 18 省彩色地图折页 1 张。

［美国］哈雷特·阿班：《我的中国岁月》

Hallet Edward Abend，1884—1955
My years in China：1926-1941

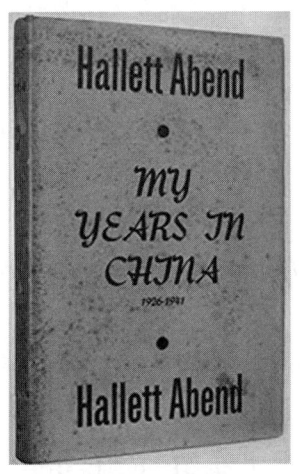

英文版出版于 1944 年，中译本于 2015 年由译林出版社出版（寿韶峰译）。

此书有些版本亦作《中国十五年》（*15 years in China*）主要内容为作者作为一名新闻记者在中国生活 15 年的经历和见闻。

第八章
文学、期刊

［英国］丹尼尔·笛福:《鲁滨逊历险记续记》

Daniel Defoe, 1660—1731

The farther adventures of Robinson Crusoe

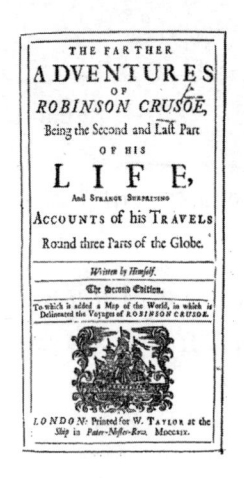

英文首版于 1719 年出版。

丹尼尔·笛福,英国作家、新闻记者。被誉为"欧洲小说之父""英国小说之父"和"英国报纸之父"等,是

英国启蒙时期现实主义小说的奠基人。1719 年出版长篇小说《鲁滨逊漂流记》

全书共 16 章。书中鲁滨逊来到中国的南京、北京以及长城以外的蒙古地区，小说中中国的城市、生活、贸易、军队等一切都不如欧洲，他在北京跟随商队穿过无人烟的沙漠，遭遇蒙古人的围追等。书中充斥着对中国的歧视、偏见和傲慢。主人翁旅居北京 4 个月，但是小说中对北京的景致一概不提，仅有的对长城的描述是作者对北京建筑的唯一一次正面描写。在此小说中作者随意建构中国形象。

［法国］托马-西蒙·格莱特：
《达官冯皇的奇遇——中国故事集》

Thomas-Simon Guelletee，1683—1766

Contes chinois ou les avantures merveilleuses du mandarin Fum-Hoam

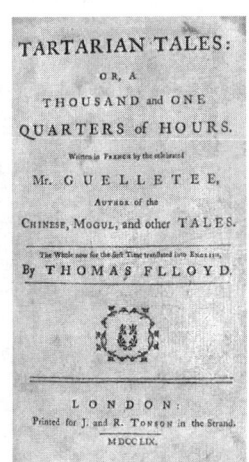

法文版于 1733 年出版；英文版（*Tartarian tales ; or, a thousand and one quarters of hours*）于 1759 年在伦敦出版，后有再版；中文译本于 2006 年由上海书店出版社出版（刘云虹译）。

托马-西蒙·格莱特，法国 18 世纪著名宫廷作家，擅长写传奇故事、短剧。做过巴黎大法官、皇家事务律师，和法国宫廷走得很近。他没有到过中国，他的中国故事都是杜撰的。除本书外，他还写过《鞑靼故事》（1712）、《蒙古故事》（1732）和《秘鲁故事》（1759），与本书一起号称"四大传奇"，在当年都是畅销书。

［法国］ 钱德明译注：《御制盛京赋》

Jean-Joseph-Marie Amiot, 1718—1793

Éloge de la ville de Moukden et de ses environs ; poeme composé par Kien-Long, empereur de la Chine & de la Tartarie, actuellement régnant

1770 年法文版在巴黎出版，有不同出版商出版。

钱德明，法国汉学家，把《孙子兵法》介绍到欧洲的第一人。1751 年抵达北京，长期供职朝廷，在宫廷中教授西学，居留北京 43 年，为耶稣会中国传教团最后一任会长。

《御制盛京赋》，清高宗弘历撰，傅恒等编校。钱德明将其翻译并在巴黎发表，是《御制盛京赋》在西方传播的开始。伏尔泰看了法文版的《御制盛京赋》后，作诗赠给乾隆帝，称赞他"像一位作家或许比像一位皇帝更多些，是权力无边的君主，又是帝国最优秀的诗人"。

［英国］米怜等编：《印中搜闻》

William Milne，1785—1822

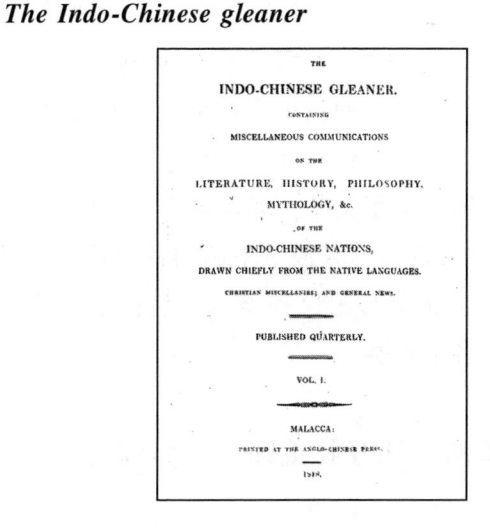

The Indo-Chinese gleaner

此英文季刊于 1817—1822 年在马六甲（Malacca）陆

续刊行，五年共出版 3 卷 20 期。其中，第一卷为 1—6 期（1817 年 5 月—1818 年 10 月），第二卷为 7—14 期（1819 年 1 月—1820 年 10 月），第三卷为 15—20 期（1821 年 1 月—1822 年 4 月）。此刊除了按期刊行，还增设合订本，3 卷共 1001 页。由米怜和马礼逊共同创办，具体的编辑和发行工作由米怜负责。该刊的主要撰稿人有米怜、马礼逊、麦都思（Walter Henry Medhurst, 1796—1857）等。

米怜，19 世纪初被英国伦敦会派往中国的传教士。由于当时中国的禁教政策，米怜的主要活动在马六甲展开：英译《圣谕广训》、协助马礼逊汉译《圣经》、创办中文期刊《察世俗每月统记传》、办印刷所、著述宣教手册、兴办英华书院（Anglo-Chinese College）等。

《印中搜闻》，又名《印支搜闻》《印华搜闻》《印中拾遗》和《中印拾遗季刊》等。其主要内容不仅包括传道会在东方的动态、通信、报道和传教进展，还囊括了包括中国、印度、日本、朝鲜和南洋等在内的各地历史、哲学、文学、风俗和信仰及社会的报道和评论。部分文章甚至以中国为主要关注对象，有些文章为《京钞》的翻译，也有些文章为介绍中国的书籍文献，如连载十三期的《中国书目》（Bibliotheca Sinica）。其涉及中国的社会信仰与习俗、政治与法律、社会状况与国民性格等，包揽了中国皇帝、官僚和普通百姓各个阶层。

［俄罗斯］ 比丘林编译：《北京志》

Hyacinth Bitchurin, 1777—1853

Description of Peking

俄文译本于 1829 年在圣彼得堡出版，若不计出版批准书（的页数），书的页数只有 148 页。同年法文译本由费利·德·比尼（Ferry de Pigny）经俄文译成法文（*Description de Pèkin avec un plan de cette capitale*）。

比丘林，俄国汉学家，俄罗斯中国学、东方学创始人，俄罗斯科学院通讯院士。1807 年抵达北京，曾经翻译了"四书"、《三字经》、《通鉴纲目》等中国典籍，著有《汉文启蒙》等词典和语法书，以及多部关于中国民俗、地理的著作。

此书为吴长元的北京历史指南《宸垣识略》（1788）的俄文部分译本，书中配有俄法双语标注的单张北京城市平面图，图高 123 厘米，横长 89 厘米，铜版印刷，手工上色。此书在很长一段时间内为西方研究北京历史的唯一的资料来源。

［英国］ 德庇时：《汉文诗解》

John Francis Davis, 1795—1890

Poeseos Sinicae commentarii. The poetry of the Chinese

英文版于 1829 年首次发表在《皇家亚洲协会论文集》（*Transactions of the Royal Asiatic Society of Great Britain and Ireland*）第二卷第 1 期（第 393~461 页）上，后多次再版。其 1830 年和 1834 年的版本书名为：*Peoseos Sinensis commentarii. The Poetry of the Chinese*。

此书第一部分讨论了中国的诗词，第二部分是对中国

诗歌的风格和精神的总体看法。此书书名和书中汉文诗有中文翻译，当时书中的汉字是用皇家亚洲协会从中国引进的原始字体制作的。

[美国] 裨治文、[美国] 卫三畏：《中国丛报》

Elijah Coleman Bridgman, 1801—1861; Samuel Wells Williams, 1812—1884

Chinese repository

此英文刊物于 1832—1851 年在广州等地陆续刊行，由裨治文创办，主要主编为裨治文和卫三畏。

裨治文，新教美国公理会在华传教士。1830 年来广州，从马礼逊学习汉语。1838 年开设博济医院。1839 年任林则徐的译员，曾到虎门参观焚毁鸦片。曾参与订立《望厦条约》，曾创办并主编《澳门月报》，1861 年在上海去世。

此刊集时事报道、宗教传播和学术研究为一体，其中发表了大量关于中国的学术论文，涉及中国的历史、哲学思想、社会面貌、道德风貌、语言文字、外交、法律政治、社会信仰、文化等。

［美国］布雷特·哈特：《无宗教信仰的中国佬和打油诗》

Bret Harte, 1836—1902
That heathen Chinee and other poems mostly humorous

英文版于 1871 年在英国伦敦的约翰·卡姆登·雷滕（John Camden Hotten）出版社出版，全书 140 页。

布雷特·哈特，又名布勒特·哈特，小说家，美国西部文学的代表作家。另著有《咆哮营的幸运儿》（1870）等中短篇小说。

［英国］德尼克：《中国的民间传说及其与雅利安和闪米特种族民间传说的密切关系》

Nicholas Belfield Dennys，1813—1900

The folk-lore of China, and its affinities with that of the Aryan and Semitic races

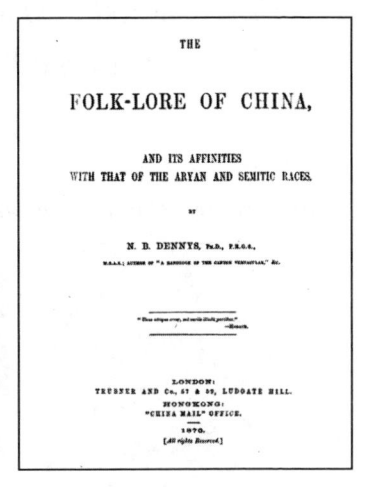

英文版于 1876 年出版。

[德国] 穆麟德、[德国] 穆林德：《汉籍目录便览》

Paul Georg von Möllendorff，1848—1901；Otto Franz von Möllendorff，1848—1903

Manual of Chinese bibliography : being a list of works and essays relating to China

英文版于 1876 年在上海别发洋行出版。

穆林德，穆麟德之弟，于 1883 年至 1884 年任驻广州领事。虽曾在华任职长达 9 年，但他并没有东方学的学术背景，之后也无后续汉学作品。

此书目分中国语言和文学、中华帝国、中国边地三大部分，汇集自 17 世纪直至 1876 年总计 4639 条文献，书后附作者索引。此书是目前所知西方最早的汉学目录，比法国汉学家考狄的《西人论中国书目》早两年问世。事实上，此书目主要编写工作由穆麟德一人完成。

[法国] 保罗·迪瓦：《西加勒在中国》

Paul d'Ivoi，1856—1915

Cigale en Chine

法语版于 19 世纪末在巴黎 Ancienne Librairie Furne Combet & Cie 出版社出版。

保罗·迪瓦是法国著名的科幻探险小说家，还著有

《怪诞旅行记》（*Les voyages excentriques*，1894—1915）系列小说 21 部。

全书共 462 页，书中附有 3 幅北京地图。这是一部虚幻小说，以庚子事变为背景，勾勒了主人公法国人西加勒以俄罗斯沙皇密使身份在中国的经历，以及慈禧、芦花公主和法国人洛雷等人物的故事。小说还生动地描写了西加勒所到之处，如老北京、清宫、白河和天津小站等。全书共有两部分：第一部分为芦花公主和围攻使馆区。第二部分描写了外国使馆区被包围后被侵占的北京，以芦花公主与洛雷的喜结良缘为主线。

《小日报》

Le petit journal

也称为法国《小报》，是法国重要的廉价报纸之一。其中涉及主题包括：中国皇帝接见法国大使、1896 年

李鸿章总督出访欧洲、义和团运动、中国的饥荒、满洲里的瘟疫、八国联军进军北京、北京失陷、清朝的太后、清太后和皇帝驾崩、慈禧太后和光绪帝的遗体在长寿宫和中国欧洲服饰法的讨论等。

［意大利］威达雷编：《北京儿歌》

Baron Guido Vitale，1872—1918

Chinese folklore：Pekinese rhymes first collected and edited with notes and translation

英文版于 1896 年由北京天主教北堂印书馆出版。

威达雷，意大利外交官，长居于北京，1893—1899 年为意大利驻华使馆译员，1899—1915 年为汉文正使。另编有《汉语口语初级读本》（*A first reading book for students of colloquial Chinese*，1901）等。

本书以中英文对照形式出版，全书共 220 页，共收集

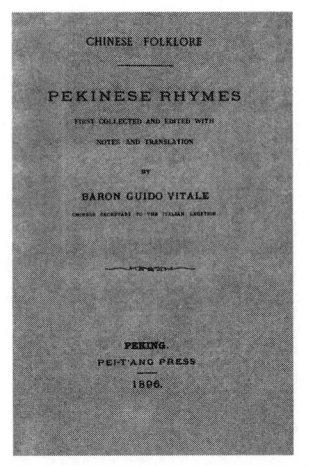

了 170 首北京地区的歌谣。其间又插入了对许多深奥隐晦的内容的注释，对于简约的儿歌中为传唱者所习以为常的风俗和隐喻，也作了必要的说明。

查尔斯·汉南:《北京的俘虏》

Charles Hannan

The captive of Peking or a swallow's wing

英文首版于 1897 年出版，后有再版。此书为小说。全书共 363 页，内有 25 幅插图，以北京为题材。

［美国］何德兰编:《孺子歌图》

Isaac Taylor Headland, 1859—1942

Chinese mother goose rhymes

英文版于 1900 年由美国纽约的弗莱明·H. 拉维尔公司（Fleming H. Revell Company）出版，同年有不同出版社出版多个版本。

此书为清末的一本儿歌童谣书，以中英文对照形式出版，并附有与儿童游戏等歌谣内容相关的民俗风情图片，作者以北京地区的歌谣为采集对象，整理了 150 首北京歌谣，是早期北京地方文化和幼儿教育的珍贵实物资料，对研究老北京儿歌及民俗极具参考价值。

［法国］考狄编：《西人论中国书目》

Henri Cordier，1849—1925

Bibliotheca Sinica : dictionnaire bibliographique des ouvrages relatifs a l'empire chinois

1881 年在巴黎首版；1904—1908 年第二版，4 卷；1922—1924 年补编 1 卷，共计 5 卷。2017 年中华书局影印

出版（新增张西平序言等）。

此书目是西方自16世纪中叶至1921年左右关于汉学研究的总目，包括各种欧洲语言写成的有关中国的专著、文章和书评等，比较全面地反映了早期西人研究中国的状况，是西方汉学史上第一部比较完整的汉学书目。

［英国］朴笛南姆·威尔：《老北京的浪漫人文》

B. L. Putnam Weale, 1877—1930

The human cobweb : a romance of old Peking

又译《关系网：老北京的浪漫》，此英文小说于1910年在纽约和伦敦出版。

朴笛南姆·威尔是辛普森的笔名，英国人，1877年出生于中国宁波，宁波中国海关税务司辛盛之的次子。后进入中国海关总税务司署。1902年投身新闻业，先后任一些英国报纸驻北京的通讯员，辛亥革命后，任伦敦《每日电讯报》（The Daily Telegraph）驻北京记者。1916年被黎元洪聘为总统府顾问；1922—1925年兼任张作霖的顾问，其间创办了当时北京最大的英文报纸《东方时报》。1930年在天津遇刺身亡。

［美国］安妮斯·洪特、［美国］艾伯丁·兰德尔·惠兰：《中国孩子的日常》

Anice Terhune，1873—1964；Albertine Randall Wheelan，1863—1954

A Chinese child's day

英文首版于1910年出版，此书是以中国元素为题材的英文儿歌，此书作者为安妮斯·洪特，插画师为艾伯丁·兰德尔·惠兰。

艾伯丁·兰德尔·惠兰，美国插画家、漫画家和服装设计师，曾为儿童读物和杂志作画。此书在当年儿童文学作品中获得了《纽约时报》的赞誉。

书中共包含 15 首歌曲和 17 幅插图。

［英国］翟林奈:《钦定古今图书集成（按字母顺序的）索引》

Lionel Giles, 1875—1958

An alphabetical index to the Chinese encyclopaedia

此书出版于 1911 年。

翟林奈，又被称为小翟理斯，学者、翻译家，汉学家翟理斯之子，出生于中国。1900 年进入大英博物馆工作，历任助理馆长、东方图书与写本部（Department of Oriental Manuscripts and Printed Books）部长，负责中文图书的管理。他曾将《孙子兵法》《论语》等中国古代著作翻译为英文。

［美国］欧格非：《周慕西》

Charles L. Ogilvie，1881—1919
The life of Moses Chiu
1916 年英文版在上海出版。

欧格非，汉学家，同时也是周慕西的好友、教友。除本书外，作者还和他人合著了《伊斯兰汉文及汉阿文分类书目》（*A classified bibiography of books on Islam in Chinese and Chinese-Arabic*，1907）等。

周慕西，1910 年获得博士学位，是首批在德国获得博士学位的中国人之一。1911 年春，应北京大学的聘请，任北京大学哲学系教授。此外，他还是全国基督教男青年会的委员、北京分会的主席。他离世后遗留约 2000 册神学和哲学书，由其夫人全部捐赠北京大学图书馆。

［美国］查尔斯·普鲁登·巴克曼：《燕游诗草》

Charles Pruden Barkman，1892—1980
Peking and other poems
英文版于 1923 年在上海商务印书馆出版。

查尔斯·普鲁登·巴克曼，美国人，出生于新泽西。还著有《为中国学生的世界战争阶段历史》（*A history of the world war period for the Chinese students…*，1926）。

全书共 118 页，收录了有关北京的 47 首诗歌，主要涉及天坛、长城、学生运动、城门、房山等内容。

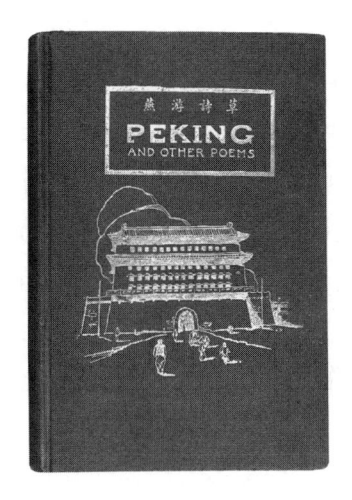

[美国] 斯黛拉·费什·步济时:《北京商队》

Stella Fisher Burgess, 1881—1974
A Peking caravan

英文版于 1924 年由 Truth Hall Press 出版,同年出版了

第二版。

斯黛拉·费什·布济时，美国诗人、翻译家。出生于日本，父母是在日本传教的美国沉浸会传教士。她在日本为基督教青年会服务，其间认识了丈夫约翰·斯图亚特·步济时（John Stewart Burgess, 1883—1949）。二人结婚后，1909 年来到中国北京，幸福地生活至 1917 年，才回到美国纽约。

全书收集了作者创作的 20 余首描写北京风光、民俗的诗歌。

［意大利］贾科莫·普契尼：《图兰朵》

Giacomo Puccini，1858—1924
Turandot

意大利语版三幕歌剧于 1926 年首演。

贾科莫·普契尼，意大利歌剧作曲家，代表作有《波希米亚人》(*La bohème*，1896)、《托斯卡》(*Tosca*，1900)与《蝴蝶夫人》(*Madama Butterfly*，1904)等歌剧。

此歌剧为普契尼根据童话剧改编而成，是其最伟大的作品之一，也是他一生中最后一部作品，其中最后的一幕是由弗兰科·阿尔法诺（Franco Alfano）根据普契尼的草稿来完成的。《图兰朵》讲述的是西方人想象中的中国传奇故事，这个故事发生在中国元代北京城。

［中国］ 王文显:《梦里京华》

John Wong-Quincey，1886—1968
Peking politics

又名《北京政变》，1928 年在美国的耶鲁大学剧院演出。

王文显，著有英文话剧《爱情与婚姻》(*Love and marriage*)、《委曲求全》(*She stoops to compromise*) 等。

这是一部以袁世凯称帝的故事为原型的话剧，作者试图以一个引介者的姿态，通过一部以"袁世凯、蔡锷和小凤仙"为主角原型的、看似与普遍的中国生活相距甚远的话剧剧本，向他所预设的理想观众——对中国和中国人有着偏颇之见的西方人展示一幅真实的中国图景和他所认为的中国人的样貌。此话剧在耶鲁大学首演并引起较大反响。

[英国] 翟理斯:《中国文学史》

Herbert Allen Giles, 1845—1935
History of Chinese literature

英文版出版于 1928 年。

作者第一次系统地向西方读者展示了中国文学的概貌,同时,本书译介了大量中国文学作品。

[美国] 葛来思:《中国探险》

Dorothy Graham, 1893—1959
The China venture

英文版于 1929 年在美国纽约 Frederick A. Stokes Co. 出版。

此书为以中国为背景的小说。讲述的是三代美国人在

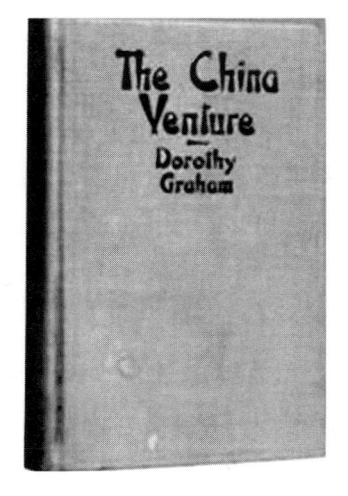

中国的故事,小说中有年轻商人的浪漫主义,其凄美的故事发生在广州,小说中第三代人物还经历了1900年义和团起义。

张则之编译:《北平民歌童谣》

Kinchen Johnson
Chinese folklore : Peiping rhymes

此书于1932年在北平商务印书馆出版。为中英文对照形式,书页左侧为民谣,右侧为英文散文体。

此书作者经过精心筛选,将北京附近的214首民谣收集成册,译成英文,这些民谣题材大多以花鸟、动物、食物、孩子、职业、身体部位、商业为主。由于这些民谣很难翻译成诗,为了忠于原文,作者采用散文体翻译。内容包括:《日头出来一点红》《小二哥》《大秃子得病》《火车一拉鼻儿》《娶媳妇儿的》《喜鹊尾巴长》《黄狗黄狗你看家》《高高山上一窝猪》《为人不当兵》《东直门》《一什么一腊月八》《寿星老儿福禄星》……

张则之，翻译家，毕业于北洋大学，曾任教于国立北平大学第二师范学院和国立北平师范大学。其著译作品大多署名"黔阳张则之"，常用英文署名"Kinchen Johnson"。编撰过《中英翻译集锦》（A collection of Sino-English traslations），翻译过《华兹华斯的诗歌作品》（Wordsworth's poetical works）、《27首最好短篇小说》（Twenty-seven best short stories）及《一百首著名诗歌》（One hundred famous poems）。

［美国］白瑞华：《中国近代报刊史》

Roswell Sessoms Britton，1897—1951
The Chinese periodical press

英文版于1933年出版，中文版于2013年在中央编译出版社出版（苏世军译）。

白瑞华，美国人，另著有《甲骨五十片》（Fifty Shang inscriptions，1940）等。

全书共11章，书后有2个附录。此书介绍了近代报刊诞生而本土期刊消亡时期的中国报刊概况。其主要内容有：本土报刊和公报、西方报刊的引入、中国人对外国报刊的反应、王韬与香港报纸、条约口岸的外国期刊、《申报》与其他上海报、报纸发展概况、梁启超与改良报刊、当局与新兴报刊、革命报刊、新报刊与旧报刊等。

[法国] 方立中编：《1864 至 1930 北堂印书馆要目》

Joseph Van Den Brandt

Catalogue des principaux ouvrages sortis des Presses des Lazaristes à Pékin de 1864 à 1930

法文版于 1933 年由北京的法文图书馆（Société Française de Librairie et d'Édition）出版。

方立中，法国遣使会神父、北京北堂印书馆助理。

全书共 124 页，由法国遣使会来华传教谈起，简述了北堂印书馆成立、发展过程，并选用书刊刊印时的书影以示成绩。书目部分按照书刊名（拼音）首字母排序，后有索引。共记录 490 种不同名称的书刊。此书是深入了解遣使会在华传教事业的重要史料。

[中国] 熊式一：《北京教授（三幕剧）》

S. I. Hsiung, 1902—1991

The professor from Peking : a play in three acts

该剧本于 1939 年在英国伦敦的麦勋书局（Methuen & Co.）出版，共 198 页。

第一幕：北京，1919；第二幕：汉口，1927；第三幕：南京，1937。人物：张教授（prof. Chang）。

熊式一，又名熊适逸等，中国双语创作作家，以中文题材的创作而扬名欧美。毕业于北京高等师范英文科。1929年开始在《小说月报》和《新月》等文学杂志发表翻译英国大剧作家萧伯纳等的作品。1932年，他远渡重洋到英国深造，并开始了用英文创作的生涯。1934年，英国伦敦麦勋书局出版了他创作的英文话剧《王宝钏》(*Lady Precious Stream*)。他还将《西厢记》(*The romance of the western chamber*, 1935) 翻译成英文。用英文创作长篇小说《天桥》(*The bridge of heaven*, 1943)，该作被译成法、德、西班牙、瑞典、捷克、荷兰等多国文字，畅销之势被誉为堪与林语堂《京华烟云》媲美。还著有《蒋介石一生》(*The life of Chiang Kai-Shek*, 1948)。

［中国］ 林语堂：《京华烟云》

Lin Yutang, 1895—1976

Moment in Peking

又译作《瞬息京华》，英文版于 1939 年由约翰·黛尔公司（John Day Co.）出版，共 815 页；1940 年伦敦威廉·海涅曼出版公司（William Heinemann Ltd.）再版，共 702 页；1940 年，日文译本面世；中文译本于 1987 年由长春时代文艺出版社出版（张振玉译），1995 年北京作家出版社再版，后多次重印并再版；法文译本于 2004 年出版；1977 年台湾德华出版社推出了张振玉的译本，名为《京华烟云》；1998 年雅典市的俄亥俄州立大学出版社出版；2007 年外语教学与研究出版社再版；2009 年凤凰出版传媒集团江苏文艺出版社再版。

此书是林语堂 1938 年到 1939 年期间旅居法国和美国时用英文写成。它是一部以英语创作的历史小说，是林语堂的首部小说。书中描写了 1900 年至 1938 年中国历经的庚子事变、辛亥革命、军阀当政，记载了民族主义及共产主义的崛起，以及抗日战争发端之时动荡不安的局面。

［英国］哈罗德·艾克顿：《牡丹与马驹》

Harold Acton，1904—1984
Peonies and ponies

英文版于 1941 年在英国伦敦的查托·霍滕（Chatto & Windus）公司出版，1950 年伦敦的企鹅出版社（Penguin）再版，1983 年和 1984 年香港的牛津大学出版社（Oxford University Press）再版。

艾克顿出生在意大利佛罗伦萨，是意裔英国人，唯美主义者、现代诗人、汉学家、艺术品收藏家和慈善家。

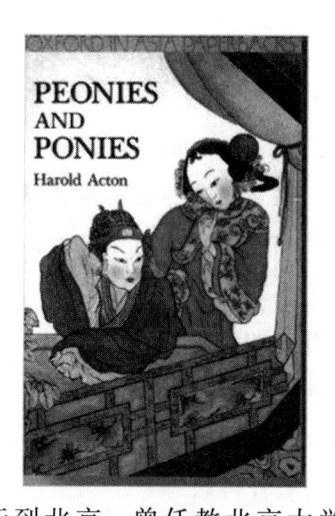

1932年，他旅行到北京，曾任教北京大学，翻译中国诗歌。在北京居住的7年里，他与中国文人往来，其中有张歆海夫妇、胡适、温源宁，北京大学的学者如梁宗岱、杨周翰、袁家骅、朱光潜等，北京大学学生如陈世骧、卞之琳、李广田、李宜燮等。他热爱中国文化，信仰佛教，观看京剧，大量阅读中国典籍。另著有短篇故事集《心灵的场馆》(The soul's gymnasium, 1982)，关于意大利的小说《最后的美第奇》(The last Medici, 1932) 和《那不勒斯最后的波旁家族》 (The Last bourbons of Naples [1825－1861], 1961)，以及自传体作品《一个唯美者的回忆录》(Memoirs of an aesthete, 1948) 和《一个唯美者的更多回忆》(More memoirs of an aesthete, 1970) 等。他与陈世骧合作编辑的《现代中国诗歌》(Modern Chinese poetry, 1936) 是向西方译介的第一部中国现代诗歌集。他还翻译了许多中国古典戏剧和小说，如汤显祖的《牡丹亭》、冯梦龙的《警世恒言》部分故事等。1974年，艾克顿荣获英国女王授予的"高级英帝国勋爵士"(Knight Commander of the British Empire)爵位。

全书共 22 章:1. 长寿亭;2. 艾尔维拉举办的沙龙;3. 逐梦者;4. 玉;5. 金鱼;6. 孤独的费劳尔;7. 家庭插曲;8. 杨贵妃造访;9. 菲利普外出用餐;10. 灵感;11. 狂欢舞会;12. 安先生出局;13. 无路可逃;14. 菲利普领养宝琴;15. 失望;16. 诈骗素材;17. 周俱乐部庆典;18. 变化中的和谐;19. 香火传承;20. 一缕云彩;21. 物以类聚;22. 走向涅槃。

[澳大利亚]莱拉·皮拉尼、露丝·沙克尔:《遇见中国》

Leila Pirani;Ruth Shackel
I met them in China

此书为一本英文诗画集,于 1944 年在澳大利亚墨尔本

出版。插画由露丝·沙克尔绘制。

莱拉·皮拉尼,记者、诗人和作家。

作者将自己在中国旅行的见闻及感受写成了 14 首小诗,题材涵盖舞龙、驴铃、门神、北京车、九龙壁、庙会、金鱼王和算命先生等,其插画亦颇有中国风情。

[英国] 谢福芸:《乾隆池——现代北京的故事》

Florence Dorothea Soothill Hosie,1885—1959

The pool of Ch' ien Lung :a tale of modern peking

英文版于 1944 年在英国伦敦的 Hodder & Staughton 出版社出版,共 176 页。

谢福芸是英国女作家、旅行家。1885 年 11 月出生于中国宁波,是英国在华著名传教士苏慧廉(W. E. Soothill,1861—1935)的女儿。曾于 1914 年与包哲洁(A. G. Bowden-Smith)一起创办了一所教会中学——北京培华女中。另著有《一位中国淑女的视野》、《孔夫子与弟子的对话》（Conversations of Confucius with his students）、《耶稣与女性》（Jesus and woman）和《勇敢的新中国》（Brave new China）等多部与中国有关的图书。

第九章
人物

[法国] 白晋:《康熙皇帝的历史画像》

Joachim Bouve, 1656—1730

Portrait historique de l'empereur de la Chine, presente au roy

法语版于 1697 年在法国巴黎出版;英译本出版于 1699 年,题名为 *The history of Cang-hy, the present emperor of*

China, *presented to the most Christian king*；还有荷、德、意、拉丁文和日语译本，中文译本于 1981 年出版，名为《康熙皇帝》。

白晋，法国传教士，1687 年入华。他和同行的教友被路易十四授予"国王数学家"称号，他是唯一被康熙皇帝评价为"稍知中国书义"的"文理全才"，对近代中西文化交流做出卓越贡献的人物。著有《几何原理》《中国语言中之天与上帝》《易经释义》等。

本书共 270 页，插图为康熙帝的画像，主要内容是康熙帝的传记，对其文治武功、品德、性格、生活及爱好等方面都做了详细介绍。

［法国］王致诚、［法国］赫尔曼：《帝鉴图说》

Jean Denis Attiret，1702—1768；Isidore Stanislas Helman，1743—1806

Faits memorables des empereurs de la Chine，*tirés des annales chinoises*，*dédiés à madame orne de 24 estampes in 4*

法语版于 1788 年在巴黎出版。

王致诚，又名巴德尼、王之臣，法国天主教耶稣会传教士，清朝宫廷画家。1738 年作为法国耶稣会传教士来到中国并献《三王来朝耶稣图》，为乾隆帝所赏识并受诏供奉内廷，成为清朝宫廷画家。乾隆十九年（1754）奉命至承德避暑山庄为蒙古族厄鲁特部首领作油画肖像。其传世作品不多。

赫尔曼，著名雕版师，专刻中国事物的版画家，曾参与乾隆战功图的版画工作。

书中内容来自中国的史书记载，以左图右文雕刻版形式介绍了中国古代自尧帝至宋哲宗 24 位帝王的事迹。配有大量插图。

［德国］郭实猎:《道光皇帝传》

Karl Friedrich August Gützlaff, 1803—1851

The life of Taou-Kwang, late emperor of China ; with memoirs of the court of peking ; including a sketch of the principal events in the history of the Chinese empire during the last fifty years

英文版于 1852 年在英国伦敦的史密斯·艾尔德出版公司（Smith, Elder and Co.）出版，共 280 页，同年德文版（190 页）在德国莱比锡出版，由森普特（Julius Senbt）译自英文。

作者在书中对光绪帝大力鞭挞，书中作者按照时间顺序描述了道光的一生：出生、童年、教育、嘉庆帝时期的

第九章 人物

皇宫生活，道光的生活方式、言谈举止、习惯个性、个人生活和驾崩等。除此之外，本书还讲述了道光帝统治时期的社会状况，历史事件，中国政策和贸易限制，清廷陆军、海军和空军的建设等。

［英国］罗约翰：《老王——满洲第一个中国传教士，他的生活和工作概况》

John Ross，1842—1915

Old wang：the first Chinese evangelist in Manchuria, a sketch of his life and work, with a chapter upon native agency in Chinese missions

英文版于1889年在英国伦敦的圣教书会（Religious Tract Society）出版，共128页。

［英国］道格思：《李鸿章》

Robert Kennaway Douglas, 1833—1913

Li HungChang

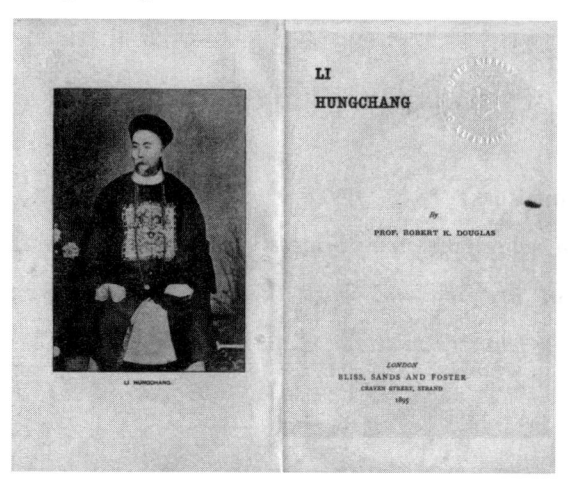

英文版出版于 1895 年。

全书 251 页，13 章。书中附 2 幅人物肖像插图，目录后有李鸿章个人编年表。其主要内容有：李鸿章出生和他的家族史、早年仕途，如翰林院、讨伐太平军、出任湖广总督、出访英国、丧母、女儿的婚事、丧妻、患病、七十大寿和签订多个条约等。

［美国］柯姑娘：《一个美国女画师眼中的慈禧》

Katharine Augusta Carl，1858—1938

With the empress dowager

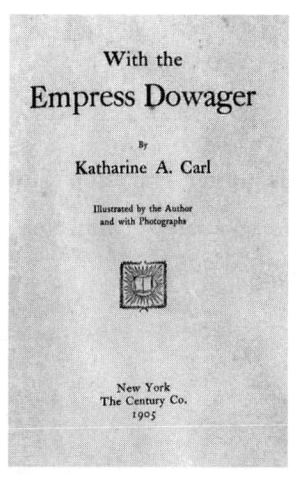

英文版于 1905 年由纽约的世纪出版公司（The Century Co.）出版，后多次再版。此书有多个中文译本，比较早的、比较有名的为《慈禧写照记》，于 1915 年由天津古籍书店出版（陈霆锐译），多次再版。

柯姑娘，美国画家，1903 年来华，1903 年到颐和园为西太后画像。原定画两次的，结果一发而不可收，一直画了9个月，完成了4幅西太后、7幅公主的肖像。

此书分为35章，配有22幅素描和影像。主要内容有：入宫觐见、皇太后陛下的外貌、摄政王府、御膳房、皇后和宫廷女官、太后的宠犬、宫中的喜庆、光绪皇帝陛下、皇上的诞辰、北京三海、太后的一些特点、颐和园、祭孔、宫中的太监、皇太后的文学趣味与才能、朝会大殿、颐和园中的一次露天招待会、来到宫中的欧洲马戏团、宫中习惯、紫禁城内廷、满人与汉人的一些社会风俗习惯、中国人的送礼、中国的宗教仪式等。

［美国］亚历山大·哈里森·塔特尔：《甘威尔亲历北京之围》

Alexander Harrison Tuttle，1844—1932

Mary Porter Gamewell and her story of the siege in Peking

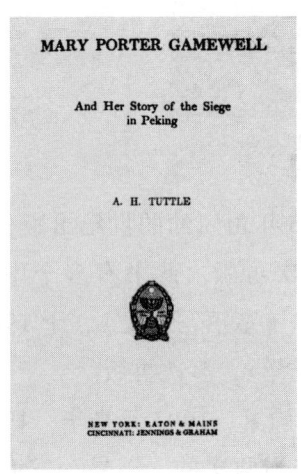

英文版于 1907 年由美国纽约的伊顿·梅斯（Eaton & Mains）出版社和辛辛那提的詹宁斯·格雷尼姆（Jennings & Graham）出版社出版，共 303 页。

全书共 28 章，图文并茂地再现了晚清时局，特别是义和团时围困在北京的西方人的事迹，主要内容有从美国到北京、北京安家、北京公寓、不裹足、重庆、北京的亚斯立堂、北京周日学校、甘威尔讲述的围攻故事、卫理公会所避难、向英国使馆进攻等。

［英国］翟理斯：《中国和满族》

Herbert Allen Giles, 1845—1935

China and the Manchus

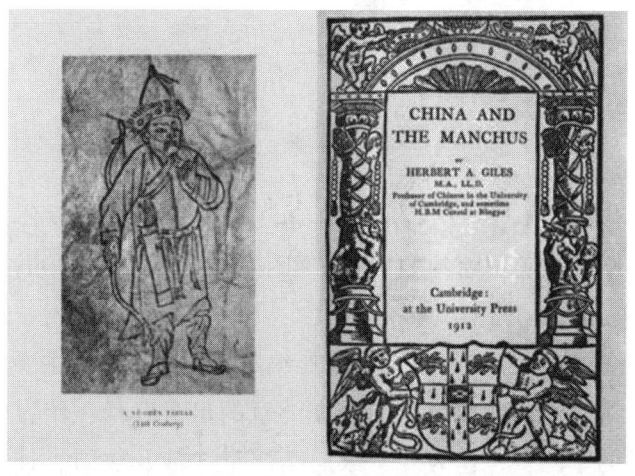

英文版于 1912 年由英国剑桥大学出版社出版。

此书封面为一张古代女真鞑靼图。共 148 页，分 12 章，主要内容有：顺治帝、康熙帝、雍正帝、乾隆帝、嘉庆帝、道光帝、咸丰帝、同治帝、光绪帝、宣统帝、孙中山等。附有地图和插图。

［英国］濮兰德:《李鸿章》

John Otway Percy Bland, 1863—1945
Li Hung-Chang

英文版于 1917 年在英国伦敦的康斯戴伯出版公司出版，同年在美国纽约的亨利·霍尔特出版公司（Henry Holt and Company）出版。

全书 327 页，8 章。书后有编年表和索引。其主要内容有：对李鸿章仕途的评价、李鸿章的出身背景、作为中国官员的李鸿章、作为外交家的李鸿章（涉及法国、日本和俄罗斯）、作为军事将领的李鸿章、政治家李鸿章等。书中作者如是描述李鸿章的容貌："……身材奇高、容貌仁慈……他的蓝色长袍光彩夺目，步伐和举止端庄，向他看到的每个人投以感激优雅的微笑。从容貌来看，这一代或上一代人都会认为李鸿章难以接近，这不是因为他给你巨大成就或人格力量的深刻印象，而是他的神采给人以威严的感觉，像是某种半神、半人，自信、超然，然而又文雅和对苦苦挣扎的芸芸众生的优越感。"

[意大利] 丹尼尔·华蕾：《一位驻华外交官笔下的慈禧》

Daniele Varè, 1880—1956

The last empress

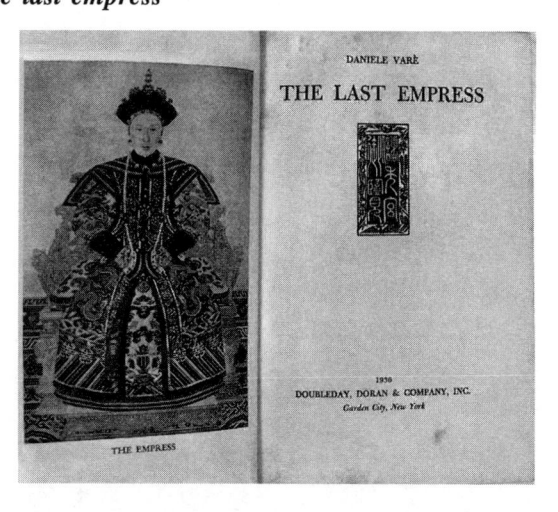

英语版于1936年在美国纽约的道布尔戴·杜兰出版公司（Doubleday, Doran & Company, Inc.）出版。伦敦版本的题目为 *Cixi, empress dowager of China*, 1835-1908（《末代皇后以及旧中国到新中国的过渡》）。

全书共有 23 章，作者以局外人的身份，从幼年"小昭"到东陵被盗，展现了慈禧太后传奇的一生，也描绘了晚清帝国飘摇的图景，书中对慈禧的作为不乏批评，但也不掩饰对她个人魅力的赞美。

［加拿大］何士：《老祖宗——慈禧太后的一生和她的时代（1835—1908）》

Harry Hussey，1881—？

Venerable ancestor: the life and times of Tz'u Hsi, 1835-1908, empress of China

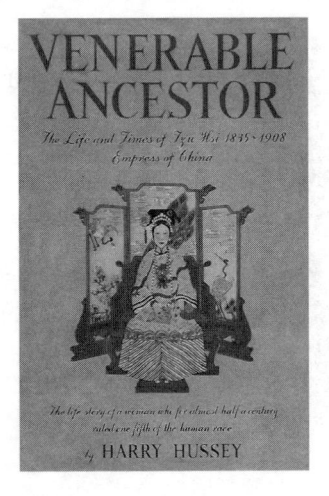

英文版出版于 1949 年，共 354 页。

作者在书中记述了慈禧太后从入宫到掌权再到去世的一生，以及她所处的历史上最为动荡的时代。

第十章
指南

［英国］ 德尼克：《京津旅行指南》

Nicholas Belfield Dennys，1813—1900
Notes for tourists in the north of China

英文版于 1866 年由香港的索图利德公司（A. Shortrede & Co.）出版。

全书不分章，共 82 页，4 幅插图。记述了从大沽出发，经天津、通州到北京，沿途旅游的各种知识，介绍了北京的城市建筑、卫生环境和北京的旅店、庙宇、戏院、商铺及圆明园等游览场所，是研究 19 世纪北京城市和社会的重要参考资料。

《北京旅行指南》

Guide for tourists to Peking and its environs : with a plan of the city of Peking and a sketch map of its neighbourhood

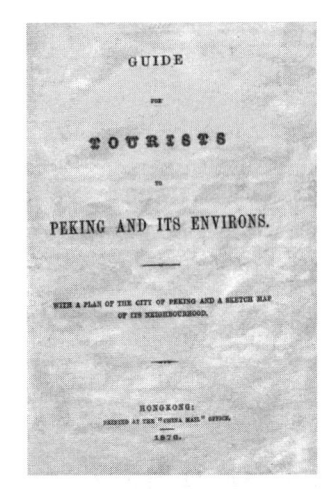

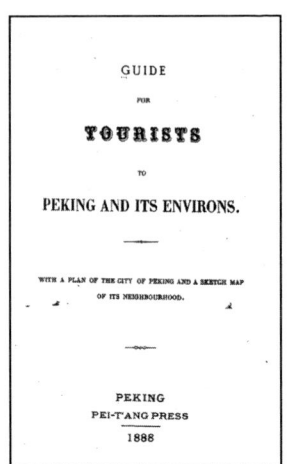

此指南于 1876 年由香港的《德臣西报》（The China Mail）刊行，1888 年由北京的北堂印书馆刊行，1897 年在天津印字馆（Tientsin Press）刊行。

［英国］立德夫人：《北京指南》

Archibald Little, 1845—1926

Guide to Peking

英文版于 1904 年在天津印字馆出版。

此书为以北京为主题的旅游指南手册。全书共 91 页，目录为中英文对照。

［英国］立德：《远东》

Archibald John Little, 1838—1908

The Far East

第十章 指南

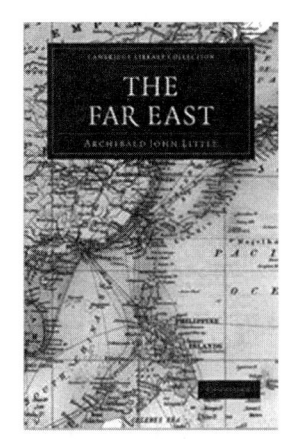

此书于 1905 年在牛津大学出版社出版。

此书主要内容涉及黄河、长江、四川、成都、云南和广东等地,其中有涉及北京的内容,如作者在书中对当时北京的人口进行保守的估计。书中含有插图和地图。

[美国] 何德兰:《北京旅行指南》

Isaac Taylor Headland, 1859—1942

A tourist's guide to Peking

英文版于 1907 年在天津的《时事新报》（The China Times）出版。

全书共 66 页，主要内容有怎样进北京、内城景点、其他景点、使馆区和外国侨民教会、远郊等。书后附有中国书籍索引和最佳商店名录。

[奥地利] 斐士编：《京师地志指南》

Emil Sigmund Fischer，1865—1945

Guide to Peking and its environs near and far

又名《北京及其近郊指南》，1909 年首版由天津印字馆出版，共 139 页；1924 年在上海再版，共计 237 页。

书中附有 6 个地图和图表、44 幅照片和广告等。书后附有详细的索引。

《北京及其附近指南》

Guide to Peking and neighbourhood

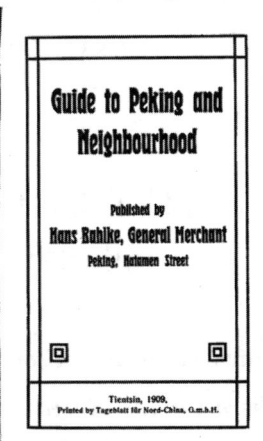

1909 年由北京德胜洋行（Hans Bahlke）出版。

全书共有 18 页，适合初到北京者了解北京，是个小册子，简要地介绍了北京，并有行程设计及广告等内容。18 页文字后附有 20 页北京风景的照片。

［法国］克劳迪乌斯·马特罗编：《北京及其周边》

Claudius Madrolle, 1780—1949

Peking et ses environs

法文版于 1911 年在巴黎出版，共 156 页；次年英文版在伦敦出版。

克劳迪乌斯·马特罗，法国探险家，专门研究远东地区的旅行指南的编辑。1902—1939 年总共出版了 70 份指南，其中 11 篇是英文。

此旅游指南详细描述了北京城的历史，书中包含了一系列表现北京城在不同历史时期遗址的手绘图。附有多幅地图。此书与 14 年前法国遣使会会士樊国梁（Alphonse Pierre Marie Favier，1837—1905）出版的著作有很大的一致性。

[法国] 克劳迪乌斯·马特罗编：
《中国北方和韩国》

Claudius Madrolle，1780—1949
Northern China，Korea

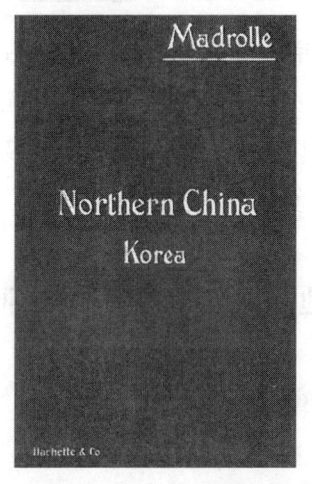

法文版于 1912 年由巴黎和伦敦的阿歇特出版公司（Hachette & Company）出版。

此书主要内容有中国概况，包括北京、山东等在内的

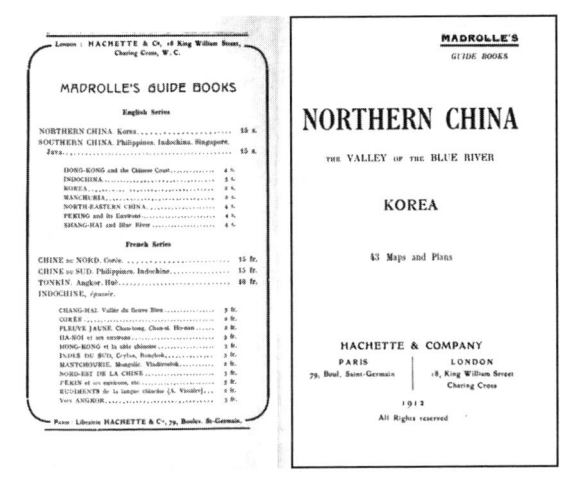

中国北方省市，韩国等。此书附有大量的地图。

［美国］赫伯特·卡尔·克劳：《游历中国闻见撷要录》

Herbert Carl Crow, 1883—1945

The travelers' handbook for China

英文版于 1913 年在加州的 San Francisco News Co. 出版，1913 年、1921 年、1925 年、2010 年多次再版。

卡尔·克劳，美国报业人士兼作家。曾为上海《大陆报》（*The China Press*）的新闻副编辑，1911 年移居上海，为美国公共信息委员会的远东代表，曾经创作的作品有《中国手册（包括香港）》（*Handbook for China, including Hong Kong*, 1933）、《我为中国人说话》（*I speak for the Chinese*, 1937）、《我的朋友中国人》（*My friends, the Chinese*, 1938，此书的纽约版名为 *The Chinese are like that*［《中国人的样子》］）、《孔子轶事》（*Master Kung : the story of Confucius*, 1938）、《中国的地位》（*China : takes her place*, 1944）、《在华的洋鬼子》（*Foreign devils in the flowery kingdom*, 1940）等。

全书有 214 页，9 幅地图，32 幅插图。其中第七章"北京和中国北方"主要内容有：北京、长城、北京至奉天（今沈阳）的铁路等。

《北京、天津、山海关、沈阳、大连、旅顺港和京城（首尔）旅游手册》

Cook's handbook for tourists to Peking, Tientsin, Shan-Hai-Kwan, Mukden, Dairen, Port Arthur and Keijyo (Seoul)

英文版于 1913 年由英国的通济隆公司（Thomas Cook & Son）出版。

通济隆公司，世界旅行代理业的三大公司之一，成立了全世界第一家旅行社，出版了第一本中国旅游指南。

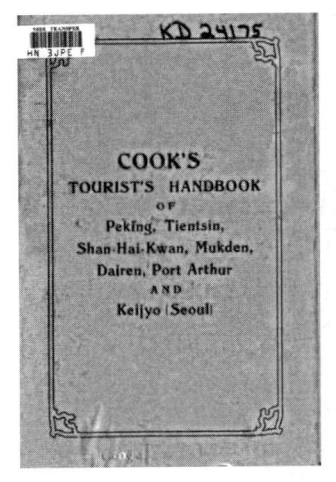

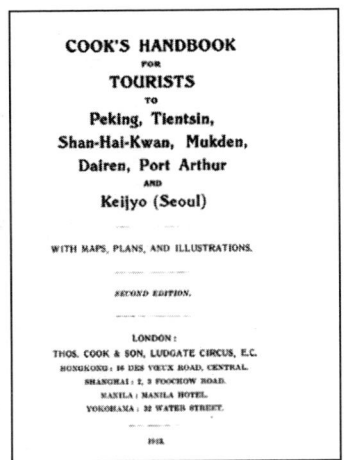

全书共 105 页，书中附有多幅地图。北京的部分首先介绍了北京的人口、旅馆、使馆、邮局、电话公司、交通价格、导游价格等，之后介绍北京历史和地位，另附有中国朝代编年表等。

《俄罗斯旅行指南：包括德黑兰、大连和北京》

Russia with Teheran, Port Arthur and Peking : handbook for travelers

英文版（译自德文）于 1914 年在德国莱比锡的卡尔·贝德克尔出版社（Karl Baedeker Publisher）出版。

卡尔·贝德克尔（Karl Baedeker）为德国出版商，其公司为游客提供权威指南和旅行计划。

全书共 590 页，附有 40 幅地图和插图、78 种旅行方案，并附有索引。书中涉及北京的内容很少，有从沈阳到

北京、北京及其周边等。据记载是贝德克尔指南中最为畅销的一本。

［英国］格兰瑟姆：《天坛——一段历史》

Alexandra Etheldred Grantham，1867—？
The Temple of Heaven : a short study
英文版约于 1915 年在北京出版。
全书共 40 页。

《北京和陆地路线》

Peking and the overland route
英文版于 1917 年由英国的通济隆公司出版。
通济隆公司，是世界上第一家旅行社。为托马斯·库克（Thomas Cook）与儿子约翰·梅森·库克（John Mason

第十章　指南

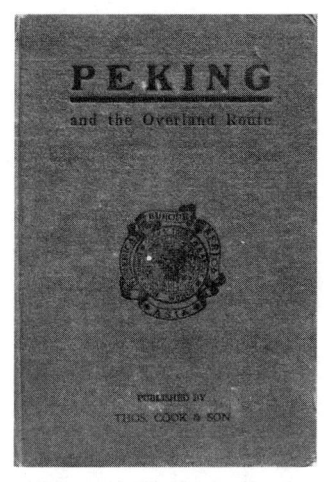

Cook）于 1865 年创办。1906 年开始，通济隆公司在香港、上海和北京设立分公司，给去往远东和欧洲的商旅人士提供出行服务，也面向有钱的中国人。

全书共 204 页。书中附有大量地图和表格、照片及多幅陆地路线图。这是一本提供给在北京的外侨实地旅行和熟悉北京地理和周边城市的指南书。书中不仅详细介绍了北京的旅游景点和各国使馆区，还介绍了周边城市，书后附有广告。

［英国］格兰瑟姆：《京畿笔谈》

Alexandra Etheldred Grantham，1867—？
Pencil speakings from Peking

英文版于 1918 年由英国伦敦的乔治·艾伦与昂温出版有限公司（George Allen & Unwin Ltd.）出版，共 295 页。

全书共 7 章。详述了北京及周边地区的历史、皇宫、

宫殿、建筑、工程、艺术等内容。作者一定经过了广泛阅读和深思熟虑，史料翔实、内容丰富。

《北京、华北、南满及朝鲜》

Peking, North China, South Manchuria and Korea
1920年由英国的通济隆公司出版。

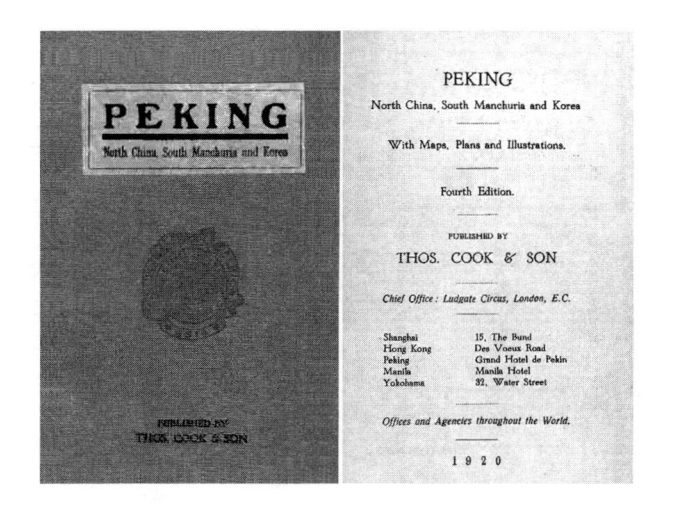

全书共 160 页，有地图、表格和照片等。目录按照英文字母的顺序排列，主要内容有北戴河、北京紫禁城、北京的历史、帝都北京、北京使馆区、北京的使馆围困、北京当地信息、北京的官式建筑、北京人、北京观光节目、北京购物、北京鞑靼城等。

《北京旅游须知》

Information for travellers visiting Peking

英文版于 1920 年在北京的通济隆公司出版。

此英文小册子共 16 页，有些英文地名后附有中文名。书中附有长城、天坛、颐和园等景点的图片，书后附有大量的广告。

《北京实用指南》

Peking utility Book

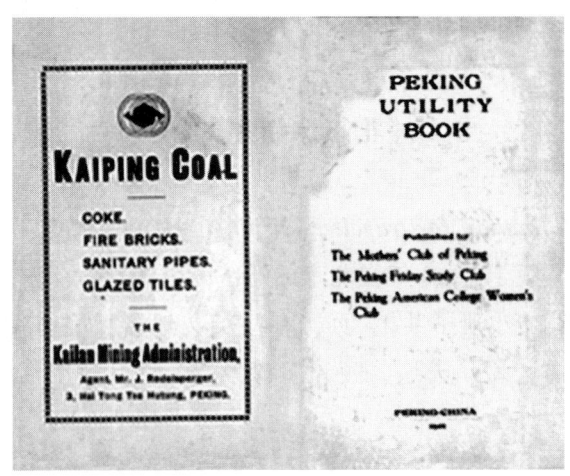

英文版于 1921 年由北京母亲俱乐部（The Mothers' Club of Peking）、北京周五学习俱乐部（The Peking Friday

Study Club)和北京美国学院女子俱乐部(The Peking American College Women's Club)出版。

全书共24章225页,和北京相关的章节有:1.俱乐部和社会组织介绍;2.北京艺术学院;3.华北协和华语学校(North China Union Language School);4.外籍儿童的学校;5.中国政府开办的学校;6.在中国由国外资助的学校;7.医院;8.北京的护士协会;11.教会;13.外国或中外合作管理的慈善机构;14.中国政府或个人创办的机构团体;15.工业工厂清单;16.商场指南;19.寺院庙会;23.地址录;24.地图索引等。

[英国] 蓝慕山编撰:《北京名人录》

Alexander Ramsay
The Peking who's who

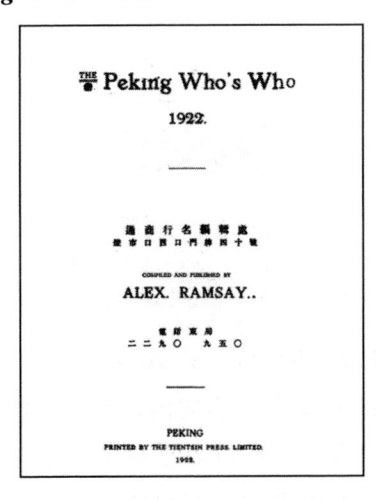

英文首版于1922年在天津印字馆出版,后多次再版。

全书共 127 页，记载了当时在北京的外国人名单，并将其按照所从事的职业分为几大类，如中国政府公务人员、外交使馆人员、宗教人士、医院慈善人员、教育人员、社团和女性等。此名单有 1880 人（不包含使馆卫队），其中男性 1143 人，女性 737 人。书中还记载了位于北京饭店和六国饭店（Grand Hotel des Wagons Lits）内的"北京法文售书处"（La Libraire Francaise）。

［英国］ 郝播德：《西山的寺庙》

Gilbert Ernest Hubbard，1885—1952
The temples of the Western Hills

英文版于 1923 年出版，共 76 页。

书中附有 10 幅关于寺庙的内部和外部的照片。书中描述了西山周围的乡村环境以及坐落于北京西部山区的庙宇的详细情况。正如作者在前言中所言，这部书主要反映的是个人印象，试图大致描述庙宇的特点和庙宇周围的环境，而不是指南书籍那种罗列表格似的事实。

《城市指南：天津、上海、北京、杭州、济南、香港、青岛、广州和南京》

City guides, and descriptions of Tientsin, Shanghai, Peking, Hangschow, Tsinan, Hongkong, Tsingtao, Canton, Nanking

英文版于 1924 年在北京的通济隆公司出版。

此英文小册子共 21 页，有些英文地名后附有中文名。书中附有天坛、喇嘛寺、颐和园等景点的图片。

刘易生：《北京西山》

William Lewisohn
The Western Hills of Peking : a route book & map

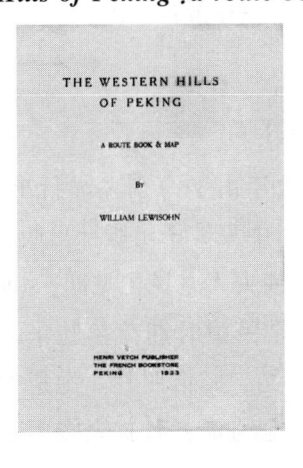

英文版于 1933 年在北京由亨利魏智的法文图书馆出版。

全书共 57 页，书中附有 1 幅地图（72cm×102 cm）。此书以三色标识北京西山地区的村庄、庙宇、河流、桥梁等地形，同时给出读者以旅行建议和线路图。

［荷兰］爱伦·凯特琳：《了解北京》

Ellen Catleen
Peking studies

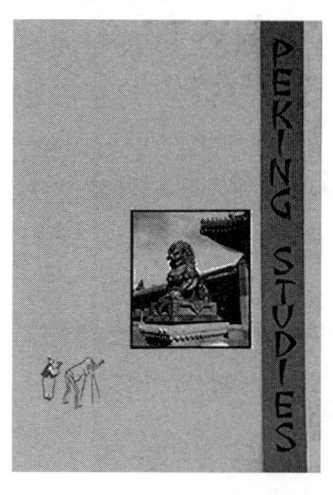

英文版于 1934 年由上海别发洋行出版，共 87 页；中文译本于 2011 年由中央编译出版社出版，书名为《我的老北京印象：荷兰大使夫人之民国见闻》（张春颖译）。

爱伦·凯特琳是民国时期荷兰驻华大使的夫人，拍摄了大量老北京的风光、民俗照片。她遴选部分照片，配以适量文字，并由奥地利籍著名犹太漫画家费里德里希·希夫（F. H. Schiff）绘制滑稽漫画，编成这册结合优秀摄影作品和风趣漫画的旧京图集。凯特琳还是一位很好的人像摄影家，1935 年，她精选了 32 张照片，以索贝克（Thorbecke）的夫姓出版《中国人像》（People in China）。

这是一本独特的摄影画册，采用了 101 幅照片加漫画的形式，讲述了刚到北京的虚构人物皮姆（Mr. Pim）由向导吴（Mr. Wu）作陪，游览祥和平静的北京城、目睹北京人的生活后满意地离开的故事。

[美国] 玛丽·辛炕:《中国筷子——中国烹饪暨北京餐馆指南》

Mary Li Sia

Chinese chopsticks : a manual of Chinese cookery and guide to Peiping restaurants

英文版于 1935 年在北京由《北平时事日报》（*The Peiping Chronicle Press*）印制，1938 年增补再版。

玛丽·辛妧，又名谢李灵生（Mrs. Richard H. P. Sia），为北京协和医学院谢和平的夫人。

全书共 106 页，附有插图，英文菜名后备注汉语菜名，收录了当时老北京各著名大餐馆的地址和菜单，如全聚德、老便宜坊等。

［美国］ 弗兰克·窦恩：《北平地图和历史》

Frank Dorn, 1901—1981

A map and history of Peiping : explanatory booklet

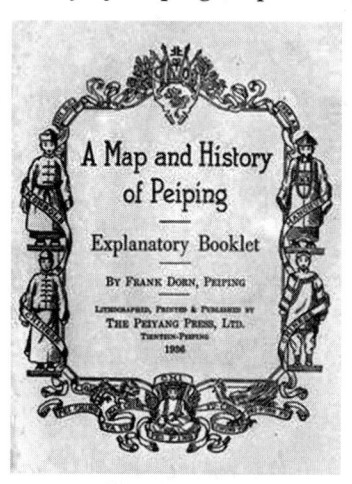

1936 年由北洋印字馆（The Peiyang Press）出版，共 22 页。

全书分 4 个部分，即北平历史概况、城市描述、朝代更迭、地图上的景点。

作者弗兰克·窦恩，又译多恩，是美国艺术家、作家、军官。他从小擅长绘画，毕业于旧金山艺术学院。1930年开始在中国任初级武官，曾手画北平地图，后任中国军队顾问。能说一口流利汉语，1942—1944年任美军驻华军事顾问团准将，曾做史迪威（Joseph Stilwell）将军的助手，在二战期间被派往中国—缅甸—印度剧院任职，1943年被任命为中国远征军顾问团团长。参与"驼峰计划"，1944—1945年任指挥官，1953年退役。1942年《生活》杂志评价他是"一个艺术家，优秀的战役地图（绘制）者"。在20世纪70年代，他创作了两部关于二次世界大战时期中国和缅甸的戏剧的学术著作。

赵丽莲：《北平景光》

Chao Lilian，1899—1989

A souvenir of Peiping

英文版于1946年在北京丽莲英文丛刊社出版，共128页。

赵丽莲，生于美国。父亲赵仕北，孙中山的挚友。母亲白薇熙，德裔美籍医学博士。1907年，赵丽莲8岁到中国，就读于上海美国学校。1919年被北平女子高等师范学院聘为音乐教师。中国抗日战争结束后，申请进入北平电台，正式献身英语教学工作。中华人民共和国成立后，赵丽莲辗转到达台湾，起先担任台湾师范大学英语系讲师，后担任台湾大学外文系教授，同时继续主持电台英语教学节目。

此书是一本写给外国人到北平旅游的英文小册子，全书图文并茂，介绍了北平城的历史，北平的街道、胡同、建筑园林等老北京风情风貌。

第十一章
语言、文字

［英国］约翰·韦伯:《历史论文：论中华帝国的语言是原始语言的可能性》

John Webb, 1611—1672

An historical essay endeavoring a probability that the language of the empire of China is the primitive language[1]

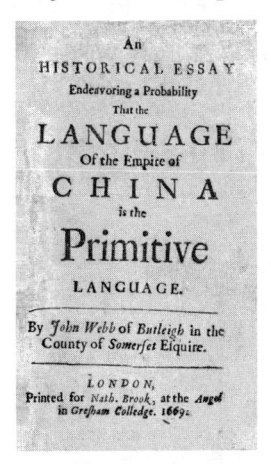

---

[1] 此书名中"An historical essay…"应为"A historical essay…"。——编者注

英文首版于 1669 年出版于伦敦。

约翰·韦伯，英国建筑设计师，第一个广泛讨论汉语的欧洲作家。他以为中国人来自"上帝之城"，并对中国的哲学、政府、孝道等大加赞美，特别是从中国发现了人类的初始语言，但其本人并不懂中文。

本书是西方第一本探讨中国语言的书，作者在书中立论中华帝国的语言是人类语言的起始。约翰·韦伯据《圣经·创世纪》中的一段话，认为在创造巴别塔时，人们的原始语言是汉语，即汉语应是在耶和华乱了人们的语言前的世界通用的原始语言。

［法国］巴泰勒米·德埃贝洛、［法国］安托万·加朗、［法国］刘应：《东方学目录》

Barthélemy d'Herbelot, 1625—1695; Antoine Galland, 1646—1715; Claude de Visdelou, 1656—1737

Bibliotheque orientale, ou dictionnaire universel, contenant généralement tout ce qui regarde la connoissance des peuples de l'orient

法文首版于 1697 年在巴黎出版，后再版。

巴泰勒米·德埃贝洛，法国语言学家、东方学者。精通希腊、拉丁、希伯来、迦勒底、古叙利亚、阿拉伯、土耳其、波斯等多种语言。

安托万·加朗，法国东方学家、翻译家与考古学家。将《古兰经》第一次译成法文出版，是法国介绍和研究东方文化和

BIBLIOTHEQUE
ORIENTALE,
OU
DICTIONNAIRE
UNIVERSEL,
CONTENANT GÉNÉRALEMENT
Tout ce qui regarde la connoiffance des Peuples
de l'Orient.
LEURS HISTOIRES ET TRADITIONS
VERITABLES OU FABULEUSES.
LEURS RELIGIONS, SECTES ET POLITIQUE,
Leurs Gouvernemens, Loix, Coutumes, Mœurs, Guerres, & les Révolutions de leurs Empires.
LEURS SCIENCES ET LEURS ARTS,
Leur Théologie, Mythologie, Magie, Phyfique, Morale, Médecine, Mathématiques,
Hiftoire naturelle, Chronologie, Géographie, Obfervations Aftronomiques,
Grammaire, & Rhétorique;
LES VIES ET ACTIONS REMARQUABLES DE TOUS LEURS SAINTS,
Docteurs, Philofophes, Hiftoriens, Poëtes, Capitaines, & de tous ceux qui fe font rendu célèbres
parmi eux, par leur Vertu, ou par leur Savoir.
DES JUGEMENTS CRITIQUES, ET DES EXTRAITS DE TOUS LEURS OUVRAGES,
De leurs Traités, Traductions, Commentaires, Abregez, Recueils de Fables, de Sentences, de Maximes, de Proverbes,
de Contes, de bons Mots, & de toutes leurs Sciences Infufes ou Acquifes, tant au Naturel qu'au Figuré, &c.

Par Monfieur D'HERBELOT.

À MAESTRICHT,
Chez J. E. DUFOUR & PH. ROUX, Imprimeurs & Libraires Affociés.
M. DCC. LXXVI.

伊斯兰教的早期著名学者。

刘应，法国耶稣会传教士、汉学家，与白晋、李明、张诚等五位耶稣会士，受法国国王路易十四派遣，前往中国朝见康熙皇帝，之后在中国传教。1687 年来华，直至 1709 年离去，曾向康熙皇帝奉献金鸡纳霜（奎宁），治好了康熙皇帝的疟疾。

［德国］巴耶尔：《中国博览》

Theophilus Siegfried Bayer，1694—1738

Museum sinicum

2 卷本于 1730 年在圣彼得堡出版。

巴耶尔，早期德国汉学家中成就最高的一位，也是第一位职业汉学家，随后又陆续出版了数部重要的著作，特别是关于词典《字汇》的文章。

这是欧洲出版的最早的汉语研究专著。作者本人与北京最有名望的耶稣会士建立了私人联络，后者也经常在信中激励他，

送他中文书籍和字典。

［法国］安格·古达:《中国间谍》

Ange Goudar, 1708—1791

L'espion chinois, ou, l'envoye secret de la cour de Pekin, pour examiner l'etat présent de l'Europe.

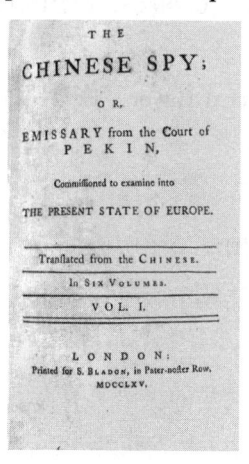

法文版于 1764 年出版，英文译本（*The Chinese spy ; or, emissary from the court of Pekin, commissioned to examine into the present state of Europe*）于 1765 年在伦敦出版，另有 1766 年都柏林版。

皮埃尔·安格·古达（Pierre Ange Goudar），法国冒险家和作家，以安格·古达的名字而为人所知。

全书共 6 卷，译自中文。

［法国］钱德明：《满语语法》

Jean-Joseph-Marrie Amiot，1718—1793
Grammaire tartare-mantchou

法文版于 1787 年巴黎 Chez Nyon 出版社出版。39 页。介绍了满语的 12 类单音节、发音规则、名词、动词、及物动词、被动动词、辅助动词、数字、比较级、句法、名词句法、动词句法等内容。

［法国］蓝歌籁编纂：《满洲语入门》

Louis Mathieu Langlès，1763—1824
Alphabet mantchou, rédigé d'après le syllabaire et le dictionnaire universel de cette langue

又名《满语字母》，首版于 1787 年出版，未编入满语原文，只有 24 页，第二版加入了词典部分。1807 年法文第三版在巴黎的皇家印刷厂（Imprimerie Impériale）出版社出版，196 页。这本书是为了传教士学习满语的便利而编写，是在钱德明对满语

ALPHABET
MANTCHOU,
RÉDIGÉ
D'après le Syllabaire et le Dictionnaire universel
de cette langue;
Par L. LANGLÈS,
Membre de l'Institut, Conservateur des manuscrits Orientaux
de la Bibliothèque impériale, Professeur de Persan à l'École
spéciale des Langues Orientales vivantes, de l'Académie
Italienne, &c.

TROISIÈME ÉDITION,
AUGMENTÉE D'UNE NOTICE SUR L'ORIGINE, L'HISTOIRE
ET LES TRAVAUX LITTÉRAIRES DES MANTCHOUX
ACTUELLEMENT MAÎTRES DE LA CHINE.

A PARIS,
DE L'IMPRIMERIE IMPÉRIALE.
1807.

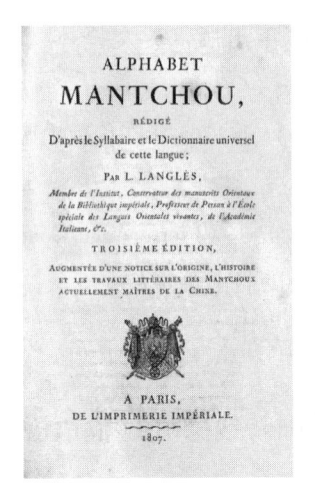

研究基础上的进一步完善。

蓝歌籁，是法国著名的语言学家、翻译家、作家、东方学家。还著有《鞑靼族-满族礼仪：附祭祀主要用具图》(*Rituel des tatars-mantchoux : avec les dessins des principaux ustensiles et instrumens du culte*, 1804)。

全书共分 3 章, 6 个附录。1. 满语的用处；2. 满语的起源；3. 满语发展的简明编年史。附录有满语字词的起源与构成，鞑靼语和满语字母的 12 个类别，连接词，鞑靼语和满语备考，中华鞑靼和中华帝国地理描述摘要，本书题注和参考资料表。

［法国］蓝歌籁、［法国］钱德明:《满法词典》

Louis Mathieu Langlès, 1763—1824; Jean-Joseph-Marrie Amiot, 1718—1793

Dictionnaire tartare-mantchou françois, composé d'après un ditionnaire mantchou-chinois

第十一章　语言、文字　　　　417

此字典于 1789—1790 年间在巴黎出版，共 3 卷。

［法国］小德金等编：《汉语、法语、拉丁语词典》

Chretien Louis Josephe de Guignes, 1795—1845
Dictionnaire chinois, français et latin

此字典由拿破仑敕撰，小德金于 1808 年开始主持编纂工

作,至 1813 年出版。

[法国] 雷慕沙:《汉文简要(中国语言文学论)》

Jean Pierre Abel Rémusat, 1788—1832
Essai sur la langue et la littérature chinoises

此书为鞑靼语-汉语的小册子,于 1811 年在法国巴黎出版。

雷慕沙,法国汉学家,从未到过中国,他有关于中国的深广知识全部来自书面材料,1814 年担任法兰西学院主持"汉文与鞑靼文、满文语言文学讲座"(La Chaire de langues et littératures chinoises et tartars-mandchoues)的教授。

书中有 5 幅插图,内容虽不太成熟,但是作者的见解比较有价值,提示也比较有价值。

[法国]雷慕沙:《中国人的外语学习》

Jean Pierre Abel Rémusat, 1788—1832

De l'etude des languese étrangères chez les chinois

此论文由法文写成,共 32 页,刊于《百科全书杂志》(*Magasin Encyclopédique*) 1811 年第 10 期。

此论文非常新奇,其中涉及了北京的西方语言学习的学校。

[葡萄牙]江沙维:《汉字文法》

Joachim Alphonse Goncalves, 1780—1844

Arte China constante de alphabeto grammatica

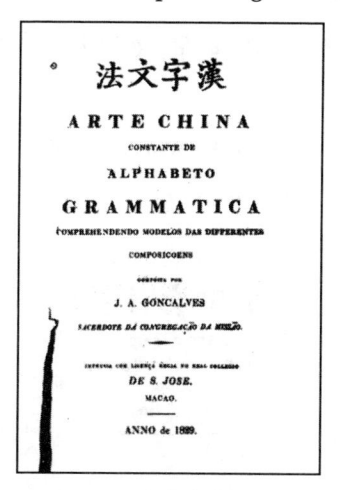

此书于 1829 年在澳门约瑟堂书院出版。

江沙维,又名公神甫、冈萨维斯,葡萄牙遣使会传教士,来华目的本来是在钦天监工作,1813 年到澳门后立刻开始学习北京官话，后来在澳门约瑟堂书院教汉语和拉丁语。1840 年被选为里斯本皇家科学院特派院士（Academia Real das Ciências de Lisboa）并被授予皇家骑士勋章。编著了 10 余部字典、语法和词汇书，还用清朝官话翻译了《新约圣经》（1841 年出版）。主要著作有：《辣丁字文》（*Grammatical Latina*，1828）、《洋汉合字汇》（*Diccionario Portuguez-China*，1831）、《汉洋合字汇》（*Diccionario China-Portuguez*，1833）、《辣丁中国话本》（*Vocabularium Latino-Sinicum*，1836）、《辣丁中华合字典》（*Lexicon manuale Latino-Sinicum*，1839）等。

全书共 502 页，共 8 章。全文葡汉对照。编者此书中所使用的汉语是以北京官话或北方话为标准，这在当时是非同寻常的事。

［葡萄牙］江沙维：《汉洋合字汇》

Joachim Alphonse Goncalves，1780—1844
Diccionario China-Portuguez

此字典于 1833 年在澳门约瑟堂书院出版。

此字典为编者因教学需要而编写，字典中所使用的汉语是以北京官话或北方话为标准。

［葡萄牙］江沙维:《辣丁中国话本》

Joachim Alphonse Goncalves, 1780—1844
Vocabularium Latino-Sinicum

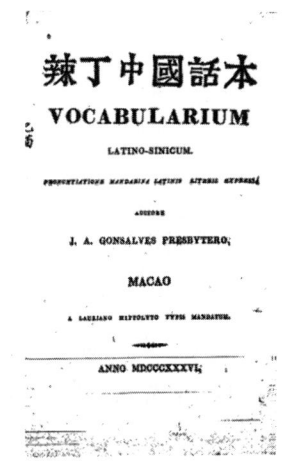

此字典于 1836 年在澳门约瑟堂书院出版，后有重印。

此字典为编者因教学需要而编写，字典分为三栏，第一栏为按字母顺序排列的拉丁文生词，第二栏为相关的中文意思，第三栏为该生词的官话拼音。字典中所使用的汉语是以北京官话或北方话为标准。字典还附一个汉字目录表，据此目录可以根据汉字笔画查出相关汉字，再根据页码找到相关拉丁词，方便学生使用。

［德国］ 郭实猎：《汉语语法指要》

Karl Friedrich August Gützlaff, 1803—1851
Notices on Chinese grammar

英文版于 1842 年出版于巴达维亚。

此书作者署名 Philo-Sinensis，据 1842 年《中国丛报》（*The Chinese Repository*）可知 Philo-Sinensis 为郭实猎笔名。

此书共 148 页，书中内容有拼音法和语源学，采用石印方式，这是当时唯一可用的汉字印刷方式。

［法国］ 加略利编：《汉语百科辞典》

Joseph Gaetan Pierre Marie Callery, 1810—1862
Dictionnaire encyclopedique de la langue chinoise

第十一章　语言、文字

```
DICTIONNAIRE
ENCYCLOPÉDIQUE
DE LA
LANGUE CHINOISE,
PAR
J. M. CALLERY.

TOME PREMIER.

MACAO.—CHEZ L'AUTEUR.
PARIS
À LA LIBRAIRIE ORIENTALE DE BENJAMIN DUPRAT,
```

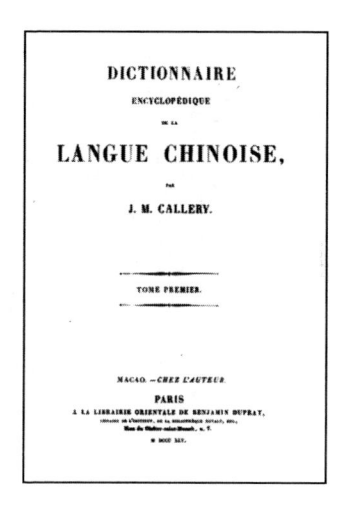

此字典出版于 1842 年，英译本名为：*The encyclopedia of the Chinese language*。

加略利，法国人，原籍意大利，另著有《中国的（太平天国）叛乱：从开始到夺取南京》（*L' insurrection en Chine depuis son origine jusqu' à la prise de Nankin*，1853，巴黎）。

［美国］卫三畏：《拾级大成》

Samuel Wells Williams，1812—1884
Easy lessons in Chinese

英文版于 1842 年出版于澳门。

此书共计 288 页，为促进汉语学习的进阶练习，尤其适于广州方言的学习。

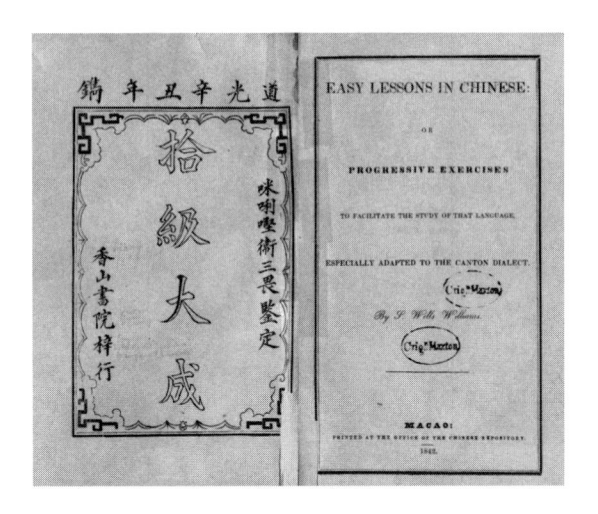

[美国] 卫三畏编：《英华韵府历阶》

Samuel Wells Williams, 1812—1884
An English and Chinese vocabulary, in the court dialect

此字典又名《汉英韵府历阶》，于 1844 年出版于澳门

香山书院。

此字典共计 440 页，主体部分 335 页。为了照顾粤语和闽语方言，编者附录了近 100 页的方言索引。编者卫三畏在前言里说，在编写此字典时参考了马礼逊（Robert Morrison）的字典。

［英国］艾约瑟：《官话口语语法》

Joseph Edkins，1823—1905

A grammar of the Chinese colloquial language commonly called the Mandarin dialect

1857 年由伦敦会印刷处（London Mission Press）初版，共 279 页。1864 年上海美华书馆再版。

全书共分三个部分：1. 发声；2. 话语组成；3. 句法。书后列出了近代的哲学研究书籍、官话文学研究书籍和南方官话研究书籍三种附录。本书参照英文文法的分析方法，用语音、词汇和句法来分析官话。书中不仅分析明清以来以北京方言为基础的官话,而且分析了中国南部、中部和西部等地区由于受方言的影响而在官话使用方面的不同。

[英国] 威妥玛:《寻津录》

Thomas Francis Wade, 1818—1895

The Hsin Ching Lu, or, book of experiments ; being the first of a series of contributions to the study of Chinese

英文版于1859年在香港出版。

本书共3卷,前两卷分别以英文和中文介绍了天类、圣谕广训和北京方言音调等,第三卷列出了北京话音节表。本书是帮助外国人士在华学习汉语、汉字而编纂,威妥玛坚信汉语教学必须以北京话为对象。本书附有北京话音节表。

［英国］威妥玛：《北京字音表》

Thomas Francis Wade, 1818—1895

The Peking syllabary ; being a collection of the characters representing the dialect of Peking ; arranged after a new orthography in syllabic classes, according to the four tones

此书出版于 1859 年，共 84 页。威妥玛使用的中文拉丁化的方案则是在此书中创制。此书中用拉丁字母标出了汉字在北京方言中的读音。适逢中文标准音由旧官话向北京方言过渡阶段，威妥玛抓住了这一历史契机，其影响颇大。

［英国］罗存德：《英华字典》

William Lobscheid, 1822—1893

English and Chinese dictionary ; with the Punti and Mandarin pronunciation

此 4 卷本字典于 1866—1869 年在香港孖剌西报社 (The Daily Press Office) 印行，共 606 页。

罗存德，德裔英国人，理贤会教士。1848 年来华，初在香港。1853 年成为香港中国福音传道会的主要负责人，后在广州传教施医。还编有《英华行箧便览》(*The tourists' guide and merchant's manual*, 1864)。

此 4 卷本字典按照 26 个英文字母的先后顺序排列，不仅有北京官话发音，也注有粤语发音，可算是香港最早的双语字典。该字典收录了 5 万个以上英语单词，译词使用了多达 60 万个汉字，对近现代汉语的形成乃至汉字文化圈都产生了深刻的影响。

［英国］ 威妥玛:《语言自迩集》

Thomas Francis Wade，1818—1895

Yü-yen tzǔ-erh chi : a progressive course designed to assist the student of colloquial Chinese, as spoken in the capital and the metropolitan department

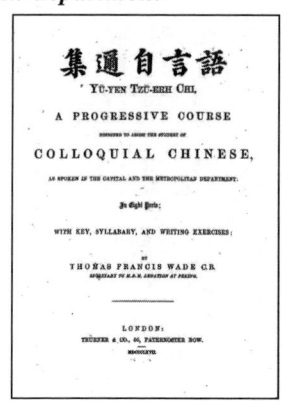

2卷本英文版于1867年在英国伦敦出版,1886年此书3卷本出版,中文译本于2002年在北京大学出版社出版(张卫东译),书名为《语言自迩集:19世纪中期的北京话》。

本书系统地收录了19世纪中期北京官话音系。主要内容有汉字、语音、词汇和语法等,并附有大量的例句、对话、短文甚至相关的文化习俗的小说明。实为世界汉语教育史里程碑式的著作,它为研究汉语史、北京话史及对外汉语教学史提供了丰富的资料。

[英国] 威妥玛:《平仄编》

Thomas Francis Wade, 1818—1895

P'ing-tsê pien, a new edition of the Peking syllabary, designed to accompany the colloquial series of the tzŭ erh chi

1867年此书在英国伦敦出版。

本书是作者《语言自迩集》(Yü-yen tzǔ-erh chi)的配套书籍，是北京音节表新编版本，其中收录了具有代表性的北京方言发音。

[英国] 威妥玛:《文件自迩集》

Thomas Francis Wade，1818—1895

Wên-chien tzǔ-erh chi, a series of papers selected as specimens of documentary Chinese

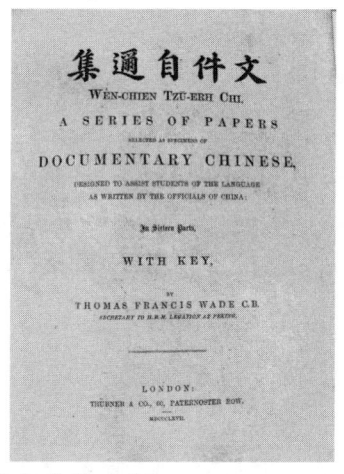

1867 年此书在伦敦出版。

本书共 16 部分，是公文汉语文件选集。搜集了清代乾隆至道光朝的各种公文、诉状、信函、差票、甘结、银票、契约、奏折、榜文和公牍等 150 份。

［英国］威妥玛：《汉字习写法》

Thomas Francis Wade，1818—1895

Han-tzu hsi-hsieh fa : a set of writing exercises, designed to accompany the colloquial series of the tzu-erh chi

1867 年此书在伦敦出版。

［法国］童保禄：《中国格言集》

Paul Hubert Perny，1818—1907

Proverbes chinois, recueillis et mis en ordre

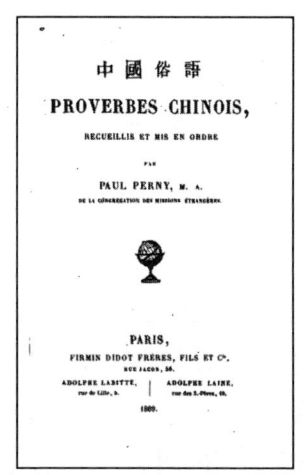

又名《中国俗语》，法文版于 1869 年出版。

童保禄，法国传教士。1844 年来华，1869 年回到法国，在巴黎出版了 4 种西南官话文献，另著有《西语汉译入门》(*Dictionnaire français-latin-chinois de la langue mandarine* parlée，1869）、《汉法拉对话》（*Dialogues chinois-latins : traduits mot a mot avec la prononciation accentuée*，1872）、《西汉同文法》（*Grammaire de la langue chinoise orale et écrite*，1873）等。

［英国］司登得：《汉英合璧相连字典》

George Carter Stent，1833—1884

A Chinese and English vocabulary in the Pekinese dialect

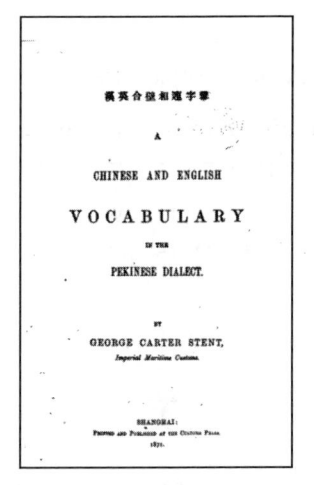

此字典于 1871 年由上海美华书馆初版，1877 年再版，1898 年第三版，共 788 页。

司登得，英国人，1869 年以英国公使馆护送团成员身份到北京，曾在中国海关工作，在烟台、上海和温州等地任职。

该字典收 5000 多个单字，并配有大量的词汇；是最早的以北京方言为基础编纂的字典，编写方式是左边罗马字母注音，中间汉字，右边英文释义。

［美国］卢公明：《英华萃林韵府》

Justus Doolittle，1824—1880

A vocabulary and hand-book of the Chinese language

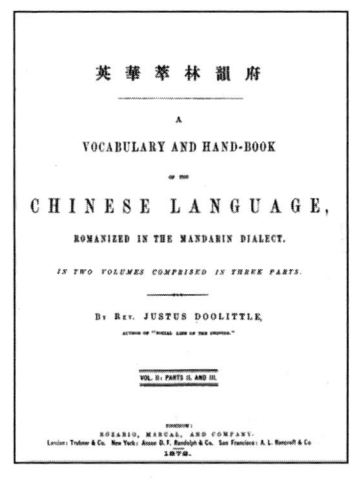

此书 2 卷本于 1872 年出版。

卢公明，美国人，另著有《华人的社会生活》（*Social life of the Chinese: with some account of their religious, governmental, educational, and business customs and opinions*，2 卷，1865）等。

［美国］卫三畏：《汉英韵府》

Samuel Wells Williams，1812—1884

A syllabic dictionary of the Chinese language

又名《汉英拼音字典》，于 1874 年在上海沪邑美华书院出版。

该字典共 1252 页，过去一直是外国人研究中国的必备之书。

[美国] 道格思：《中国的语言和文学》

Robert Kennaway Douglas，1833—1913
The language and literature of China

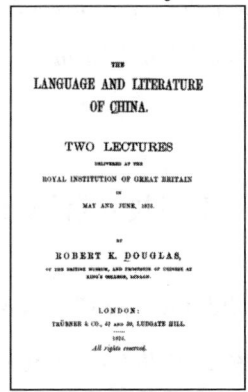

英文版于 1875 年在英国伦敦的特吕布纳出版公司（Trubner and Co.）出版。

全书 118 页，两个部分，第一部分为中国的语言，第二部分为中国文学。此书是作者对中国文学进行的集中与系统的论述。书中有汉字。

［美国］丁韪良：《中国人：他们的教育、哲学和文字》

William Alexander Parsons Martin, 1827—1916
The Chinese : their education, philosophy, and letters

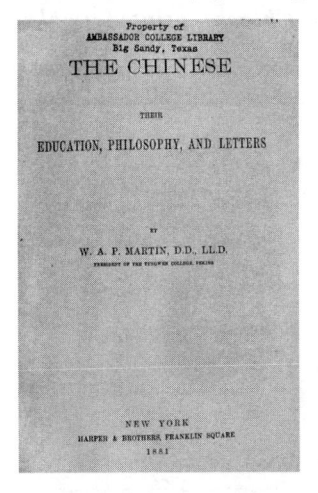

英文版于 1876 年出版，1880 年伦敦版和上海版都将其更名为《翰林院论文集》。

［英国］ 湛约翰：《康熙字典撮要》

John Chalmers, 1825—1900
The concise Kanghsi dictionary
此书出版于1877年。
此书为《康熙字典》的汉英节选本。

［英国］ 道格思：《大英博物馆所藏汉籍目录》

Robert Kennaway Douglas, 1833—1913
Catalogue of Chinese printed books, manuscripts and drawings in the library of the British Museum

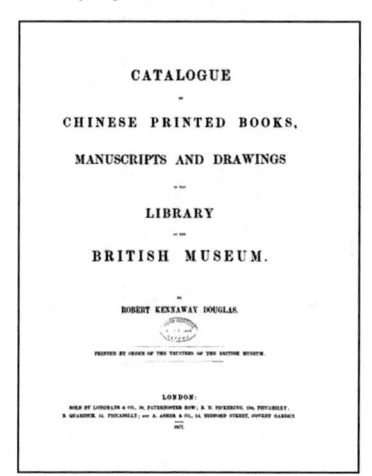

英文版于1877年在英国伦敦出版，又于1903年刊行《目录补编》。

全书共344页，附有索引。其中收录了1699年《名家制义·王守仁稿》,选自俞长城康熙三十八年《可仪堂一百二十名家制义》刻本,同时收入的还有 1685 年 16 卷本《王阳明先生全集》。

[英国] 翟理斯编:《有关远东问题的对照词汇表》

Herbert Allen Giles, 1845—1935

A glossary of reference on subjects connected with the Far East

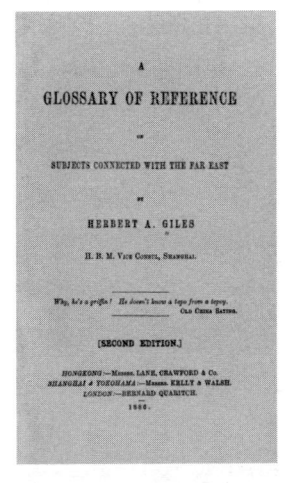

英文首版于 1878 年在香港 Lane, Crawford & Co. 出版,1886 年第二版。

全书共 283 页。此书为编者从日常生活和报刊中收录的关于远东地区的"术语、书目、俚语和短语",编者所谓的远东,主要涉及中国,也包括印度、日本和韩国等。书中主要介绍了与远东相关的各种主题,包括历史、地理、文学、哲学、语言学、宗教、科学和社会学等各种信息。

此书条目按字母顺序排列，每一个词条之下有一个简短的解释，有些是历史性的说明，有些则是词源的说明。

［英国］白挨底、［法国］毕瓯：
《中国的城镇地名辞典》

George MacDonald Home Playfair，1850—1917；
Edouard Constant Biot，1803—1850

The cities and towns of China, a geographical dictionary

英文首版于 1879 年在上海别发洋行出版，后多次再版。

毕瓯，法国人。另著有《中国古今府县地名字典》（ *Dictionaire des noms anciens et modernes des villes et arrondissements de premier, deuxième et troisième ordre compris dans l'empire chinois*) 等。

第十一章 语言、文字　　　　　　　　　　439

I. M. 康狄特编:《英华字典》

I. M. Condit
English and Chinese dictionary

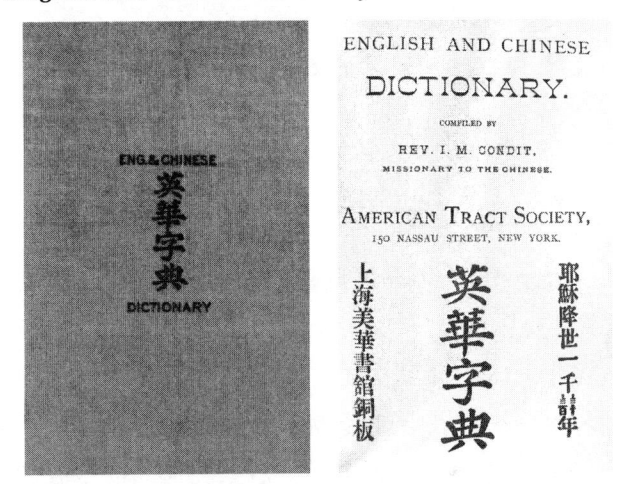

此字典于1882年在上海美华书馆出版。

除此字典外,编者还于同年出版《英语入门》(*English and Chinese reader, with a dictionary*)。

此字典收录了6000多个不同的词语,1500多个解释词语的句子。

[法国] 顾赛芬编:《法汉常谈》

F. Séraphin Couvreur, 1835—1919
Dictionnaire français-chinois contenant les expressions les plus usitées de la langue mandarine

法语版于1884年在河间府出版，1890年此书改名为《汉法字典》。

顾赛芬，1870年到中国，在北京学习汉语，后在直隶省河间府直隶东南教会任传教士（神父）多年。后又返回法国。1904年他再次来到中国，后来在河间府传教和翻译中文典籍，他编写过辞书并翻译了大量中国典籍。他与沙畹、理雅各并称"近代汉籍欧译三大家"。他翻译的中国古籍包括《四书》（1895）、《诗经》（1896）、《书经》（1897）、《礼记》（1899）等；还编有《汉法小字典》（按部首排列）、《汉文拉丁文字典》、《法-英-汉会话指南》等工具书。

这部字典共1007页，几乎不考虑通俗语言（即白话），不收方言和专用词语（如佛教用语）。

[法国] 于雅乐:《汉语会话教科书》

Camille Clement Imbault-Juart, 1857—1897

Manuel de la langue chinoise parlee a l'usage des francais

中法文版于 1885 年在北京北堂印刷厂出版。

于雅乐,法国汉学家、外交家。1880—1882 年为驻华使馆通译生。1883 年署驻汉口领事,兼九江领馆事。1886 年署使馆通译官。1888 年调任驻广州领事兼葡萄牙领馆事。尝署理和正任驻上海总领事馆通译官。1897 年逝世于香港。另著有《汉语会话读本》(*Cours éclectique graduel et pratique de langue chinoise parlée*, 4 卷, 1887—1889)、《汉语实用手册》(*Manuel pratique de la langue chinoise parlée à l'usage des français*, 3 卷, 1892)及《1792 年中国征服尼泊尔史》(*Histoire de la conquête du Népâl par les chinois, sous le régne de Tc'ienn lon͞g*, 1792)和《中国杂记》(*Miscellanees chinois*, 1880)等。1899 年《通报》上刊载有他的著作目录。

全书共 140 页。其主要内容分为三部分:语法介绍、简单的短语和对话、常用词汇集。

[英国] 艾约瑟编:《汉语口语教程》

Joseph Edkins, 1823—1905

Progressive lessons in the Chinese spoken language

1885年由上海美华书馆出版。

本书共 104 页，以北京方言为基础编写而成，分为由易到难的 51 课和 52 组相关词汇。

［德国］穆麟德：《满文文法》

Paul Georg von Möllendorff, 1848—1901

A Manchu grammar, *with analysed texts*

此书于 1892 年由上海美华书馆出版,共 72 页。

全书共分 3 章:1. 语音;2. 词源;3. 句法。本书的重要意义在于作者首次采用了罗马字母转写法,是第一本用英文解释满语文法的书籍。

[英国] 翟理斯编:《华英字典》

Herbert Allen Giles, 1845—1935
A Chinese-English dictionary

此 2 卷本字典于 1892 年由上海别发洋行出版,后有增订版和再版。

此字典为作者花费了近 20 年时间编出,整整两年才完成排版。该词典共收中文单字 13838 个,单字与多字条目分开另栏排,每个单字都有编号并给出其多项英文释义,整部词典正文 6 栏排,正文共 1710 页。此后,翟理斯又花 20 年时间对这部词典进行修订,于 1912 年由别发洋行出版了 3 卷本增订版，在上海、香港、新加坡和日本横滨四地同时发行，这部词典直到 1968 年还在美国重印。

［美国］富善编：《北京方言袖珍词典》

Chauncey Goodrich, 1836—1925

A pocket dictionary,（*Chinese-English*）*and Pekingese syllabary*

```
A
POCKET DICTIONARY,
[CHINESE-ENGLISH]
AND
PEKINGESE SYLLABARY.
BY
Chauncey Goodrich.

PEKING:
1891
```

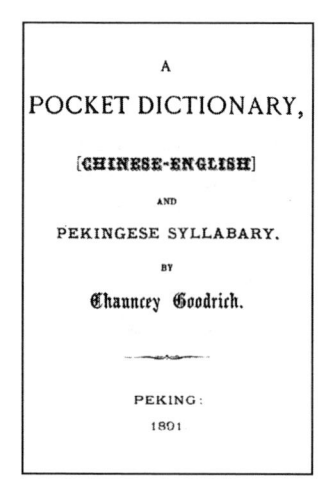

1891 年由北京的北堂印书馆出版，共 315 页；1907 年上海美华书馆再版，共 237 页，口袋本；后被多次重版、重印。

富善，美国公理会传教士，汉学家。1865 年来华，曾任华北协和大学教授 25 年，他还是《圣经》官话和合本的主要翻译者之一。1925 年于北京逝世。另著有《官话特性研究》(*A character study of the Mandarin colloquial*, 1916)。

本字典为作者 1891 年在北京通州编写完成。共 10587

个字，以英文字母为顺序。

［美国］富善：《官话萃珍》

Chauncey Goodrich, 1836—1925

A character study in the Mandarin colloquial, alphabetically arranged

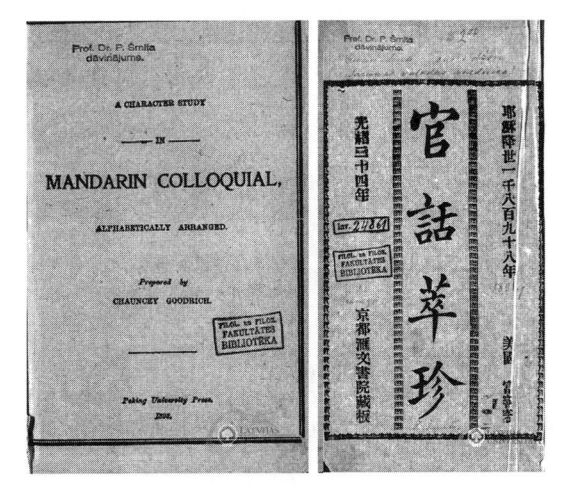

此书于 1898 年在北京出版。

全书共 474 页，4210 项汉字条目按威妥玛音节表顺序排列，从 A 到 Y。每个字母后面列出该字母可以组成的所有音节，每个音节之后列出该音节的所有汉字，每个汉字后面提供数量不等的含有该字的词语和句子，全书约 20 万字。书中内容为清末民初时期北京人经常使用的字、词、句，包括丰富的日常用语和有特色的熟语等，是一本很有价值的北京话口语字典，对于研究 19 世纪末的北京口语意义非凡。

［德国］ 穆麟德:《中国方言的分类》

Paul Georg von Möllendorff, 1848—1901
Classification des dialectes chinois
1899 年本书首版在宁波出版, 1890 年在法国巴黎出版。

本书有两个部分, 第一部分先简单描述了中国的地理环境和民族构成, 然后将汉语方言分成四大类; 第二部分引用陶渊明的《归去来辞》全文, 并附法语对照, 后面附有以北京、南京、湖北、杭州、扬州、徽州、苏州、上海、宁波和广州等 16 种地方方言诵读该文的语音记录。

［英国］ 鲍康宁:《汉英分解字典》

Frederick William Baller, 1853—1922
An analytical Chinese-English dictionary

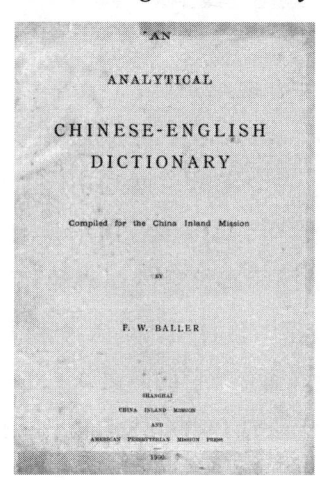

此字典于 1900 年由上海中国内地会、上海美华书馆出版。

鲍康宁，内地会英国传教士、汉学家和教育家。曾在南京学习中文，逝世于上海。参与《圣经》中文译本"和合本"的翻译工作。曾编写文理教材和官话教材，供传教士学习使用。其一生著作颇丰，曾将清朝的《圣谕广训》白话文翻译为英语。

此字典曾起到了很大的作用，许多汉语学习者从中受益匪浅，绝版后，中国内地会曾请澳大利亚的内地会传教士马守真（Robert Henry Mathews，1877—1970）对此字典进行修订。

［美国］狄考文：《官话简明教程》

Calvin Wilson Mateer, 1836—1908
A short course of primary lessons in Mandarin

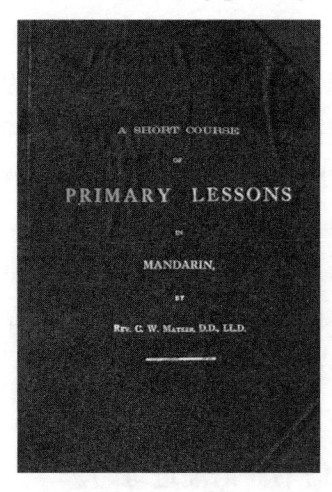

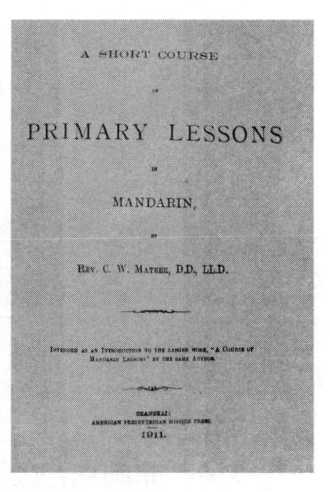

英文版于 1901 年由上海美华书馆出版。

狄考文，美国基督教北长老会教士。1863 年底来华，曾被推选为"中华教育会"首任会长。1908年于青岛逝世。他精通数学,编有《笔算数学》《代数备旨》等,成为当时中国初办学堂时的数学教科书。此外,他还编有《官话课本》(A course of Mandarin lessons based on idiom),是当时外国人学习汉语必备之书。

本书共79页,是他的《官话读本》的介绍性著作,介绍了汉语的发音、笔画、声调、英语拼写与汉语书写的差异、北京音与南京音的对比及对学习者的建议等。

[意大利] 威达雷编:《汉语口语初级读本》

Baron Guido Vitale,1872—1918

A first reading book for students of colloquial Chinese

此书于1901年出版,共264页。

此书由编者从明清时期的笑话集中选录的99篇中国传统寓言笑话改编而成,书中保留了北京方言的诸多特点,作为口语教材也有其独特之处,如书中出现了大量的儿化词、"很"和"狠"通用,书中还出现了大量"把"字句等。此书整体篇幅由短变长,平均句长持续增加,由易到难,逐步深入,中英文目录对应,适合初级水平学生使用。此书展现了清末民初时期北京官话的语言特点,反映了清末民初时期北京日常生活。

[英国] 布勒克:《汉语书面语渐进练习》

Thomas Lownder Bullock,1845—1915

Progressive exercises in the Chinese written language

此书出版于 1902 年。

［英国］苏珊·玛丽·吉宝·汤利夫人：
《我的中文札记》

Susan Mary Keppel Townley，1868—1953
My Chinese note book

又名《我的中文笔记本》，英文版于 1904 年在伦敦出版，同年再版。

此书共 338 页，其中有多幅北京的插图，如紫禁城大门等。

［德国］ 赫美玲编：《英汉口语词典》

Korl Hemeling，1878—1925

A dictionary from English to colloquial Mandarin Chinese

此词典于 1905 年由上海中国海关（Chinese Martime Customs）出版。

赫美玲，德国人，1898 年进入中国海关，曾在南京、上海、北京等地任职，1908 年获清政府四品官衔，一战结束后被遣送回国，1921 年再次来华，居住在北京。

此词典是编者赫美玲在司登得《汉英合璧相连字典》基础上修订、补充而成，共 804 页。

［荷兰］ 费克森：《邮政文件中出现的主要汉语语汇表》

Ferguson，Jan Willem Helenus，1881—1923

A glossary of the principal Chinese expressions occurring in postal documents

此书出版于 1906 年。原书译名为《邮政成语辑要》。

费克森，荷兰人，另著有《荷兰人在华法律地位》（De

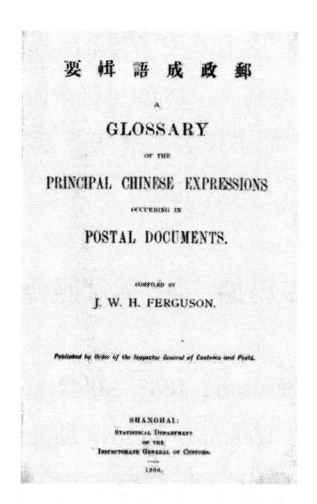

rechtspositie van nederlanders in China, 1925) 等。

[意大利] P. 布列地编:《汉英词典》

P. Poletti

A Chinese and English dictionary

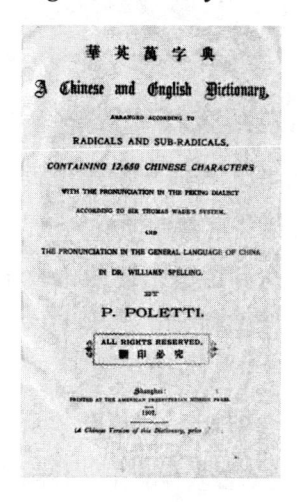

此字典于 1907 年由上海美华书馆出版。

P. 布列地，意大利人，1876 年进中国海关工作。

本书共 406 页，原书译名为《华英万字典》，它依据威妥玛拼音系统排列词序，共收 12650 个汉字。

［爱尔兰］傅多玛编：《中英对照普通话常用语》

Thomas Cosby Fulton，1885—1942

Chinese-English Mandarin phrase book：Peking dialect

此书于 1911 年由上海美华书馆出版，共 215 页。

此书又名《汉英北京官话词汇》，是一个汉英表达的对照本。这本书是为初到中国东北的传教士而写，里面是些中英文对照的日常对话和常用短语，共有 3000 多个词条和对话。

1927 年再版。全书共 346 页，有 24 章。

傅多玛，爱尔兰基督教传教士，1884 年受爱尔兰基督教长老会的派遣，前往满洲（现今的东北），停留在东北营口，花了大量精力进行广泛的传教工作。那个时期他在东北建立的教堂和布道之地最多。1899年他加入了沈阳的联合神学院，余生传教生涯奉献在神学教育上。1941年退休。

[加拿大] 季理斐编：《英华成语合璧字集》

Donald MacGilliray, 1862—1931

A Mandarin-Romanized dictionary of Chinese：including new terms and phrases, now current

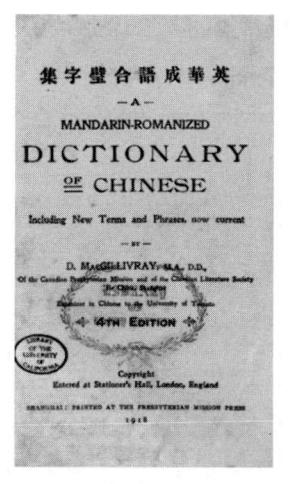

1911年上海美华书馆出版，之后多次修订再版，至1930年第8版于英国伦敦Entered at Stationer's Hall出版社出版，在上海印刷。

季理斐，加拿大基督教长老会传教士，1888年来华，次年任上海广学会（Christian Literature Society）编辑。其他著作有《基督教新教在华传教百年史》（*A century of protestant missions in China*, 1807–1907)。

该字集为季理斐对司登得的《汉英合璧相连字典》的修订、更正和扩充,但其修订的原则仍遵从司登得的方法。其所收词汇分为汉语常用词汇、清末时依然流行如今却已不通用的词汇、中国传统文化中所独有的事物或典故和清末刚出现不久的词汇,反映了19世纪末至20世纪初我国政治、经济、法律、教育和自然科学的发展。

[英国] 鲍康宁编:《华文释义》

Frederick William Baller,1853—1922
Lessons in elementary Wen-Li

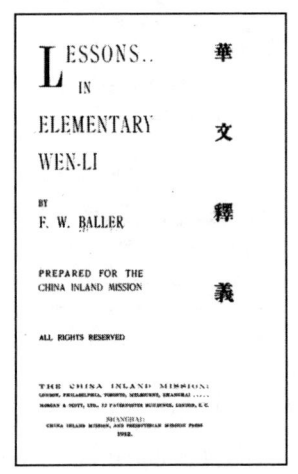

此书于1912年由上海中国内地会、上海美华书馆出版。

全书128页,书前附有索引,书后附有目录。此书第一课为"北京兵变",第二课"北京兵变再记",第三课"谈兵"等。

［德国］赫美玲编：《英汉官话口语词典》

Korl Hemeling, 1878—1925

English-Chinese dictionary of the standard Chinese spoken language and handbook for translators, including scientific, technical, modern and documentary terms

1916年由中国海关总税务司署驻沪造册处（Statistical Department of the Inspectorate General of Customs）出版。

本书共1726页，在其1905年出版的《英汉口语词典》基础上编纂而成。

［英国］库寿龄编：《中国百科全书》

Samuel Couling, 1859—1922

The encyclopaedia Sinica

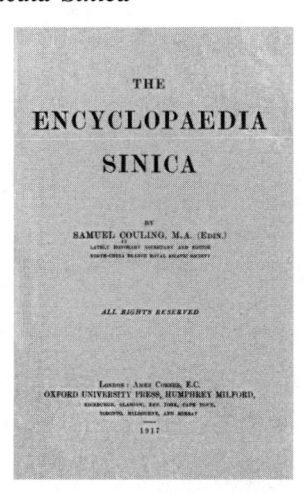

英文版出版于 1917 年。

［瑞典］高本汉:《北京方言发音读本》

Bernhard Karlgren，1889—1978

A Mandarin phonetic reader in the Pekinese dialect, with an introductory essay on the pronunciation

1918 年在瑞典的斯德哥尔摩（P. A. Norstedt & Soner）出版社出版。

高本汉，瑞典著名汉语言学家，1910 年来华，对中国各地方言有特别研究。

本书是高本汉编写的唯一一部关于北京方言的专著，全书共 187 页。主要内容为中文读音注本，介绍了京腔读音。罗列了威妥玛的汉字罗马字拼音法、狄考文的官话系统、俄语对汉语的几种发音系统，以及自己又编出的语音系统对照北京方言的读音。

禧在明编：《袖珍英汉北京方言词典》

Walter Hillier，1849—1927
An English-Chinese dictionary of Peking colloquial
1918 年由英国伦敦的 E. L. Morice 出版社出版。全书共 1030 页。

禧在明，外交官。

《正音字典——汉语、马来语、英语对照》

Lim Yauw Tjiang
A Mandarin dictionary（Chinese-Malay-English）and Peking syllabary

作者不详，英文名为 Lim Yauw Tjiang。1922 年出版于上海，共 370 页。

［瑞典］高本汉：《汉语词族》

Bernhard Karlgren, 1889—1978
Word families in Chinese
1933 年出版。

［美国］白瑞华：《甲骨五十片》

Roswell Sessoms Britton, 1897—1951
Fifty Shang inscriptions
英文版出版于 1940 年。

第十二章

哲学、宗教

［意大利］利玛窦：《基督教远征中国史》

Matteo Ricci, 1552—1610

De Christiana expeditione apud Sinas suscepta ab societate iesu

原始手稿为意大利文，写成时间应为1610年，金尼阁翻译成拉丁文，1615年在德国的奥古斯堡（Augsburg）拉

丁文首版，后多次重印并再版。1616年法文首版，1617年德文首版，1621年西班牙文首版，1622年意大利文首版（译自拉丁语），1625年英文版（选译本）等，目前中文版本有三个，分别是1986年台湾光启出版社出版的《利玛窦中国传教史》（刘俊馀、王玉川译）、1983年中华书局出版的《利玛窦中国札记》（何高济等译）、2014年商务印书馆出版的《耶稣会与天主教进入中国史》（文铮译）。

利玛窦，意大利的天主教耶稣会传教士、学者。明朝万历年间来到中国传教，是天主教在中国传教的开拓者之一，对中西交流做出了重要贡献。1601年初抵北京，1610年在北京病逝，葬于北京滕公栅栏墓地。还著有《交友论》《山海舆地全图》《天主实录》《二十五言》等。

此书共5卷，第一卷概述当时中国各方面情况，第二至第五卷记叙传教士们（包括利玛窦本人）在中国的传教经历。作者从南京第一次进京时，对这两个城市做了比较，他认为南京已逐渐衰微，像是一个没有精神的躯壳，而北京则由于有皇帝在而变得越来越有吸引力。此书为后来的传教士和启蒙思想家了解中国和认识北京提供了丰富的知识资料。

［德国］汤若望编：《1581—1669年耶稣会传教士在华正统信徒之兴起和发展报告》

Johann Adam Schall von Bell, 1591—1666
Historica relatio de ortu et progressu fidei orthodoxae in

Rgno Chinensi : per missionarios societatis Jesu ab anno 1581 usque ad annum 1669

1669 年此书拉丁语首版在维也纳出版，为汤若望从他与他的友人和其他传教士的往来信件中选辑编著，1834 年在维也纳出版加注的德文译本《中国天主教传教史》。

汤若望，德国耶稣会传教士、科学家。1622 年来华传教，在中国生活了 44 年后在北京去世，葬于北京滕公栅栏墓地。

本书拉丁版本共 25 章。第一章：耶稣会在中国传教工作之开端；第二章：耶稣会士对中国天文历法的改革；第三章：耶稣会士借助天文历法立足中国；第四章：带入中国的天文历法的计算方法；第五章：基督教信仰在中国的传播；第六章：皇帝对天文历法的赞许；之后是关于满族对于明朝的攻略、清王朝的建立和统治、清朝帝王对于天文学的兴趣等。德文版本共 23 个部分，基本内容与拉丁语版本相同。

［意大利］殷铎泽：《1581—1669 年中国传教状况报告》

Prospero Intorcetta，1625—1696

Compendiosa narratione : dello stato della missione Cinese, cominciado dall' anno 1581 fino al 1669

意大利文首版于 1672 年在罗马出版。

殷铎泽，意大利耶稣会士，1659 年抵达澳门，精通中国语言文字，1696年卒于杭州，葬于大方井公墓。

本书共3个部分，第一部分：简述1581年以来，中国教徒人数增长情况，统计了以中文刊印的131种各类教义书籍，最后详述了杨光先教案（1664—1669）始末；第二部分：列举因杨光先教案受审的30名神职人员；第三部分为上帝的神迹。书后附两封信。

[意大利] 殷铎泽：《中国政治道德学说》

Prospero Intorcetta, 1625—1696

Sinarum scientia politico-moralis

拉丁文译本首版于1672年在法国巴黎出版。

本书以朱熹《四书章句集注》为其翻译底本，书中《中庸》为首个拉丁文译本。

[法国] 李明:《中国近事报道》

Louis Le Comte, 1655—1728

Nouveaux mémoires sur l'état présent de la Chine

2卷本法语版首版于1696年在巴黎出版,4年间重版5次;另有英文、意大利文及德文译本;中文译本于2004年由大象出版社出版(郭强等译)。

李明,法国耶稣会士,法国国王路易十四1685年派往中国的5位传教士之一。1688年到达北京,受到康熙帝的接见,曾为康熙帝讲授天文学。还著有《中国礼仪论》(*Sur les rites chinois*, 1700) 和《耶稣会李明神父致内公爵关于中国礼仪的书信》(*Lettre du R. Pere Lois le Comte, de la compagnie de Jesus: a monseigneur le duc cu maine, sure les ceremonies de la Chine*, 1700) 等。

此书是李明神父个人对中国的全面报道,相关信息包括：康熙皇帝接见；北京城的布局、街道、建筑、皇宫、观象台、城墙和城门；长城；中国的气候、土地、运河、河流和水果；中华民族的特点；中国人日常的清洁卫生和典雅奢华；中国的语言文字、书籍和道德，"五经"简介；中国人的算学、天文学、医学、中草药、茶叶、航海；中国的政治和政府；等等。

［德国］ 莱布尼茨：《中国新事萃编》

Gottfriend Wilhelm von Leibniz，1646—1716

Novissima Sinica：historiam nostri temporis illustratura

拉丁文首版于 1697 年出版，第二版出版于 1699 年；中文译本名为《中国近事：为了照亮我们这个时代的历史》于 2005 年由大象出版社出版（梅谦立译）。

莱布尼茨是德国历史上最重要的自然科学家、数学家、物理学家、历史学家和哲学家之一，是举世罕见的科学天才。

本书为作者在其所收集的传教士书信、报告和书籍的基础上而著成。主要内容包括关于清廷允许基督教在中国传播的报告、当时皇帝研习欧洲算学和天文学、北京来信、俄罗斯使团三次出使中国的路径、中俄战争、《尼布楚条约》、中国皇帝的传记等。

[德国] 约瑟·施特克莱因：《耶稣会传教士传教志》

Joseph Stöcklein，1676—1733

Allwehand so Lehr-als Geist-reiche brief，schriften und Reis-Beschreibungen

1726—1755 年此书德文首版在奥格斯堡出版，本书是作者根据耶稣会传教士 1642—1726 年间在印度和其他国家传教时寄回欧洲的信件、游记和收藏整理而成。本书实为作者在格拉茨（Graz）天主教国外传教团图书馆出版的德

国第一份传教杂志,共 40 期,他自己编辑了 24 期。

约瑟·施特克莱因,德国耶稣会士。

本书主要记录了耶稣会士在各地传教的困难、遭遇、成果和贡献等。第 5—8 期有大量关于中国的记载:对中国海员迷信的描述;6 个传教士在 1788 年被派往皇宫,帮助以和平方式解决了中国和莫斯科之间的战争,皇帝为了奖赏这些传教士,让基督教信仰在全国得到庇护;皇帝跟耶稣会传教士学习欧洲科学,并允许他们在皇宫内建立教堂;皇帝与传教士之间的关系和变化等。

[瑞士] 米克尔·维莱莫莱斯:《中国宗教状况轶事》

Michel Villermaules,1672—1757

Anecdotes sur l'état de la religion dans la Chine

1733—1742 年本书 7 卷本法文首版在法国巴黎出版。

米克尔·维莱莫莱斯,生于瑞士,圣稣尔比斯会士。

第十二章 哲学、宗教　　　467

本书第四卷主要是罗马教皇特使嘉乐主教 1720—1721 年来华日记，内容涉及因为礼仪之争嘉乐写给康熙帝的信件，意大利传教士、康熙帝宫廷乐师德理格（Pedrini）被康熙帝逮捕等一系列情况。

[法国] 多尔图·德·梅朗主编：
《致北京耶稣会传教士巴多明神父关于中国各种问题的通信》

Jean-Jacques d'ortous de Mairan, 1678—1771

Lettres de M. de Mairan, au R. P. Parrenin, missionnaire de la compagnie de Jesus, à Pékin : contenant diverses questions sur la Chine

法文首版于 1759 年在法国巴黎出版，1770 年在巴黎的皇家印刷局（Imprimerie Royale）再版。

德·梅朗，法国物理学家、天文学家、生物学家，

1719 年被选进法国皇家科学院。1728 年至 1740 年间，德·梅朗向巴多明寄出了一系列有关中国历史文明、天文学的信件。

巴多明（Dominique Parrenin，1665—1741），法国耶稣会传教士，1697 年被派往中国，次年入华、进京。康熙皇帝亲自选择老师为他教授满、汉语言。巴多明很快精通满、汉语，是康熙后期随侍左右的主要翻译，曾直接为康熙帝讲授西学课程，先后在宫廷为康熙、雍正、乾隆三个皇帝服务，长达 40 余年之久。

本书的主要内容为德·梅朗给巴多明神父的三封信。信中，德·梅朗对中国科学落后于欧洲给出自己的解释，认为中国人缺乏抽象思辨能力，中国人对政府的顺从、对于国家荣耀和幸福的在意、对现状的满足，使他们缺乏洞察力和好奇心。他还对中国人的语言和思辨能力等方面产生质疑。

［荷兰］德保：《关于埃及人和中国人的哲学研究》

Cornelius Pauw，1739—1799

Recherches philosophiques sur les Egyptiens et les chinois

1773 年此书 2 卷本的法文首版于阿姆斯特丹和莱顿出版。

德保，荷兰哲学家、地理学家。

本书 2 卷共 10 篇，主要内容有埃及和中国妇女的地位、人口状况；埃及和中国人的饮食方式；埃及、中国人和一般东方人的绘画和雕刻；埃及的玻璃和中国的陶瓷制

第十二章　哲学、宗教

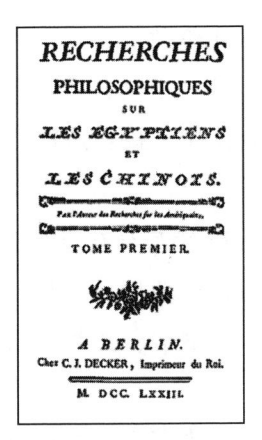

造；埃及和中国人的建筑；埃及和中国人的宗教、政府等。本书附《古埃及长城图》1幅。

［英国］艾莉莎·马礼逊编辑整理： 《马礼逊回忆录》

Eliza A. Morrison

Memoirs of the life and labours of Robert Morrison, D. D.

1839年英文首版在伦敦出版，由马礼逊第二任夫人艾莉莎·马礼逊编辑整理，中文译本分别于2004年和2008年由广西师范大学出版社（顾长声译）和大象出版社（张西平等主编）出版。

马礼逊夫人于1824年与马礼逊结为连理，之后追随马礼逊来到澳门。在马礼逊逝世后，马礼逊夫人收集、整理了马礼逊的日记、来往书信、文章和朋友的回忆等大量资料汇编成此书。

本书收录了大量的原始资料，其中收录了马礼逊与教会、朋友、圣经学会等的大量书信，1816年马礼逊随"阿美士德"号到北京的沿途见闻，1816年嘉庆帝给英王的信等。

［瑞典］龙思泰：《在华葡萄牙居留地简史，在华罗马天主教会及其布道团简史，广州概况》

Andrew Ljungstedt, 1759—1835

An historical sketch of the Portuguese settlements in China; and of the Roman Catholic Church and mission in China. A supplementary chapter, description of the city of Canton

英文版于1836年在波士顿出版，中文译本于1997年在北京东方出版社出版（吴义雄、郭德焱、沈正邦译）。

龙思泰，瑞典商人、历史学家，瑞典首个驻华领事。死后葬在澳门基督教坟场。

此书共分为三篇，上篇《在华葡萄牙居留地简史》，下

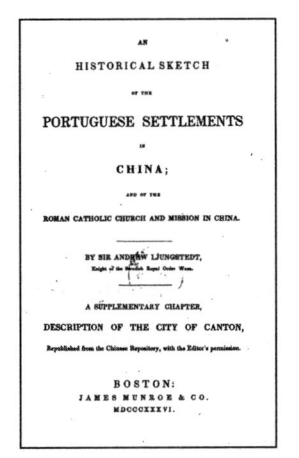

篇《在华罗马天主教会及其布道团简史》，以及后来增加的《广州概况》，作者将三篇著述加以修订，汇为一书。

[法国] 巴赞：《中华帝国宗教史及其法规研究》

Antoine Bazin, 1799—1862

Recherches sur l'origine, l'histoire et la constitution des ordres religieux dans l'empire chinois

法文版于 1856 年在巴黎出版。

巴赞，汉学家，未到过中国，在中国白话和通俗文学领域研究卓著。他师从儒莲，是东方语言学校汉学教授，巴黎亚细亚学会成员。

［美国］克陛存：《花国的蒙昧——华北的宗教观和民众的迷信》

Michael Simpson Culbertson，1819—1862

Darkness in the flowery land ; or , religious notions and popular superstitions in North China

此书于 1857 年在纽约出版。

［法国］ 古伯察：《基督教在中国及中国鞑靼和西藏地区》

Evariste Régis Huc，1813—1860

Le Christianisme en Chine，en Tartarie et au Thibet

4 卷本法文版于 1857—1858 年在法国巴黎 Gaume Freres 出版社出版，其英文译本（同年）为 3 卷本。

古伯察，法国入华遣使会会士。精通汉语、满语和蒙古语及少许藏语，学识渊博，熟悉中国经典著作。1839 年赴澳门传教。1841 年到内蒙古地区传教。1844 年古伯察从内蒙古东部出发，历经 18 个月，横穿中国北部，1846 年到达西藏拉萨。后到达四川、湖北、江西、广州，抵达澳

门。他是第一批进入西藏腹地的法国人，也是西方最早对蒙藏地区各方面做详细记述的人。他还著有《中华帝国：鞑靼、西藏游记》（*The Chinese empire：recollections of a journey through Tartary and Thibet*，1855）。

本书主要叙述元明清时期基督教在中国的传教史，尤以清朝传教史更为翔实。书中还介绍了马可·波罗、利玛窦以及后来的汤若望、卫匡国等传教士与宫廷的关系，法国传教士在北京建立教堂等。

英文3卷本内容包括：第一卷介绍从信徒圣托马斯到发现好望角。第二卷从发现好望角到中国清王朝的建立。第三卷从清王朝的建立到18世纪开始。

[法国] 查尔斯·圣弗伊：
《耶稣会士利玛窦在中国》

Charles Sainte-Foi，1805—1861

Vie de R. P. Ricci, apôtre de la Chine

2 卷本法文版于 1859 年在法国巴黎的图尔奈卡斯特曼（Tournai H. Casterman）出版社出版。

查尔斯·圣弗伊是伊洛伊·乔丹（Éloi Jourdain）的化名，他是新闻记者、传记作家。

此书分 2 卷，共 668 页。

［英国］艾约瑟：《中国的宗教》

Joseph Edkins, 1823—1905

Religion in China ; containing a brief account of the three religions of the Chinese : with observations on the prospects of Christian conversion amongst that people

英文首版于 1859 年出版，第 2 版于 1878 年出版，第 3 版于 1884 年出版。

第十二章　哲学、宗教

> RELIGION IN CHINA;
> CONTAINING
> A BRIEF ACCOUNT OF THE THREE RELIGIONS
> OF THE CHINESE:
> WITH
> OBSERVATIONS ON THE PROSPECT OF CHRISTIAN
> CONVERSION AMONGST THAT PEOPLE.
>
> BY
> JOSEPH EDKINS, D.D.
>
> Third Edition
>
> LONDON:
> TRÜBNER & CO., LUDGATE HILL.
> 1884.
> [all rights reserved.]

［英国］ 简·艾德金斯：《中国景观和中国人》

Jane R. Edkins, 1838—1861

Chinese scenes and people : with notices of Christian missions and missionary life in a series of letters from various parts of China

英文版于1863年在伦敦出版。

简·艾德金斯，英国人，伦敦会传教士汉学家艾约瑟（Joseph Edkins）之妻，20岁随丈夫到中国上海，3年后病逝，葬在天津。

此书作者对中国的描述较为完整，也提出了更多新的论点，其中有许多抒情段落，不时发出"中国太美了""我真爱这块'锦绣大地'"的感叹。

［德国］花之安：《中国宗教学导论》

Ernst Faber, 1839—1899

Introduction to the science of Chinese religion

英文版出版于 1879 年。

［英国］艾约瑟：《中国的佛教》

Joseph Edkins, 1823—1905

Chinese Buddhism：a volume of sketches, historical, descriptive and critical

英文版于 1880 年在伦敦出版。

[英国] 毕尔:《中国的佛教》

Samuel Beal, 1825—1889
Buddhism in China

此书出版于 1884 年。

毕尔,英国人。另著有《法显、宋云游记》(*The travels of Fah-Hsien and Sung-Yun*, 1869)、《汉文佛典纪要》(*A catena of Buddhist scriptures from the Chinese*, 1871) 等。

[美国] 香便文:《基督教与中国》

Rev. Benjamin Couch Henry, 1850—1901
The cross and the dragon, or, light in the Broad East

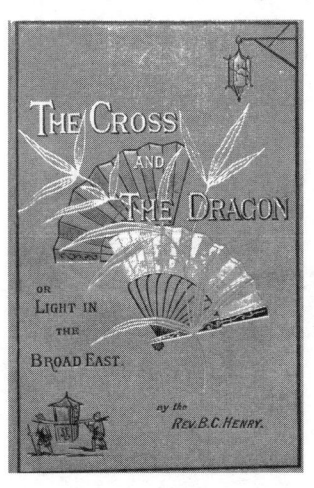

又名《十字架和龙》,英文首版于 1885 年在英国伦敦出版,共 507 页,同年纽约再版,共 483 页。

香便文，美国北长老会传教士。1873年来广州传教，1888年与哈珀（Andrew P. Happer）一同创办了私立广州岭南大学的前身格致书院（Christian College in China），他研究中国植物，在华南旅行时搜集各种花草。另著有《岭南记》（Ling-Nam: or, interior view of Southern-China, including explorations into the Hitherto Untraveled Island of Hainan, 1886）等。

［美国］ 杜步西：《中国的三教：儒、释、道》

Hampden Colt Du Boss, 1845—1910

Dragon, image and demon or, the three religions of China, Confucianism, Buddhism and Tanism

英文版出版于1886年。

杜步西，美国人，另著有《"姑苏"——江苏的省会》（"Beautiful soo", the capital of Kiangsu, 1899）等。

［英国］ 富世德：《基督教在中国的发展》

Arnold Foster, 1846—1919

Christian progress in China

英文版出版于1889年。

[英国] 司督阁:《在满洲十年——1883—1893年盛京医务传教活动史》

Dugald Christie, 1855—1936

Ten years in Manchuria : a story of medical mission work in Moukden, 1883-1893

英文版出版于1895年。

司督阁,苏格兰人,另著有《在满洲首府三十年——司督阁回忆录》(*Thirty years in Manchu capital, in and around Moukden, peace and war : being the recollections of Dugald Christie. C. M. G.*) 等。

[德国] 巴兰德:《中国的哲学和国立的儒教》

Maximilian August Scipio von Brandt, 1835—1920

Die chinesische philosophie und der Staatskonfu-zianismus

此书出版于1898年。

[英国] 海思波:《中国内地会殉难教士录》

Marshall Broomhall, 1866—1937

Martyred missionaries of the China Inland Mission

此书出版于1901年。

[德国] 艾德:《中国佛教手册》

Ernest John（Ernst Johann）Eitel, 1838—1908
Handbook of Chinese Buddhism

此书出版于 1904 年。

艾德,德国人,另著有《客家人的历史》（*History of the Hakkas*）、《佛教演讲录》（*Three lectures on Buddhism*, 1871）、《在中国的欧洲——香港史》（*Europe in China: the history of Hongkong from the beginning to the year 1882*, 1895）、《风水——中国自然科学的萌芽》（*Feng-Shui: or the rudiments of natural science in China*, 1873）、《广州方言汉英辞典》（*A Chinese dictionary in the cantonese dialect*, 1877）等。

［英国］ 庄延龄：《中国与宗教》

Edward Harper Parker, 1849—1926
China and religion

英文版在 1905 年在纽约出版。

庄延龄，英国汉学家。1869 年来华，初在英国驻北京公使馆任翻译，后在天津、汉口、广州等地领事馆供职，担任过上海、福州等地的领事。1896 年任英国利物浦大学汉语讲师。1901 年起任曼彻斯特大学汉语教授。对中国的宗教、历史、外交等领域有许多研究著述。另著有《鞑靼千年史》(*A thousand years of the Tartars*, 1895) 和《蒙古游记》(*Travels in Mon-golia*, 1870—1871) 等。

［英国］ 波乃耶：《中国人及其宗教》

James Dyer Ball, 1847—1919
The celestial and his religions or the religious aspect in China

英文版在 1906 年出版。

［英国］ 海思波：《大清国——概论和教会概况》

Marshall Broomhall, 1866—1937
The Chinese empire ; a general & missionary survey

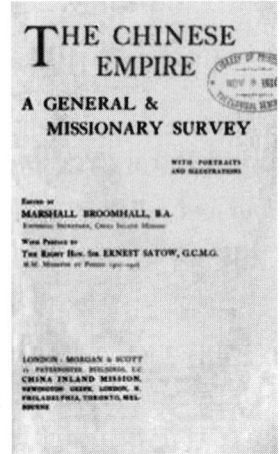

英文版于 1907 年在伦敦出版，萨道义爵士（Sir Ernest Satow，1843—1929）作序。

萨道义，英国外交官、学者，1900—1906 年驻大清公使，代表英国签署了《辛丑条约》《中英续订藏印条约》。

［美国］ 柏赐福编：《美以美会在华一百年文献集》

James Whitford Bashford，1849—1919
China centennial documents
此书出版于 1907 年。

柏赐福，又名贝施福，美国人。另著有《中国与美以美会》（*China and Methodism*，1906）、《中国述论》（*China：an interpretation*，1916）。

[英国] 庄士敦：《佛教中国》

Reginald Fleming Johnston，1874—1938
Buddhist China

英文版于 1913 年在英国伦敦的约翰·穆莱出版社（John Murray Ltd.）出版。

[法国] 禄是遒：《中国民间信仰研究》

Henri Doré，1859—1931
Recherches sur les superstitions en Chine

法文版 18 卷于 1914—1938 年间陆续出版。英文版（书名为 *Researches into Chinese superstition*）由禄是遒与甘沛澍（Kennelly Martin）、芬戴礼（Daniel. J. Finn）合作翻译，并加注释。

禄是遒，法国耶稣会士，1884 年来到中国。曾在上海和江南一带传教 30 多年。曾在徐家汇藏书楼工作，从事著述、研究和教学活动。1931 年 12 月逝世于上海。

此书是禄是遒神父花费毕生精力，结合文献研读和田野调查，撰写而成的关于中国民间宗教的皇皇巨著。全书共 18 卷，主要内容是 19 世纪末 20 世纪初中国民间风俗与信仰，著者收录了大量的年画、神仙、佛教、符咒等民俗插图。

［英国］海思波：《中国内地会五十年》

Marshall Broomhall, 1866—1937
The jubilee story of the China Inland Mission
英文版于 1915 年出版。

［英国］乐民乐：《中国宗教的历史沿革》

Walter James Clennel, 1867—1926
The historical development of religion in China
英文版出版于 1917 年。

［法国］戴遂良：《中国宗教信仰及哲学观点通史》

Léon Wieger, 1856—1933
Histoire des croyances religieuses et des opinions philosophiques en Chine depuis l'origine jusqu'a nos jours

1917 年初版，1922 年和 1927 年在献县出了第二、三版。1927 年倭讷英译本名为 *A history of the religious beliefs and philosophical opinions in China from the beginning to the present time*，1969 年在纽约重版。1976 年再译成英文版，译名为《道教：中国的哲学》。

戴遂良，法国汉学家。1881 年来华，在直隶东南耶稣会任教职，大部分时间在献县。开始为医师，后致力于汉学。留下了 30 册几乎各方面都有触及的著作，如《中国现代民俗》(*Folklore chinois modeme*) 等。

［法国］包士杰：《正福寺墓地与教堂》

Jean Marie Vincent Planchet，1870—1948

Le cimetière et la paroisse de Cheng-Fou-Sse，1732 - 1917

法文本于 1918 年由北京的法国遣使会印刷处（Imprimerie Des Lazaristes）出版。

包士杰，又名包世杰，法国天主教遣使会传教士，1894 年来华，在上海传教，1896 年到北京，任遣使会司铎，于 1909 年在北京出版了一部福音书合参。

本书共 117 页，分为墓地、教堂与附录 3 个部分，墓地部分有 14 章，教堂部分有 8 章，附录有 4 个部分。

［德国］帕金斯基：《神佛在中国：中国行记》

Friedrich Perzyński

Von chinas göttern : reisen in China

德文本出版于 1920 年。

帕金斯基，19 世纪末期以来，他一直活跃在北京的古玩市场，专门收集中国古代佛教造像。

此书为作者在中国收集中国古董的经历，书中包含北京、河北、广州、杭州、热河等地（涉及圆明园、睒子洞、易县三彩罗汉、石窟造像等）约 80 幅老照片及版画图版。

[美国] 胡金生编：《华夏的挑战和监理会的回应：在华监理会在一九二〇年北京的计划研究和讨论会上所采取的计划》

Paul Hutchinson, 1890—1956

China's challenge and the Methodist reply. Program of the Methodist Episcopal Church in China adopted at the program study and statement conference, Peking, Jan. 27-

Feb. 10,1920

此书于 1920 年由上海的华美书馆印刷。

胡金生是美国传教士,曾来华办报。

[英国] 巴慕德:《中国与现代医学——关于医务传教发展的研究》

Harold Balme, 1878—1953

China and modern medicine: a study in medical missionary development

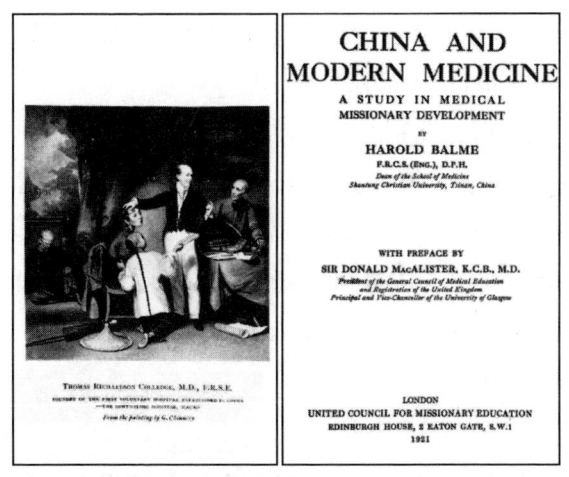

英文版出版于 1921 年。

[法国] 包士杰:《庚子北京殉难录》

Jean Marie Vincent Planchet, 1870—1948

Documents sur les martyrs de Pekin pendant la

persecution de Boxeurs

法文版于 1922—1923 年出版。

本书共有 2 卷。

［法国］A. 托马斯：《北京传教史：从开始到遣使会的到来》

A. Thomas, 1870—1948

Histoire de la mission de Pékin depuis les origines jusqu'à l'arrivée des Lazaristes

法语版于 1923—1926 年由法国巴黎的路易米修（Louis-michould）出版社出版。

A. 托马斯，北京北堂遣使会包士杰的别名。

此书分 2 卷，第一卷共 463 页：《从开始到遣使会抵京》(*Depuis les origines jusqu'à l'arrivée des Lazaristes*)；第二卷共 758 页：《从遣使会抵京到义和团运动》(*Depuis l'arrivée des Lazaristes jusqu'à la revolte des Boxeurs*)。书中附有大量的插图。

［法国］包士杰：《栅栏天主教墓地与艺术：1610—1927》

Jean Marie Vincent Planchet, 1870—1948

Le cimetière et les oeuvres Catholiques de Chala, 1610-1927

1928年由北京法国遣使会印刷处（Imprimerie Des Lazaristes）出版，法文写成。

本书共287页，分10章，主要内容涉及明朝的栅栏墓地、葡萄牙耶稣会墓地、西堂墓地、义和团对墓地的毁坏、墓地的修复、现存墓地等。

［美国］文类思：《北京四座教堂》

W. Devine，1892—？
The four churches of Peking

1930年由英国伦敦Burns, Oates & Washbourne Ltd. 出版。

文类思，美国遣使会传教士，1925年来华。

本书225页，共18章。讲述了北京的四座天主教教堂的历史，反映了天主教在北京发生和发展的历史和状况。四座教堂分别为救世堂、无玷始胎圣母堂、若瑟堂和圣母圣心堂。

［法国］ 裴化行：《天主教十六世纪在华传教志》

Bernard Henri，1897—？

Aux portes de la China les missionnaires du seizième siècle，1514-1588

出版于 1933 年。

裴化行，法国人，另著有《中国学识与基督教之间历史关系的研究》（*Sagesse chinoise et philosophie chretienne : essai sur leurs relations Historiques*，1935）、《利玛窦对中国的科学贡献》（*L'aport scientifique du Pere Matthieu Ricci à la Chine*，1935）、《利玛窦与当时的中国社会（1552—1610）》（*Le Pere Matthieu Ricci et la societe chinoise de son temps*，1552-1610，1937，2 卷）

［英国］ 林辅华：《北京宫廷的耶稣会士》

Charles Wilfrid Allan，1870—？

Jesuits at the court of Peking

1936 年此书在上海别发洋行出版，1982 年再版。共 290 页，5 幅插图。

林辅华，英国循道会传教士，1898 年来华，本书是林辅华在上海广学会工作期间的作品。他还著有《契丹缔造者》（*The makers of Cathay*，1909）、《进入湖南》（*Our entry into Hunan*，1914）等关于中国的书籍。

全书分为 17 章，主要内容有利玛窦与幕僚、高参徐光

启、汤若望和满洲人、汤若望入狱和死亡、南怀仁与康熙帝、康熙与传教士、雍正与禁令和乾隆统治时期的传教殉道士等。

约瑟夫·A. 桑德哈斯:《北京公教》

Joseph A. Sandhaas

Catholic Peking, a guide to modern and historic palaces of interest to Catholics

英文版于 1937 年在北平辅仁大学出版社（The Catholic University Press）出版。

本书共 42 页，铜版印刷，有 22 张照片，内容主要为北京天主教教会事务等。

［美国］罗博登：《传教士和清朝官吏：中国宫廷内的耶稣会士》

Arnold Horrex Rowbotham, 1888—1970

Missionary and mandarin: the Jesuits at the court of China

1942年由伯克利和洛杉矶的加州大学出版社出版。1945年再版。1966年由纽约的 Russell & Russell 再版。

罗博登，生于英国，1907年到达美国，取得美国国籍。1913年，大学毕业于科罗拉多学院（Colorado College），到北京的清华大学做法语系主任，任教10年。后在伯克利从教近半个世纪，曾任优等生协会会员（Phi Beta Kappa）、皇家亚洲协会会员、北京历史协会会员。罗博登对北京和中国文化有着深厚持久的感情，对在中国驻留时期以及受到的帮助留有美好的回忆，著作反映了他对东方中国的兴趣。另著有《中国和欧洲启蒙时期》(China and the age of enlightenment in Europe, 1935)。

全书分 4 部分，19 章，共 374 页，6 幅插图。

第一部分为耶稣会士先驱；第二部分为中国的耶稣会士；第三部分为东方和西方；最后一部分为结论。

[美国] 亚朋德：《西方来的上帝——华尔传》

Hallet Edward Abend, 1884—1955
The god from the west

英文版出版于 1947 年。

亚朋德，美国人。

第十三章
建筑、科技、艺术与影像

［瑞典］约那斯·洛克奈斯：《中国长城》

Jonas Matthiae Locnaeus，1671—1754

Murus Sinensis

此论文最初以拉丁文写成，于1694年在瑞典乌普萨拉大学（Uppsala University）出版，英文译本名为 *The Chinese Wall*。

此论文被认为是关于中国的最早论文，然而事实上文中的内容则为论述建一座长城以保护瑞典王国的可行性，并未涉及中国长城的真正情况和实际功用，中国也只是作者臆想的参照物而已。

［法国］白晋：《清国人物服饰图册》

Joachim Bouvet，1656—1730

L'estat présent de la Chine

又名《中国现况图像》，于1697年在巴黎出版。

第十三章 建筑、科技、艺术与影像

```
LESTAT PRESENT
        DE
    LA CHINE,
    EN FIGURES
DEDIE A MONSEIGNEUR LE DUC
 & à Madame la Duchesse
   DE BOURGOGNE.

        A PARIS,
Chez PIERRE GIFFART, Graveur du Roy, & Marchand Libraire,
       rue Saint Jacques, à l'Image Sainte Therese.
```

此为白晋作为康熙皇帝的钦差返回法国后，由法国皇家版画师皮埃尔·吉法尔（Pierre Giffart）根据白晋自中国带回的画像所绘制。内含素描和彩色版画各 43 幅，描绘内容主要是清代人物（皇帝、官员）服饰。

［英国］威廉·哈夫彭尼、［英国］约翰·哈夫彭尼：《中国园林建筑》

William Halfpenny,？—1755；**John Halfpenny**
Rural architecture in the Chinese taste, being designs entirely new for the decoration of gardens, park, forests, insides of houses, &c., on sixty copper plates, with full instructions for workmen ; also a near estimate of the charge, and hints where proper to be erected

又名《中国风的乡村建筑》，英文首版于 1750 出版，名为《中国庙宇、牌坊、花园坐凳、栏杆等的新设计》

(*New designs for Chinese temples, triumphal arches, garden seats, pallings, etc.*），后来版本更名为《中国风的乡村建筑》，1756 年增订后再次更名为《乡绅手册》(*Country gentleman's pocket companion and building assistant for rural decorative architecture*)。

威廉·哈夫彭尼和约翰·哈夫彭尼为父子。威廉·哈夫彭尼，英国 18 世纪建筑设计师。

此书为专为仿造中国园林装饰性小建筑物而编的图集，全书有 4 个部分，配有大量的插图，其中内容涉及中国的寺庙、桥梁、牌坊、坐凳、栏杆和凯旋门等。

［法国］王致诚:《关于中国皇帝在北京附近园林的特别说明》

Jean Denis Attiret，1702—1768

第十三章　建筑、科技、艺术与影像　　　　　　　　　　497

A particular account of the emperor of China's gardens near pekin in a letter from F. Attiret to his friend at Paris

英文版于 1752 年在英国伦敦的多德斯利（R. and Dodsley）公司出版（由 Sir Harry Beaumont 从法文译成英文）。

全书共 50 页。书中有王致诚对圆明园的报道，书中王致诚把圆明园称作一个缩小的城市，造园就是造城，圆明园有园中园、园中城，城内有公共建设、公共设施、街道、市场、庙宇等。他还指出，虽然圆明园是禁苑，禁止一般人进入，但欧洲传教士因建西洋楼工程，相对来说可以较为自由地在院内走动，他们可以进入圆明园的"如意馆"，在宫苑设置的书院作画。

[英国] 威廉·钱伯斯:《中国建筑、家具、服饰、机械和器皿之设计》

William Chambers, 1726—1796
Design of Chinese buildings, furniture, dresses, machines and utensils

1757年出版于巴黎,书名为 *Traité des édifices, meubles, habits, machines et ustensiles des chinois, gravés sur les originaux dessinés à la Chine*。

威廉·钱伯斯为18世纪英国之古典主义建筑师,早年曾任职瑞属东印度公司。他出访中国期间,曾对中国建筑、家具、服饰等做了许多速写,之后将此记录整理出版。他主张要提高英国造园家的修养,发展英国自然风景园,大力向中国学习。

第十三章　建筑、科技、艺术与影像

［英国］罗伯特·多德斯利等编：《许多课题的片段》

Robert Dodsley, 1703—1764
Fugitive pieces, on various subjects

英文版于1761年在英国伦敦的多德斯利公司出版。

罗伯特·多德斯利，英国书商、诗人、剧作家和杂文作家，同时也拥有伦敦最成功的印刷机财团之一。

书中收录了法国传教士王致诚记录圆明园的书信的英文译本，1752年史宾斯（Joseph Spence）以毕蒙特（Harry Beaumont）为笔名，将法文版王致诚书信翻译成英文，并在伦敦发表。王致诚在此书信中以圆明园为例，以欧洲人的视角，归纳了东方园林所特有的造园特质。

［英国］威廉·钱伯斯：《东方园艺研究》

William Chambers, 1726—1796
A dissertation on oriental gardening

英文版于1772年出版于英国伦敦，1972年再版。

作者在书中介绍圆明园是一座靠近北京的帝国园林，是一座宫殿，本身就是一座城市，有园中园、园中城，有400座建筑，所有建筑彼此不同，每座建筑看起来像是来自不同的国家。

A DISSERTATION ON ORIENTAL GARDENING; BY Sʳ WILLIAM CHAMBERS, Kⁿᵗ. Comptroller General of his Majesty's Works.

LONDON:
Printed by W. GRIFFIN, Printer to the ROYAL ACADEMY; sold by Him in *Catherine-street*;
and by T. DAVIES, Bookseller to the ROYAL ACADEMY, in *Russel-street*,
Covent Garden; also by J. DODSLEY, *Pall-Mall*; WILSON and NICOLL, *Strand*;
J. WALTER, *Charing Cross*; and P. ELMSLEY, *Strand*. 1772.

［法国］蒋友仁编：《中华造纸艺术画谱》

Benoist Michel，1715—1774

Art de faire le papier à la Chine

法文版出版于 1775 年。蒋友仁根据在中国的记录资料编辑而成。

蒋友仁，法国耶稣会士，1744 年来华，曾参与圆明园的若干建筑物的设计，完成了我国实测地图的编制。著有《坤舆全图》《新制浑天仪》等书。

第十三章　建筑、科技、艺术与影像

在此书中，编者通过 27 幅水粉画描绘了竹纸的制造工艺流程。

［法国］路易·弗朗索瓦·德拉杜尔：
《中国建筑与园林论文集》

Louis François Delatour，1727—1807

Essais sur l'architecture des chinois, sur leurs jardins, leurs principes de médecine, et leurs mœurs et usages

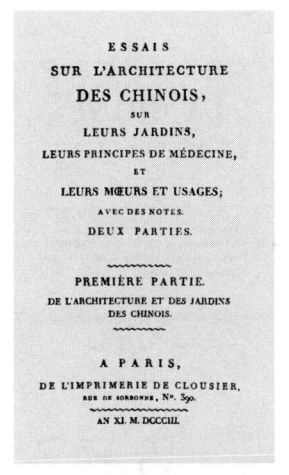

```
ESSAIS
SUR L'ARCHITECTURE
DES CHINOIS,
SUR
LEURS JARDINS,
LEURS PRINCIPES DE MÉDECINE,
ET
LEURS MŒURS ET USAGES;
AVEC DES NOTES.
DEUX PARTIES.

PREMIÈRE PARTIE.
DE L'ARCHITECTURE ET DES JARDINS
DES CHINOIS.

A PARIS,
DE L'IMPRIMERIE DE CLOUSIER,
RUE DE SORBONNE, N°. 390.
AN XI. M. DCCCIII.
```

法文版于 1803 年出版于法国巴黎。

德拉杜尔，1778—1779 年间曾任法国国王秘书、巴黎图书馆印刷部主任。他多次收到在华传教士寄送的信件和物品。

此书中附有圆明园中欧式建筑平面图样，此图样为当年清帝命郎世宁（Giuseppe Castiglione）等人所绘，并铜版印出。此铜版画被当时在北京的法国耶稣会教士晁俊秀

（又名赵进修，P. Midmol Bourgeois，1723—1792）寄送给德拉杜尔，德拉杜尔把此图附在此书中并加以介绍说明。

［法国］布雷东：《中国的服饰、文化艺术及产品》

Jean Baptiste Joseph Breton de la Martinière，1777—1852

La Chine en miniature, ou choix de costumes, arts et métiers de cet empire

6 卷本法文版于 1811—1812 年在巴黎陆续出版，出版资料来自法国耶稣会神父贝丁（M. Bertin）的收藏。英文版于 1812 年在伦敦出版，之后一版再版。

布雷东，法国作家、翻译家。

书中作者引用了很多在欧洲出版的关于中国的书籍，详尽地介绍了清代乾隆年间中国社会生活的方方面面。书中附有103幅彩色铜版画。虽然此书内容是原创的,但其插图却大量临摹乔治·亨利·梅森的《中国酷刑》及《中国服饰》两书。

[法国] 宋君荣:《中国纪年论》

Antoine Gaubil, 1689—1759

Traité de la chronologie chinoise

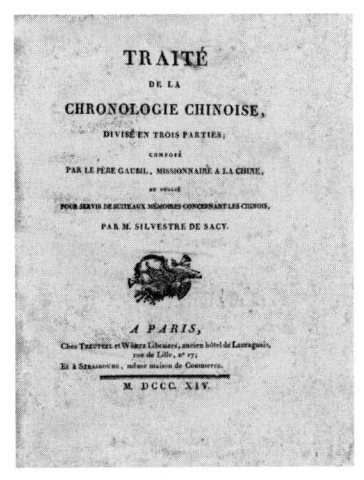

此书于1814年作为《中国杂纂——北京传教士所作关于中国历史、科学、艺术、风俗、习惯等的记录》(*Mémoires concernant l'histoire, les sciences, les arts, les mœurs, les usages, etc. des chinois, par les missionnaires de Pékin*)第十六卷的附录出版于法国巴黎Treuttel & Wurtz,编者为Silvestre de Sacy。

宋君荣,法国耶稣会士,精通汉语。他曾研究过中国上古历史,深入研究过开封犹太人,在天文学方面的著述相当丰富,是英国皇家学会(Royal Society)的附属会员、俄国科学院(Russian Academy of Science)的普通会员。

此论著共 285 页,分三部分:第一部分概述了从伏羲到公元前 206 年的上古中国历史;第二部分为系统、详细的中国编年史综述;第三部分是作者自己对中国历史纪年的观点。

[法国] 汤执中、[法国] 殷弘绪、[法国] 韩国英合编:《中国竹纸制造技艺》

Pierre d'Incarville,1706—1757;François Xavier DentrecoHes,1664—1741;Pierre Martial Cibot,1727—1780

Arts, métiers et cultures de la Chine

法文版于 1815 年在巴黎出版。

汤执中,法国传教士,植物学家,1740 年入华,曾在清朝皇帝乾隆的御花园中工作。另著有《华人制造灯角之异法》《中国漆法》《中国烟火制法》。

殷弘绪,法国传教士,1699 年入华,曾在中国景德镇居住过 7 年,另著有《逆耳忠言》1 卷、《训慰神编》2 卷、《长生术》、《使民安乐术》等。

韩国英,法国人,1759 年入华,1760 年进京并供职于朝廷。另著有《中国古代论》《论华人之孝》《记中国利息》《论中国语言文字》等。

《普鲁士特使远东风景记录：日本、中国、泰国》

Ansichten aus Japan China und Siam

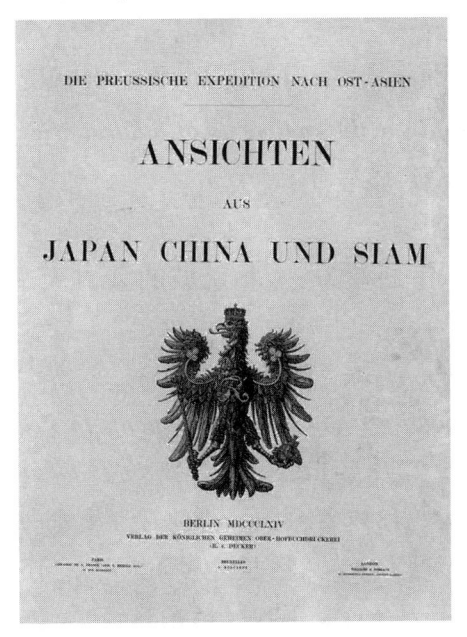

此书约出版于 1864 年。为 19 世纪中叶普鲁士特使团在远东地区访问的景观记录。

书的前半部分为法文、英文、德文的文字介绍，后半部分为 60 幅版画插图，其中关于中国的有 21 幅，涉及北京的有 8 幅。

［英国］德庇时：《中国杂记》

John Francis Davis，1795—1890

Chinese miscellanies：a collection of essays and notes
英文版于 1865 年出版。

［德国］艾德：《风水——中国自然科学的萌芽》

Ernest John（Ernst Johann）Eitel，1838—1908
Feng-Shui：or the rudiments of natural science in China
此书出版于 1873 年。

［英国］伟烈亚力：《北京城的蒙古天文仪器》

Alexander Wylie，1815—1887
The Mongol astronomical instruments in Peking
英文版于 1878 年出版。

伟烈亚力，1847 年到沪，协助管理墨海书馆，为伦敦布道会印刷《圣经》。后创办《六合丛刊》，任上海《教务杂志》编辑，创办英文季刊《远东释疑》，登载专论中国历史、宗教、语言和评论远东等的文章。在华期间，收集的汉文藏书约有 2 万种。

［法国］科利诺、博蒙特：《东方装饰艺术全书》

E. Collinot；A. De Beaumont
Encyclopédie des arts décoratifs de l'Orient
法文本于 1881—1884 年间出版。
科利诺，法国著名中国瓷器和玻璃艺术家。

此书收录了包括波斯、日本、中国、阿拉伯、印度、俄罗斯、土耳其的纹样图案约 295 幅（其中中国部分 40 幅）。

［比利时］阿理嗣：《中国音乐》

Aalst, Jules A. van, 1858—？
Chinese music
英文版于 1884 年在上海出版。

书中详细介绍了中国音乐的历史，并按八音分类法介绍了 40 多种中国乐器，其中包括古琴种类的介绍、古琴的构造图形以及中国的古琴谱。

［德国］费理饬：《论年代学和历法的推定：中国季节计算同欧洲的比较》

Hermann Peter Heinrich Fritsche
On chronology and the connection of the calendar with special regard to the Chinese computation of time compared with the European
此书出版于 1886 年。

费理饬，德国人，另著有《中西合历》（1878）等。

［德国］巴兰德：《中国姑娘和妇女类型素描——中国人透视》

Maximilian August Scipio von Brandt, 1835—1920

Sittenbilder aus China, madchen und frauen : ein beitray zur kenntnis des Chine sischen volkes

此书出版于 1895 年。

［英国］卜士礼：《东方陶瓷艺术》

Stephen W. Bushell, 1844—1908

Oriental ceramic art

英文版出版于1897年。

卜士礼，英国医生、东方学家。1868年，前往北京担任英国驻华使馆医师，并兼任京师同文馆医学教习。他在中国居住长达32年，这期间不仅精通了中文，还撰写了许多关于中国艺术、钱币学、地理、历史等方面的论文。他在中国陶器、钱币学、西夏文等方面都有贡献，曾受大英博物馆及伦敦维多利亚与艾伯特博物馆委托在北京搜购中国文物。另有《历代名瓷图谱》（*Chinese porcelain*，1908）、《中国陶瓷图说》（*Description of Chinese pottery and porcelain*，1910）等著作。

此书全套共十册，为早期国外研究中国瓷器的著作，书中收录并详细解读美国著名收藏家沃尔特斯（William T. Walters，1820—1894）收藏的中国古陶瓷。书内共有彩绘图版116幅，黑白图版437幅。此书为研究清代宫廷瓷器提供了极为珍贵的历史资料。

［英国］康斯坦丝·戈顿·库明：《中国盲文的发明者》

C. F. Gordon Cumming，1837—1924

The inventor of the numeral-type for China

英文版于1898年在英国伦敦的唐尼出版公司（Downey & Co.）出版。

康斯坦丝·戈顿·库明，英国旅行作家、风景画家。

全书共161页。作者于1879年在中国北京探访了自创中国盲文数字符号"瞽瞍通文"（康熙盲字）、教盲童识字

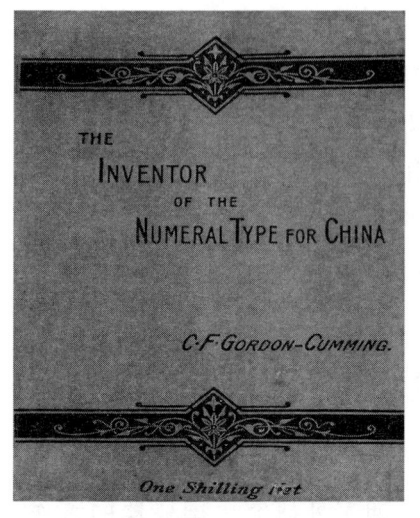

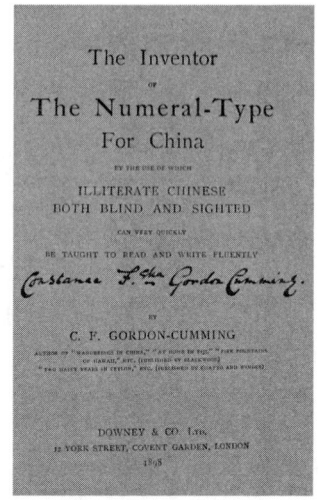

的苏格兰传教士穆威廉（又名"穆瑞"，William Hill Murray，1843—1911），作者写下此书宣传他的事迹。穆威廉于1873年由山东烟台转驻北京，便开始摸索引导盲人学习《圣经》的方法，并于1879年在北京创办中国第一所盲童学校——瞽叟通文馆。

［澳大利亚］莫理循编：《中国景观》

George Ernest Morrison，1862—1920
Views of China

此书为19世纪末20世纪初在中国拍摄的照片集，照片说明为手写或印刷英文。

莫理循，苏格兰旅行家、政治家。曾任《泰晤士报》驻华首席记者（1897—1912）、中华民国总统政治顾问（1912—1920）。

此书由莫理循搜集、整理,共两册,有照片72幅,涉及当时中国的建筑景观、社会民生等。其中第一册主要拍摄地点有北京、上海、烟台、宁波和广东;第二册拍摄地点以北京为中心(15幅),另有天津3幅和其他地方4幅。

[英国] 卜士礼:《中国美术》

Stephen W. Bushell, 1844—1908
Chinese art

英文版于1905—1906年编辑出版。

此套书共2卷,第一卷分7个章节,第二卷分6个章节。这是英语世界中第一本以"Chinese art"为名的书,其主要内容是介绍伦敦的维多利亚与艾伯特博物馆中的中国艺术品的收藏,涉及范围有雕塑、建筑、青铜器、木雕、牙雕、角雕、石雕、漆器、玉器、玻璃、陶瓷、珐琅、珠宝、纺织和刺绣等。全书共有239幅照片。

[英国] 卜士礼译注:《历代名磁图谱》

Stephen W. Bushell, 1844—1908
Chinese porcelain

英文版于1908年在英国牛津的克拉伦登出版社(Clarendon Press)出版。

此书译自1575年的《历代名瓷图谱》,原作者为明代收藏家、鉴赏家项元汴(1525—1590),全书没有目录。译者在翻译的同时对中国的瓷器概况做了进一步说明,并将书名写为《历代名磁图谱》。

［英国］卜士礼译注：《中国陶瓷图说》

Stephen W. Bushell, 1844—1908

Description of Chinese pottery and porcelain

英文版于1910年在英国牛津的克拉伦登出版社出版。

［美国］晏文士：《中国人中间的科学：中国的宇宙概念的若干方面同现代科学知识的比较》

Charles Keyser Edmunds, 1876—1949

Science among the Chinese : some aspects of the Chinese conception of the universe as compared with modern scientific knowledge

英文版于1911年在上海出版。

晏文士，美国人。另著有《中国的现代教育》（*Modern education in China*, 1919）等。

［美国］约翰·詹布鲁恩：《天坛》

John D. Zumbrun, 1875—1949

Temple of Heaven

此影像画册约出版于1913年。

约翰·詹布鲁恩，美国摄影师，1910年前后来到中

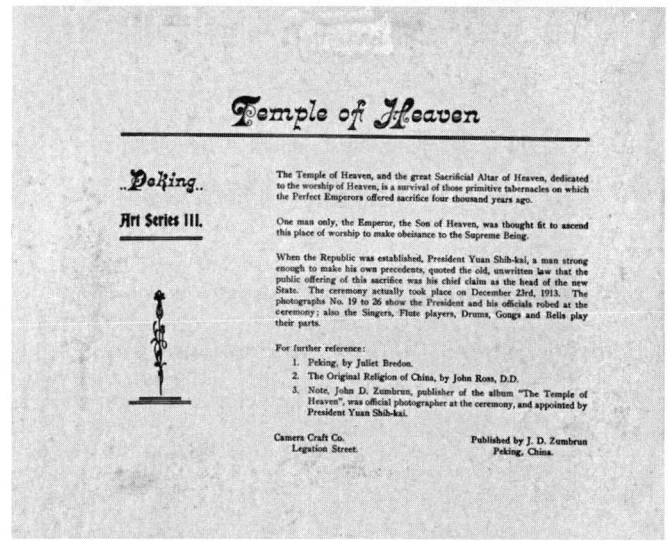

第十三章　建筑、科技、艺术与影像　　513

国，在使馆街经营照相公司，1929年带着他在北京所拍摄的所有底片及照片离开北京。

此书是编者所编的关于北京影像画册的第三部。全册含照片 27 幅，影像记录天坛入口、祈年殿、皇穹宇、圜丘等建筑景观 19 帧及袁世凯 1913 年冬至祭天场景 8 帧。

《北京相册》

The most interesting views of Peking
此相册照片大致拍摄于 1900—1920 年间。
作者不详。
此相册内含黑白照片 120 幅，照片下均有英文标题。照片主题涉及北京的雕塑装饰、市井街头、婚礼和葬礼、宗教民俗、景点建筑，如天坛、故宫、圆明园、颐和园、万佛寺、玉泉山、玲珑塔、雍和宫和明十三陵长城等。

［美国］伊莱亚斯·伯顿·霍姆斯：
《从阿穆尔到北京到紫禁城》

Elias Burton Holmes, 1870—1958
Down the Amur, Peking, the Forbidden City
英文本于 1917 年由美国的 Travelogue Bureau 出版公司出版。

伊莱亚斯·伯顿·霍姆斯，美国旅行家、探险家和摄影师。出版了 10 卷本的《伯顿·霍姆斯环球影集》(The Burton Holmes lectures)，其中第五卷和第九卷与中国有关。

此本共 336 页，为《伯顿·霍姆斯环球影集》的第九

第十三章　建筑、科技、艺术与影像　　515

卷。其主要内容包括从阿穆尔到海参崴、北京、天津及列强驻军、紫禁城等珍贵历史照片约 500 幅，这些照片拍摄时间在 1901 年前后。

［美国］唐纳德·曼尼：《北京美观》

Donald Mennie，1875/1876—1941
The pageant of Peking

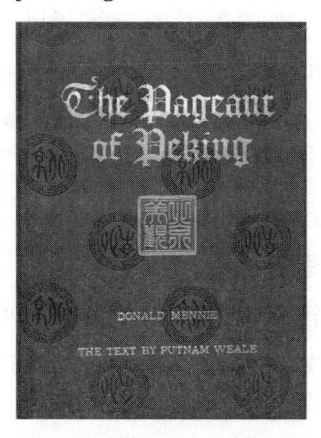

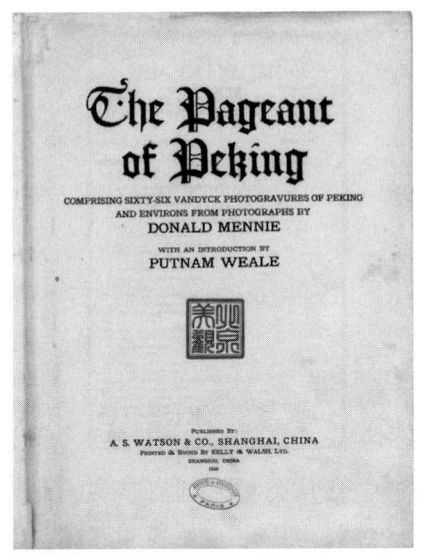

英文版（限量）于1920年由上海的华生摄影图片出版公司（A. S. Watson & Co.）出版，后多次再版。

唐纳德·曼尼，美国摄影师，1899年来华，在中国生活和任职，1941年在上海去世。他拍摄的北京、上海、江浙及长江三峡一带的作品呈现出朦胧而细腻的独特美感。还出版摄影集《中国：北方与南方》（*China, North and South*, 1922）、《中国美术画·江南风景》（*Picturesque China*, 1920s）和《扬子风景》（*The grandeur of the gorges: fifty photographic studies, with descriptive notes, of China's great waterway, the Yangtze Kiang, including twelve handcoloured prints*）等。

这是一个以图册形式介绍北京的书籍，其40页前言由英国驻京记者朴笛南姆·威尔（Putnam Weale）所写。全书约2.5万字，收录了曼尼在京拍摄的66幅影作，先印刷在影写纸上,再粘贴入书里,照片大致拍摄于 1915—1920 年间,内容包括颐和园、碧云寺、北海、孔庙、戒台寺、桥梁、古塔、城墙、胡同等风景名胜和特色建筑,以及当时北京的市井生活场景。

[德国] 伯恩德·梅尔彻斯:《中国剪纸艺术》

Bernd Melchers,1886—1967

Chinesische schattenschnitte

德文版于 1921 年由胡戈·布鲁克曼出版社(Hugo Bruckmann Verlag)出版。

伯恩德·梅尔彻斯,德国学者。

书中有 100 多幅彩色剪纸图样。

凯特·布斯：《中国戏剧研究》

Kate Buss
Studies in the Chinese drama

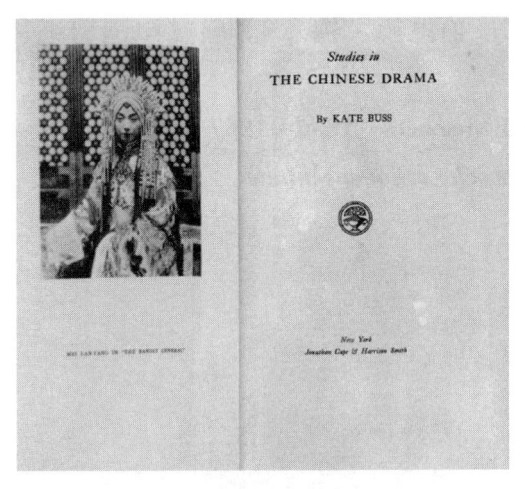

英文版于1922年由美国波士顿四海公司（The Four Seas Company）及纽约凯普与史密斯（Jonathan Cape & Harrison Smith）出版社出版，1930年美国纽约凯普与史密斯出版社重印。

全书共97页，主要内容有中国戏剧的起源、剧目类型、戏剧文学等。书中附有10余幅梅兰芳等名家经典剧照和其他插图。

［法国］沙畹：《中国民间艺术中愿望的表达》

Emmanuel Edouard Chavannes，1865—1918

第十三章　建筑、科技、艺术与影像　　519

De l'expression des vœux dans l'art populaire chinois

法文版于1922年在法国巴黎贝萨德（Éditions Bossard）出版社出版，共44页，14幅插图；英译本于1937年出版，书名为 *The five happinesses : symbolism in Chinese popular art*。

［德国］恩斯特·柏石曼：《中国的建筑与景观》

Ernst Boerschmann，1873—1949

Baukunst und landschaft in China

德文版于1923年在柏林出版；英文版于1926年在英国伦敦的T.费希尔·安温出版社出版；中文译本于2005年由百花文艺出版社出版，名为《寻访1906—1909：西人眼中的晚清建筑》（沈弘译自英文本）。

恩斯特·柏石曼，德国皇家柏林工业高等学院中国建筑学教授、建筑工程师，对中国的传统建筑有着浓厚的兴趣，是全面考察中国古建筑的第一人。1906年到1909年，柏石曼以德国驻北京公使馆官方科学顾问的身份，从北京出发，四年考察了河北、山东、山西、陕西、四川、湖北、湖南、广西、广东、福建、江苏和浙江等十几个省，对中国的皇家建筑、寺庙、祠堂、民居等进行了全方位的考察。另著有《中国建筑艺术与宗教文化》（ *Die Baukunst und religiöse Kultur der Chinesen*）。

此图文专辑记录了 20 世纪初中国直隶、山东、四川、湖南、广东、广西、浙江、福建等 12 个省的建筑风貌、景观、文化及日常生活。有 288 幅图片，展现了晚清时期中国的建筑风貌及自然与人文景观。

［美国］祖客：《中国戏剧》

Adolf Eduard Zucker，1890—1971
The Chinese theater
英文版于 1925 年在美国波士顿出版。

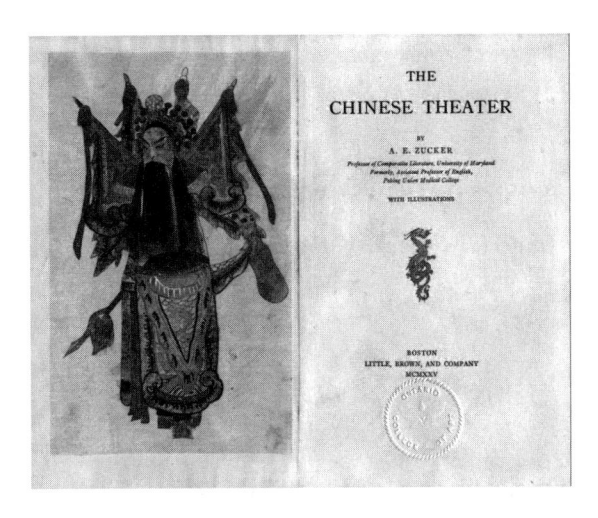

祖客，德裔美国戏剧及戏剧史学家，尤其以莎翁及京剧为专。

全书共分 9 章，以图文形式介绍了中国戏剧的演变和发展。书中附 20 余幅照片插图，其中一幅为胡适照片，还有绢面手绘京剧人物图 4 幅。书后有索引。作者在序中感谢"胡适博士在交谈和信件中富有启发性的讨论"，并在第一、二、四和五章等处多处提及胡适或引用胡适著作。其主要内容有早期戏剧、元杂剧、明代戏曲、满清至民国、发展趋势、外部特征、行规习俗、梅兰芳和东西戏剧比较等，其中第八章详细介绍了梅兰芳的演绎特色及经典曲目。

［瑞典］喜龙仁：《中国雕刻》

Osvald Sirén，1879—1966

Chinese sculpture

英文版于 1925 年在欧洲出版。

［瑞典］ 喜龙仁:《北京故宫》

Osvald Sirén, 1879—1966
The Imperial Palace of Peking
英文版于 1926 年在欧洲出版。

［法国］ 乔治·苏利·德莫朗:《中国戏曲与现代音乐》

George Soulié de Morant, 1878—1955
Théatre et musique modernes en Chine

法文版本于 1926 年出版。

乔治·苏利·德莫朗,法国汉学家,1901 年被派往北京京汉铁路公司,同年被法国外交部特聘为汉口领事馆翻译,此后先后在上海、昆明等地服务。另著有《中国青铜器问题》(*Le problème des bronzes antiques de la Chine*, 1926)、《中国艺术史》

(*Histoire de l'art chinois*, 1928)、《1929 年前的古董中国史》(*Histoire de la Chine de l'antiquité jusqu'en 1929*)、《中国针刺术》(*L'acuponcture chinoise*, 1939)等。

作者在书中对中国京剧行业进行了系统介绍，书中附有京剧艺术家梅兰芳等人的 17 幅照片和 9 幅插图。

［德国］ 佩克哈默尔：《北京美观》

Heinz von Perckhammer, 1895—1965
Peking

此影像集于 1928 年在柏林出版，后有再版。

佩克哈默尔，德国摄影师，20 世纪 20 年代后期前往中国南方和澳门。另有影像集《中国和中国人》。

书内含精美铜版印刷照片 200 幅、北京地图 1 幅。照片下有德语和英语注释。

[瑞典] 喜龙仁:《中国绘画史》

Osvald Sirén, 1879—1966

Histoire de art anciens

此书于 1929—1930 年出版于伦敦。

[德国] 佩克哈默尔:《中国和中国人》

Heinz von Perckhammer, 1895—1965

Von China und Chinesen

德文版于 1930 年出版，英文版（书名为 *China and the Chinese*）于 1931 年在伦敦的 G. Routledge and Sons 出版。

书中配有 63 幅插图，照片拍摄地点均在北京，这些照片非常有价值。

第十三章　建筑、科技、艺术与影像

［美国］贾德：《中国印刷术的发明及其向西方的传播》

Thomas Frqancis Carter，1882—1925

The invention of printing in China and its spread westward

英文版出版于 1931 年，有中文译本。

［美国］赫伯特·克拉伦斯·怀特主编：《燕京胜迹》

Herbert Clarence White，1888—1949

Peking the beautiful

此北京风景照片集于 1927 年在上海商务印书馆出版，封面题名、序言、说明文字均为英文，照片题名、封底题

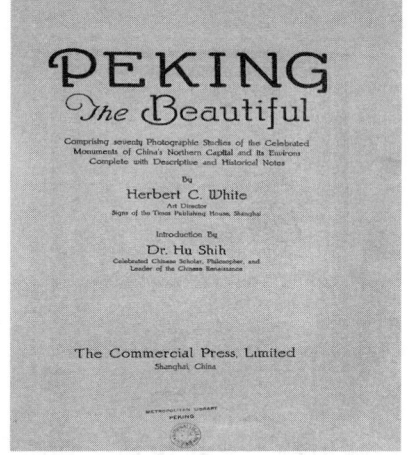

名为中文。

赫伯特·克拉伦斯·怀特，美国传教士、摄影师，于 1922 年来华，与其孪生兄弟詹姆士·H. 怀特（James H. White）在北京开设了语言学校，曾任上海时兆文化出版社的艺术主任。

此书由胡适作序。全书 154 页，书中共有 71 幅照片，照片原为黑白，经手工上色高仿印刷后贴于书籍内页，每幅照片下方标有题名。照片内容包括北京的城门城墙、颐和园、紫禁城、中南海、御苑宝塔、天坛、故宫、寺院等，真实反映了民国初期北京城风貌。

[美国] 阿灵敦:《中国戏剧史》

Lewis Charles Arlington, 1859—1942
The Chinese drama from the earliest times until today

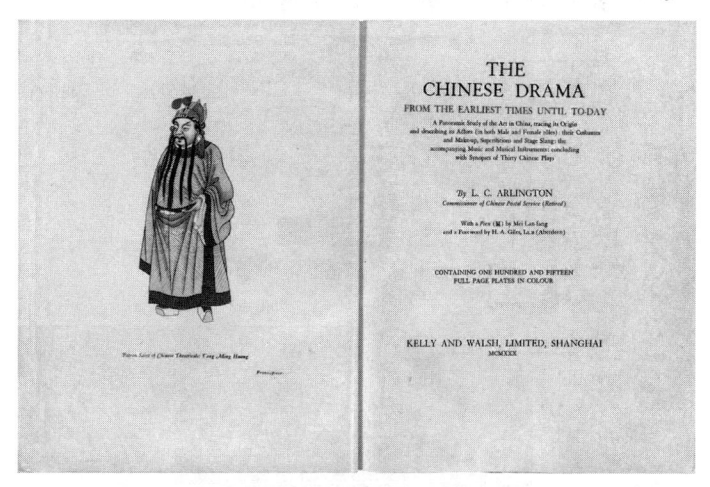

英文版于 1930 年在上海别发洋行出版。

作者在书中对中国戏剧进行了全方位的研究，从起源到角色、服装、化装、舞台语言、伴奏、乐器等都有具体的描述。书中附有大量插图。

[英国] 西蒙·哈考特-史密斯:《故宫博物院藏和武英殿 18—19 世纪初欧洲钟表艺术品目录》

Simon Harcourt-Smith

A catalogue of various clocks, watches, automata, and other miscellaneous objects of European workmanship dating from the XVIIIth and the early XIXth centuries, in the Palace Museum and the Wu Ying Tien, Peiping

英文版于 1933 年在北平出版。

西蒙·哈考特-史密斯,英国考古学家和博物馆馆长塞西尔·哈考特-史密斯爵士之子。

书中收录的故宫收藏的 100 多件钟表艺术品,系 18—19 世纪初制造,这是故宫数以千计的钟表藏品中最为精华的部分,并附有大量配图。

［美国］麻伦:《清朝皇家园林史》

Carroll Brown Malone, 1886—1973
History of the Peking Summer Palaces under the Ch'ing dynasty

又译《清代颐和园史》《清代北京圆明园和颐和园的历史沿革》。英文版于1934年由美国伊利诺伊州大学出版社（University of Illinois Press）出版，共247页，后再版。

麻伦，美国学者，1911年来华，在清华大学任教16年。历史学出身的麻伦深刻地认识到圆明园等古迹迅速消失的遗憾，于是四处走访、拍照、搜集素材，开始了对位于北京西北的圆明园的历史研究。他根据美国国会图书馆所存《清代匠作则例》中关于圆明园、万寿山的则例而著，内附有大量圆明园和颐和园旧影及铜版画。

此书共有9章和两个附录：1.介绍和概括；2.康熙统治；3.雍正统治；4.乾隆统治年间的圆明园；5.乾隆统治年间其他园林；6.乾隆时期的欧洲影响；7.嘉庆、道光和咸丰年间；8.圆明园洗劫与摧毁；9.新的园林。附录一是一些重要的中国人名字的汉字；附录二是书目来源与文献。作者详细介绍了康熙时期到乾隆时期圆明园的建造，在第二次鸦片战争时期被劫以及衰落的情形，共附有113幅图。这是较早系统介绍清朝皇家园林的一部专著。

[英国] 霍蒲孙:《大维德所藏中国陶瓷图录》

Robert Lockhart Hobson, 1872—1941

A catalogue of Chinese pottery and porcelain in the collection of Sir Percival David

第十三章　建筑、科技、艺术与影像　　531

英文版出版于 1934 年。

霍蒲孙，研究中国高古瓷器的专家，大英博物馆东方陶瓷部主任。

全书含彩色及黑白图几百幅，精选英国大收藏家大维德爵士（Sir Percival David）所藏中国宋至清代陶瓷 240 余件，并逐一记录其尺寸、年代等详细信息。其中有清宫瓷器 27 件、北京颐和园瓷器 1 件。

［美国］康士丹：《京都叫卖图》

Samuel Victor Constant，1894—1989

Calls. sounds and merchandise of the Peking street peddlers

英文版（含中文）于 1936 年由北京驼铃（Camel Bell）出版社出版，正文共 187 页。1993 年美国 Bird and Bull Press 出版修订的珍藏版，限量发行 200 册，共 156 页。

康士丹，陆军军官，1924—1936 年在美国驻华公使馆

CALLS, SOUNDS AND MERCHANDISE
OF THE
PEKING STREET PEDDLERS

CALLS, SOUNDS AND MERCHANDISE
OF THE
PEKING STREET PEDDLERS
BY
SAMUEL VICTOR CONSTANT
SUBMITTED TO THE CALIFORNIA COLLEGE IN CHINA IN PART FULFILMENT
OF THE REQUIREMENTS FOR THE DEGREE OF MASTER OF ARTS.
THE CAMEL BELL
PEKING

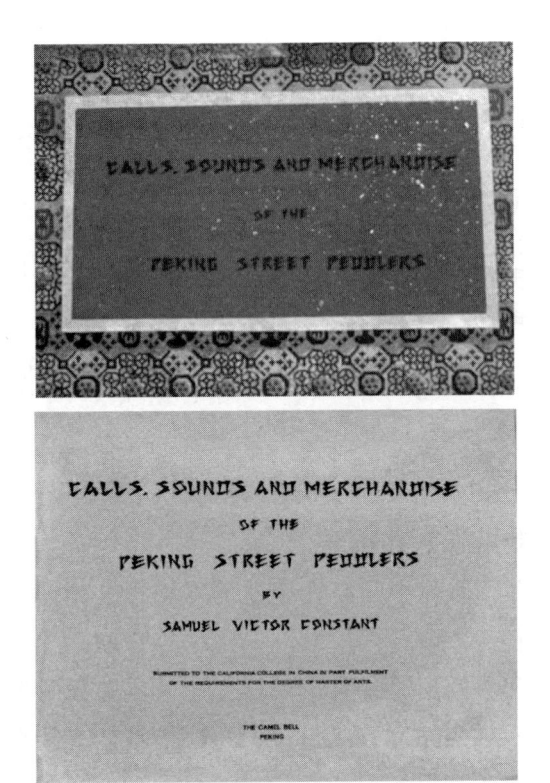

武官处任中尉助理武官，其间作为美方观察员随军参与直奉战争。还编写了一部中国军事术语词典。

此书是作者硕士论文的改定本，全书分春、夏、秋、冬4个部分，收录了老北京街头商贩50余种，包括卖瓜子、卖口琴、卖元宵、卖油炸果、卖粽子、卖月饼、卖膏药、卖门神、卖年糕以及耍狗熊、磨刀、摇大鼓、算命、剃头、修脚、吹糖人等，除文字介绍外，还配有彩色手绘插图，图文并茂再现了清末民初北京街头的风土人情，作者对部分吆喝声还谱写了五线谱。书中描述的街头小贩在现代北京已经找不到了。

[美国] 阿灵敦:《中国戏剧之精华》

Lewis Charles Arlington, 1859—1942
Famous Chinese plays

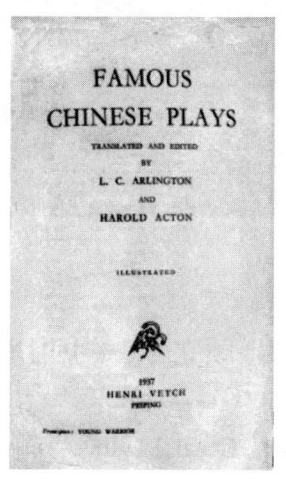

又名《中国名剧集》。英文版于 1937 年出版。

[美国] 葛来思:《中国园林——
现代花园、设计与象征》

Dorothy Graham, 1893—1959
Chinese gardens :gardens of the contemporary scene, an account of their design and symbolism

英文版于 1938 年分别在美国纽约的道得密得出版公司 (Dodd, mend & Company) 和英国伦敦的乔治·哈拉普公司 (George G. Harrap and Company) 出版, 共 225 页, 书

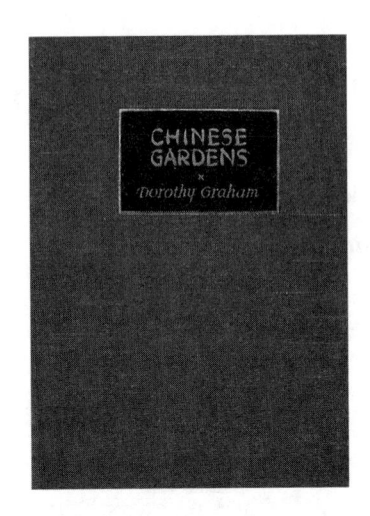

中有插图。

［美国］顾立雅：《中国书法》

Herrlee Glessner Creel, 1905—?
Chinese writing
英文版出版于 1943 年。

［瑞典］喜龙仁：《中国园林》

Osvald Sirén, 1879—1966
Gardens of China
英文首版于 1949 年在美国纽约出版。

全书文字部分共 155 页，分为 10 章，系统地论述中国园林的艺术特点和发展流变，其主要内容有：中国园林、山与水、花草与树木、园林的建筑元素、文学和绘画中的

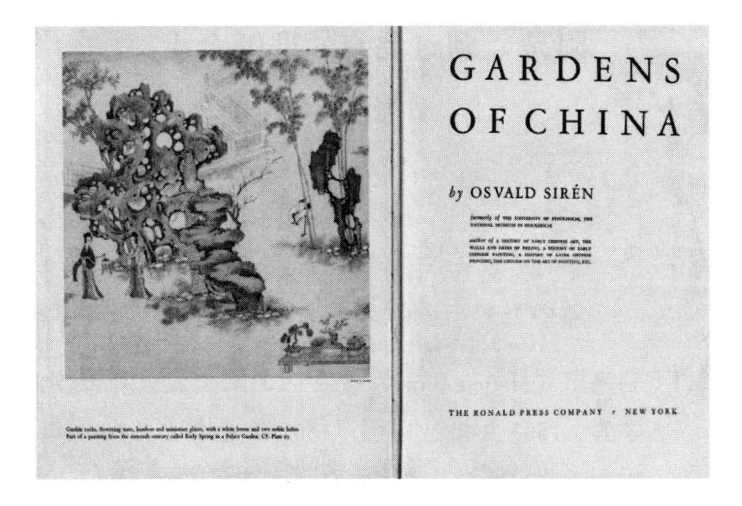

第十三章　建筑、科技、艺术与影像　　535

园林、私家花园、圆明园、新夏宫和玉泉公园等。本书附有 11 幅彩色插图，其中 10 幅为中国古代花木插图。另有 208 幅黑白照片，如北京的北海和圆明园等，苏州的拙政园和留园等，以及杭州的灵隐寺和黄龙寺等照片。此 208 幅照片包括醇亲王奕譞府邸罕见照 60 幅。此书是世界公认的中国园林研究的开山之作。

附录　到过北京的耶稣会士

1. 利玛窦（Matteo Ricci, 1552—1610），意大利传教士、学者。1583年抵达中国，1601年赴北京，1610年死后葬于北京栅栏墓地。著有《天主实义》《交友论》，和徐光启等人合译《几何原本》等。

2. 钱德明（Jean-Joseph-Marie Amiot, 1718—1793），法国汉学家。1749年奉派赴华，1751年转赴北京。在北京居住了43年，长期供职于朝廷，在宫廷中教授西学，对满语、汉语有着很高的学术造诣。译注《御制盛京赋》，著有《中国古今音乐考》《孔子传》《梵文、藏文、满文、蒙文、汉文多语对照字典》《鞑靼满法字典》等。

3. 龙华民（Niccolò Longobardi, 1559—1654），意大利人，1597年抵达中国，在利玛窦死后，接替他的职务，1654年病逝于北京，葬于栅栏墓地。著有《圣教日课》等。

4. 罗如望（Jean de Rocha, 1566—1623），葡萄牙人，1598年入华。著有《天主圣教启蒙》《天主圣像略说》。

5. 庞迪我（Diego de Pantoja, 1571—1618），西班牙人，

1597 年入华，1600 年随利玛窦到达北京。著有《七克大全》7 卷、《人类原始》和《天神魔鬼说》等。

6. 李玛诺（Emmanuel Diaz Senior，1560—1639），葡萄牙人，1593 年赴澳门，1602 年到北京。

7. 熊三拔（Sabatino de Ursis，1575—1620），意大利人，1606 年来华，到北京传教，协助钦天监修订历法，1620 年死于澳门。著有《泰西水法》6 卷、《简平仪说》、《表度说》和《中国俗礼简评》等。

8. 阳玛诺（Emmannuel Diaz Junior，1574—1659），葡萄牙人，1610 年入华，1621 年入京，1659 年卒于杭州，葬于方井墓地。著有《圣经直解》《景教碑诠》《天神祷文》等。

9. 金尼阁（Nicolas Trigault，1577—1628），法国人，1610 年来华。1620 年再次入华，到澳门等地，带来了大批藏书，后来分批运至北京。1628 年去世于杭州。著有《推历年瞻礼法》、《西儒耳目资》3 卷、《利玛窦札记》5 卷等。

10. 艾儒略（Giulio Aleni，1582—1649），意大利人。著有《天主降生言行纪略》6 卷、《利玛窦行实》等。

11. 毕方济（Francesco Sambiasi，1582—1649），意大利人，1610 年入华，1613 年抵京，1649 年卒于广州。著有《灵言蠡勺》（毕方济口授，徐光启笔录）、《睡答》、《画答》等。

12. 曾德昭（Alvare de Semedo，1585—1658），葡萄牙人，1613 年入华。著有《字考》《中华大帝国志》（亦称《中国志》或《中国通史》）等。

13. 邓玉函（Johann Schreck，也称 Joannes Terentius，1576—1630），德国人，1620 年抵达澳门，1630 年病逝于北京，葬于北京栅栏墓地。著有《人身说概》2 卷、《奇器图说》3 卷、《大测》2 卷等。

14. 汤若望（Johann Adam Schall von Bell，1591—1666），德国人，在清廷官至一品，1666 年死后葬于北京栅栏墓地。著有《进呈书像》、《西洋测日历》1 卷、《浑天仪说》5 卷、《汤若望及主持钦天监工作的耶稣会士书信所提供的在华耶稣会传教区的创建和发展史》等。

15. 罗雅谷（Giacomo Rho，1593？—1638，又名"罗雅各"），意大利人，1624 年入华，1630 年应召入京，1638 年死后葬于北京栅栏墓地。著有《哀矜行诠》3 卷、《测重全义》10 卷、《五纬表》11 卷等。

16. 瞿洗满（Simão da Cunha，1590—1660，又名"瞿西满"），葡萄牙人，1624 年到澳门，1659 年入京，1660 年在澳门去世。著有《经要真指》。

17. 聂伯多（Pierre Canevari，1594—1675），意大利人，1630 年入华，1665 年因传教案入京，1675 年卒于南昌。

18. 金弥格（P. Michel Trigault，1602—1667），法国人，金尼阁之侄，1630 年入华，1665 年因传教案入京。

19. 何大化（António de Gouvea，1592—1677），葡萄牙人，1633 年抵达澳门，1665 年因传教案入京。著有《天主圣教蒙引要览》等。

20. 潘国光（Francesco Brancati，1607—1671），意大利

人，1637 年入华，1665 年因传教案入京，1671 年病逝于广州。著有《圣体规仪》《中国礼仪问题》等。

21. 利类思（Ludovico Buglio，1606—1682），意大利人，1637 年入华，1648 年被清军押送入京，1655 年创建东堂，1682 年死后葬于滕公栅栏墓地。著有《超性学要》34 卷、《三位一体》3 卷等。

22. 安文思（Gabriel de Magalhāens，1609—1677），葡萄牙人，1640 年入华，1648 年进京，1655 年创建了北京东堂，1677 年病逝于北京，葬于滕公栅栏墓地。著有《中国新史》《超性学要》《江南四川行纪》等。

23. 卫匡国（Martino Martini，1614—1661），意大利人，1643 年入华，曾经在北京短暂停留，1661 年病逝于杭州，葬于方井南。著有《中国新图志》2 卷、《中国先秦史》、《鞑靼战纪》等。

24. 穆尼阁（Jean-Nicolas Smogulecki，1610—1656），波兰人，1643—1646 年间入华，1653 年奉诏入京，1656 年病逝于肇庆。与薛凤祚合著《天步真原》。

25. 瞿安德（André-Xavier Koffler，1613—1651），德国人，1627 年入耶稣会，1646 年赴中国，效力于南明永历朝廷，1651 年死于清兵之手。

26. 卜弥格（Michał Boym，1612—1659），波兰人，1645 年入华，是系统地向欧洲介绍和研究中医、中草药的第一人。著有《中国地图集》《中国植物志》和《中医脉诀》等。

27. 成际理（Félicien Pacheco，1622—1686），葡萄牙人，1651 年入华，1665 年因传教案入京。

28. 汪儒望（Jean Valat，1599—1696），法国人，1651 年入华，1665 年因传教案入京。与聂仲迁神父合著《论中国之斋戒》。

29. 洪度贞（Humbert Augery，1616—1673），法国人，1656 年入华，1665 年因传教案入京，1673 年卒于杭州，葬于大方井墓地。

30. 聂仲迁（Adrien Greslon，也称 Adrien Grelon，1618—1696），法国人，1655 年抵达澳门，1665 年因传教案入京。著有《鞑靼人统治下的中国历史》《关于中国礼仪之记录》，与汪儒望神父合著《论中国之斋戒》等。

31. 穆格我（Claude Motel，1619—1671），法国人，1657 年入华，1665 年因传教案入京。

32. 穆迪我（Jacques Motel，1618—1692），法国人，1657 年入华，1665 年因传教案入京，1692 年死于武昌。著有《成修神务》3 卷、《圣洗规仪》2 卷。

33. 苏纳（Bernard Diestel，1619—1660），德国人，1659 年入华。

34. 罗启明（Emmanuel de Mottos，1725—1764），葡萄牙人，1751 年供职于清廷。

35. 毕嘉（Jean-Dominique Gabiani，1623—1696），意大利人，1659 年入华，1665 年和 1690 年两次入京。著有《鞑靼人入关后中国天主教之发展》《中国礼仪问题之辩论》等。

36. 白乃心（Johann Grueber，也称 Jean Grueber，1623—1680），奥地利人，1656 年来华，应召入京，数学造

诣颇深。著有《中国至莫卧尔之行》《中华帝国杂记》等。

37. 殷铎泽（Prospero Intorcetta，1625—1696），意大利人，1659年入华，1665年因传教案入京，1696年卒于杭州，葬于大方井墓地。著有《耶稣会例》《中国礼仪证信》《铎泽答闵明我神甫书》等。

38. 陆安德（Andre-Jean Lubelli，1611—1685），意大利人，1659年入华，1665年因传教案入京，1683年卒于澳门。著有《真福直指》2卷、《圣教略说》、《万民四末图》等。

39. 张舒（Ignace Francisco，1725—1792），葡萄牙人，1753年入京并常驻北京。

40. 瞿笃德（Stanislas Torrente，1616—1681），意大利人，1659年入华，1665年因传教案入京。著有《天主圣教豁疑论》。

41. 南怀仁（Ferdinand Verbiest，1623—1688），比利时人，1658年入华，1660年应召赴京，官至钦天监监正加太常寺少卿，1688年病逝后，康熙帝赐谥号"勤敏"。著有《教要序论》《圣体答疑》《仪象图》《康熙永年历法》《坤舆全图》《康熙十年历书》《一六七四年天象》《满语语法》等。

42. 恩理格（Christian Herdtricht，1625—1684），奥地利人，1660年入华，1673年应召赴京。参加《西文四书直解》翻译工作等。

43. 闵明我（Philippe-Marie Grimaldi，1639—1712），意大利人，1669年入华，1671年奉诏入京修历，系冒

充西班牙多明我会的闵明我（Domingo Fernández de Navarrete，1610—1689）之名。曾担任康熙派往罗马和俄罗斯的特使。1712年殁于北京。著有《方星图解》和《中国王朝历史、政治、伦理和宗教论》等。

44. 徐日昇（Thomas Pereira，1645—1708），葡萄牙人，1672年入华。著有《南先生行述》1卷、《律吕正义》5卷、《实用音乐与欣赏音乐》等。

45. 李西满（Simon Rodrigues，1645—1704），葡萄牙人，1675年入华，1679年奉召进京。

46. 张安当（Antonius Posateri，1640—1705），意大利人，1676年入华。遗有1707年10月15日北京信札一件。

47. 罗历山（Alessandro Ciceri，1639—1703），意大利人，1680年入华。

48. 苏霖（Joseph Suarez，1656—1736），葡萄牙人，1684年入华。著有《圣母领报会》《北京会团年报》《一六九二年三月二十二日奉旨准许传教自由记》。

49. 安多（Antoine Thomas，1644—1709），比利时人，1685年入华，曾给康熙讲授西方数学。著有《数学概要》2卷、《为耶稣会传教事受诬告申辩书》、《对于康熙皇帝有关祀天、祭孔、祭祖礼仪涵义的御批、中国历代帝王和著名学者的观点以及悠久民间传统习惯的扼要汇报》、《反耶稣会士实践神论札记》、《一七〇五年中国传教区发展概况》等。

50. 洪若翰（Jean de Fontaney，1643—1710），法国人，1687年入华。

51. 白晋（Joachim Bouvet，1656—1730），法国人，1684

年被法国国王路易十四选派出使到中国的"国王数学家"、法国科学院院士，1687年入华，1688年入京并留用宫中，向康熙讲授几何。著有《中国现状图像》《康熙皇帝传》《中国语言中之天与上帝》《易经释义》等。

52. 李明（Louis le Comte，1655—1728），法国人，1687年入华。著有《中国现势新志》《外国传教会士关于中国礼仪问题上教皇书之答辩》等。

53. 张诚（Jean-François Gerbillon，1654—1707），法国人，1684年被法国国王路易十四选派出使到中国的"国王数学家"、法国科学院院士，1687年入华，1688年入京并留用宫中，向康熙讲授西学。作品有《满文字典》（4卷）、《应用理论几何》（满文译著）、《几何原理》（合译）、《张诚日记》，编译《几何学》和《哲学原理》等。

54. 刘应（Claude de Visdelou，1656—1737），法国人，1684年被法国国王路易十四选派出使到中国的"国王数学家"，1687年入华，1688年入京。著有《鞑靼史》《易经概说》等。

55. 王石汗（Pierre van Hamme，1651—1727），比利时人，1689年入华。

56. 卢依道（Isidore Lucci，1671—1700），意大利人，1691年入华，供职于清宫廷。

57. 法安多（Antoine Faglia，1663—1706），意大利人，1694年随闵明我入京。

58. 骆保禄（Gianpaolo Gozani，1649—1732），意大利人，

1694年入华,曾赴开封详细调查犹太人情况,1716年在京传教。

59. 纪理安(Bernard-Kilian Stumpf,1655—1720),德国人,1694年入华,1695年入京,精通数学、天文、物理学和机械学,曾任钦天监监正,为观象台添造了一架欧洲风格的地平经纬仪。1720年死后葬于北京滕公栅栏墓地。著有《北京磋商概要》《由中国巡察使纪理安神父选编的文件:自1717年6月从北京发往欧洲》和《中国行纪纲要》等。

60. 鲍仲义(Giuseppe Baudino,1657—1718),意大利人,1694年入华,1718年卒于北京。

61. 艾若瑟(Joseph-Antoine Provana,1662—1720,又名"艾逊爵"),意大利人,1695年入华,1702年至1707年居北京,康熙时期的钦差大臣。著有《以耶稣会诸神甫名义上教宗克莱芒十一世申请书》等。

62. 高嘉乐(Charles de Rezende,1664—1746),葡萄牙人,1696年入华,1746年死后葬于北京栅栏墓地。

63. 龙安国(Antoine de Barros,1664—1708),葡萄牙人,1697年入华。

64. 庞嘉宾(Gaspard Kastner,1665—1709),德国人,1697年入华。著有《上川岛建堂记》《天文观察》。

65. 利国安(Giovanni Laureati,1666—1727),意大利人,1697年入华,1718年在北京,1727年病逝于澳门。著有《炼灵通功经》1卷。

66. 何多敏(Jean-Dominique Paramino,1661—1713),意大利人,1697年入华,供职于清宫廷。

67. 利圣学（Charles de Broissia, 1660—1704），法国人，1698年入华。

68. 孟正气（Jean Domenge, 1666—1735），法国人，1698年入华。著有《满语入门》（亦称《满语语法》）、《满文文字读音备考》等。

69. 巴多明（Dominique Parrenin, 1665—1741），法国人，1698年入华，曾给康熙讲授西方数学。著有《德行谱》《济美篇》《中国史》《自然典则》《六经说》等。

70. 南光国（Louis Pernon, 1663—1702），法国人，1698年入华。

71. 马若瑟（Joseph-Henri-Marie de Prémare, 1666—1736），法国人，1698年入华，以专门研究中国语言和文学而著称，撰有文言传奇《梦美土记》和白话中篇小说《儒交信》，用法文翻译元杂剧《赵氏孤儿》和《诗经》8首。另著有《汉语札记》《六书实义》《经传众说》《经传议论》《经传遗迹》和《儒教实义》等。

72. 雷孝思（Jean-Baptiste Regis, 1663—1738），法国人，1698年入华。著有《皇舆全览图》、《易经》拉丁文译本、《朝鲜志》、《根据西藏地图所作的地理历史观察》、《中华帝国年鉴和西方年历对照》等。

73. 薄贤士（Antoine de Beanvollier, 1656—1708，又名"博贤士"），法国人，1699年入华。著有《中国礼仪之争问题之说明》等。

74. 殷弘绪（Francois-Xavier d'Entrecolles, 1664—

1741），法国人，传教士兼工业间谍，1699 年入华，曾在中国景德镇居住过 7 年的时间，1722 年入京。著有《逆耳忠言》1 卷、《训慰神编》2 卷、《长生术》、《使民安乐术》等。

75. 傅圣泽（Jean-François Foucquet，1665—1741），法国人，1699 年入华，1711 年进京后和白晋一起研究《易经》，后在康熙身边研究数学和天文学，在中国生活了 20 多年。著有《中国历史年表》《天元问答》《道德经评注》《论由尧至秦所谓统治中国的三代》和《诸经研究绪说》等。

76. 宋若翰（Jean-François Pélisson，1657—1737），法国人，1699 年入华，1736 年入京。

77. 罗德先（Bernard Rhodes，1646—1715），法国人，1699 年入华，不久便受诏进京。

78. 穆敬远（Jean Mourao，1681—1726），葡萄牙人，1700 年入华，1712 年、1721 年和 1723 年三次赴京。

79. 樊继训（Pierre Frapperie，1664—1703），法国名医兼药剂师，1700 年入华并入京在宫廷行医。

80. 方记金（Jérôme Franchi，1668—1718），意大利人，1701 年入华，1707 年入京并婉辞供职朝廷。

81. 苏安当（Antoine Chomel，1670—1702），法国人，1701 年入华。

82. 戈维里（Pierre de Goville，1668—1758），法国人，1701 年入华，1719 年曾到过北京。

83. 杜德美（Pierre Jartoux，1668—1720），法国人，擅长数学和机械学，1701 年入华并进入清宫，参加了

《皇舆全览图》的测绘和自鸣钟的制造。著有《周经密率》1卷、《秋正弦正矢捷法》1卷等。

84. 隆盛（Guillaume Melon，1663—1706），法国人，1701年入华，1707年进京觐见康熙皇帝。

85. 汤尚贤（Pierre-Vincent de Tartre，1669—1724），法国人，1701年入华。著有《易经》段落说明等。

86. 陆伯嘉（Jacques Brocard，1661—1718），法国人，1701年入华，曾进入清宫，参加了自鸣钟的制造。

87. 冯秉正（Joseph-Francois-Marie-Anne de Moyriac de Mailla，1669—1748），法国汉学家奠基者，1703年入华，先后为康、雍、乾三位皇帝效劳。著有《圣体仁爱经规条》1卷、《圣心规条》1卷、《圣年广益》24卷、《朋来集说》、《中国通史》、《中国大地图》、《中国所属鞑靼地域及附近各处地图》、《中国之风俗习惯》、《经纬度表》等。

88. 习展（Marc Silveiro，1674—1738），葡萄牙人，1704年入华。

89. 德其善（Emmanuel Telles，1676—1715），葡萄牙人，1704年入华。

90. 费隐（Xavier-Ehrenbert Fridelli，1673—1743），奥地利人，1705年入华。著有《中国地图》《辩明耶稣会士受谤书》等。

91. 张安多（Antoin de Magaihaens，1677—1735），葡萄牙人，1705年入华。

92. 德玛诺（Romin Hinderer，1669—1744），法国人，1707年入华。著有《显相十五端玫瑰经》《与弥撒功程》等。

93. 石可圣（Léopold Liebstein，1665—1711），波西米亚人，擅长音乐，1707 年入华并入京。

94. 林济各（François-Louis Stadlin，1658—1740），瑞士钟表技师，1707 年入华并进京，在造办处做钟处领导制造自鸣钟。

95. 公类思（Louis Gonzaga，1673—1718），意大利人，1707 年入华，1708 年、1716 年两次进京。

96. 麦大成（Jean-François Cardoso，1676—1723），葡萄牙人，以葡萄牙国王特使的身份来华，1711 年进京，参加了《皇舆全览图》的测绘工作。

97. 阳秉义（François Thilisch，1667—1716），波西米亚人，擅长数学，1710 年入华，1711 年进京供职于朝廷。

98. 朗世宁（Giuseppe Castiglione，1688—1766），意大利人，以宫廷画家而著称，1715 年入华并以艺术家身份应召入宫。代表作品有《八骏图》《聚瑞图》《百骏图》和《弘历及后妃像》等。

99. 罗怀忠（Giuseppe da Costa，1679—1747），意大利外科医生，与郎世宁一起来华，1715 年抵达澳门并于当年进京面圣，随后以"扈从御医"的身份一直为皇家及王公贵族诊病，同时还在京城开设诊所，为平民治病。1747 年病逝于北京。

100. 喜大教（Niccolò Gianpriamo，1686—1759），意大利天文学家，1715 年抵达澳门，1717 年抵达北京，以历算家身份供职于朝廷。

101. 戴进贤（Ignace Kogler，1680—1746），德国人，1716 年入华。著有《策算》、《黄道总星图》、《历象考成后编》10 卷、《仪象考成》等。

102. 齐类思（Louis Cipolla），生卒年不详，意大利人，1771 年进京供职于清廷。

103. 罗佩思（Cajettan Lopes，1690—1736），葡萄牙人，1716 年入华。

104. 徐懋德（Andre Pereira，1689—1742），葡萄牙人，1707 年入华。著有《历象考成》后编 10 卷、《推算表》、《睿鉴录》等。

105. 严嘉乐（Charles Slaviczek，1678—1735），波西米亚人，1716 年入华。著有《推算表》《测北极出地简法》《北京内外城图说》《月动测验》《论中国音乐》等。

106. 徐茂盛（Jacques-Philippe Simonelli，1680—1755），意大利人，1719 年入华。著有《中国交蚀图录》等。

107. 吴直方（Barthélemy de Azevedo，1718—1745），葡萄牙人，1745 年入京，事迹不详，卒于北京，葬于北京栅栏墓地。

108. 安泰（Etienne Rousset，1689—1758），法国人，1719 年入华。

109. 倪天爵（Jean-Baptiste Gravereau，1690—1757），法国人，1719 年入华。

110. 傅方济（Francois Folleri，1699—1766），意大利人，1721 年入华。

111. 利博明（Ferdinand-Bonaventure Moggi, 1674—1761），意大利人，1721 年入华。

112. 宋君荣（Antoine Gaubil, 1689—1759），法国人，1723 年抵达北京，在北京生活了 36 年，精通精密科学、历史和哲学。圣佩泰斯堡皇家学院常任院士，伦敦皇家科学院合作院士。著有《中国天文史略》、《中国天文纲要》、《元史与成吉思汗本纪》、《和林方位考》、《大唐朝史》、《西辽史略》、《中国年代纪》、《北京志》、《中国彗星简录》、《中国之犹太人》、《易经》译文、《礼记》译文等。

113. 雅嘉禄（Charles-Jean-Baptist Jacques, 1688—1728），法国人，1722 年入华。

114. 沙如玉（Valentin Chalier, 1697—1747），法国人，1728 年入华，曾在清宫制造自鸣钟。著有信札写本若干件。

115. 孙璋（Alexandre de la Charme, 1695—1767），法国耶稣会士，1728 年抵京，39 年常驻北京。著有《性理真诠》。

116. 赵加彼（Gabriel Boussel, 1699—1764），法国人，1733 年入华。

117. 吴君（Pierre Foureau, 1700—1749），法国人，1733 年入华。著有《中国大事记备考》。

118. 严守志（Pierre de la Baume, 1732—1770），法国人，1769 年应召入京。

119. 赵圣修（Louis des Roberts, 1703—1760），法国人，1737 年入华。著有《奏乐歌经典礼》。

120. 任重道（Jacques Antoini，1701—1739），意大利人，1738 年入华，1739 年死后葬于栅栏墓地。

121. 魏继晋（Florian Bahr，1706—1771），德国人，1738 年入华，1771 年死后葬于栅栏墓地。著有《圣若望桌玻穆传》《圣咏续解》《六种语言大字典》。

122. 鲍友管（Anto Gogeisl，1701—1771），德国人，1738 年赴华，1739 年到达北京并任职于清廷，1771 年死后葬于栅栏墓地。与戴进贤神父等合编《仪象考成》。

123. 刘松龄（Ferdinand Avguštin Hallerstein，1703—1774），奥地利人，1738 年入华，1774 年死后葬于栅栏墓地。参与编撰《仪象考成》和《北京观象台记》。

124. 傅作霖（Felix da Rocha，1713—1781），葡萄牙人，1738 年入华，1781 年死后葬于栅栏墓地。参加编撰《仪象考成》。

125. 王致诚（Jean Denis Attiret，1702—1768），法国人，宫廷画家。1738 年入华并献《三王来朝耶稣图》，为乾隆帝所赏识并受召供奉内廷，传世作品有《十骏图册》《阿尔楚尔之战》等。

126. 南怀仁（Godefroid-Xavier de Limbeckhoven，1707—1787），奥地利人，1738 年入华，曾任北京主教，1787 年殁于松江。著有《圣母领报会章程》《昭事堂规》。

127. 杨自新（Coadjutor Gilles Thebault，1703—1766），法国人，1738 年入华便入宫。

128. 汤执中（Pierre d'Incarville，1706—1757），法国人，1740 年入华。著有《华人制造灯角之异法》《中国清漆记忆》《中国烟火制法》。

129. 纪文（Gabriel-Léonard de Brossard，1703—1758），法国人，1740 年入华。

130. 鲁仲贤（Jean Walter，1708—1759），波西米亚人，1741 年入华，1759 年死后葬于栅栏墓地。

131. 林德瑶（Jean de Sexas，1710—1758），葡萄牙人，1742 年入华，1758 年死后葬于北京栅栏墓地。著有《圣沙勿略九日敬礼》《耶稣会首圣依纳爵九日敬礼》《照永神镜》。

132. 习若望（Jean Simoens，1713—1758），葡萄牙人，1743 年入华。

133. 随弥嘉（Michel Viera，1681—1761），葡萄牙人，1707 年进京在清廷任药剂师。

134. 马德昭（Antoine Gomes，1705—1751），葡萄牙人，1744 年入华。

135. 蒋友仁（Benoist Michel，1715—1774），法国人，1744 年入华，1745 年应召入京，曾参与圆明园的若干建筑物的设计，1774 年因中风去世。主持《坤舆全图》的测绘，著有《中华造纸艺术画谱》《新制浑天仪》《一统舆图》《中国古天文学表解》等。

136. 艾启蒙（Ignatius Sichelbart，也称 Ignatius Sichelbarth，1708—1780），波西米亚人，清宫廷画家，1745 年入华，1746 年前后进京，师从郎世宁，奉召入内廷供奉，官至三品，1780 年死后葬于北京栅栏墓地。作品有《十骏图》《宝吉骝图》等。

137. 高慎思（Joseph d'Espinha, 1722—1788），葡萄牙人，1751年入华并入京，官至钦天监监正（1781—1788）。著有《一七七五年平定之厄鲁特、土尔扈特两部地方志》。

138. 索德超（Joseph-Bernard d'Almeida, 1728—1805），葡萄牙医药师，精通外科，擅长天文学，1759年入华并进京从事天文工作。1795年1805年担任过钦天监监正之职。

139. 安国宁（André Rodrigues, 1729—1796），葡萄牙人，1759年入华并进京，官至钦天监监正。

140. 韩国英（Pierre-Martial Cibot, 1727—1780），法国人，博学多才，1759年入华，1760年进京供职于清廷。著有《中国古代论》《论华人之孝》《记中国利息》《论中国语言文字》。

141. 方守义（Marie-Dieudonné d'Olliéres, 1722—1780），法国人，1759年入华。著有《圣事要理》。

142. 巴良（Léon Baron, 1738—1778以后），法国人，1766年前后入华并进京。

143. 汪达洪（Jean-Mathieu de Ventavon, 1733—1787），法国人，1766年入华，1767年进京，并在清宫做钟表师、机械师。

144. 晁俊秀（Francois Bourgeois, 1723—1792），法国人，1767年入华，1768年进京在北京供职。著有《将军阿桂平苗记》《中国人口调查》《中国耶稣会废止记》。

145. 潘廷璋（Joseph Panzi，也称 Joseph Pansi，1733—1812），意大利人，善于作画，1773 年进京供职于朝廷。

146. 金济时（Jean-Paul-Louis Collas，1735—1781），法国人，1767 年入华，1768 年进京在清廷从事历算工作。最早系统地用书简的方式将中国农业结合天文介绍给欧洲，如《天文观察：1775 年北京》，16 卷本法文著作《北京耶稣会士关于中国人历史、科学、技术、风俗和习惯等纪要》中有关家畜部分由其执笔。

147. 甘若翰（Jean-Joseph de Grammont，1736—1812），法国人，1768 年入华，1769 年和 1790 年两次进京，以清廷历算家身份奉召进京。著有《康熙皇帝遗诏》之译文和注释。

148. 巴赞（Louis Bazin，1712—1774），法国外科医生，1765 年入华，1768 年进京供职于清廷。

149. 贺清泰（Louis Antoine de Poirot，1735—1813），法国画家、翻译家，1770 年入华，1771 年前后入京。以满语翻译《圣经·旧约》，又以中文白话翻译《圣经·旧约》。

150. 夏德修（Jean-Xavier-Armand Nyel，1670—1727），法国人，1712 年到过北京。

151. 李俊贤（Hubert de Mericourt，1729—1774），法国人，1773 年进京供职于朝廷，担任修理钟表和机械工作。

152. 费奇规（Gaspar Ferreira，1571—1649），葡萄牙人，

1604 年来华进京，在北京主持训练修士长达 6 年之久，1649 年卒于广州。

153. 陆若汉（João Rodrigues, 1561—1634），葡萄牙人，1614 年居澳门，1630 年参与抗金援明活动入京。

154. 方德望（P. Etienne Faber, 也称 P. Etienne Faber Le Fèvre, 1598—1659），法国人，曾在陕西汉中地区传教，1641 年进京协助汤若望传教。

155. 郭纳爵（Ignatius da Costa, 1599—1666），葡萄牙人。1634 年来华，1664 年因传教案被遣送至北京，1666 年病逝于广州。与殷铎泽合译《论语》和《大学》。著有《原染亏益》《身后编》《老人妙处》等。

156. 万密克（Michael Walta, 1606—1644），德国人，1638—1639 年间入华。

157. 李方西（Jean-François Ronusi de Ferrariis, 1608—1671），意大利人，1640 年来华，1665 年因传教案入京。

158. 张玛诺（Emmanuel Jorge, 1621—1677），葡萄牙人，1665 年因传教案入京。

159. 刘迪我（Jacques le Favre, 1610—1676），法国人，1654 年被派往中国，1665 年因传教案入京，1676 年死后葬于上海。

160. 鲁日满（François de Rougemont, 1624—1676），比利时人，1658 年或 1659 年抵达澳门，1665 年因传教案入京，1676 年病逝后葬在江苏常熟。

161. 聂若望（João Duarte Eduardo, 1671—1752），葡萄

牙人，1700 年入华，1707 年入京。

162. 郭中传（Jean-Alexis de Gollet，1664—1741），法国人，作为太阳王路易十四特使被差遣到康熙王朝，1700 年入华，1707 年入京，1732 年因禁教被驱逐到澳门，1741 年在澳门病逝。

163. 沙守信（Emeric de Chavagnac，1670—1717），法国人，1701 年来华并入京，著有《真道自证》。

164. 龚当信（Cyr Contancin，1670—1733），法国人，1711 年入京。

165. 顾铎泽（Étienne-Joseph Le Couteulx，1667—1730），法国人，1707 年入京。

166. 赫苍璧（Julien-Placide Hervieu，1671—1746），法国人，1701 年入华，1707 年入京，1746 年卒于澳门，在华 46 年，翻译了大部分《诗经》。

167. 白维翰（Bakowski Jeam Baptista Chrzciciel，1672—1731），波兰人，1708 年到过北京。

168. 阿瓜多（Ignace de Aguado，？—1735），葡萄牙人，事迹不详，1735 年卒于北京。

169. 范大讷（Juan de Avendano，？—1735），西班牙人，事迹不详，1735 年卒于北京。

170. 郏维铎（Mauro de Azevedo，？—1692），葡萄牙人，事迹不详，1692 年卒于北京。

171. 波尔德（Gilbert Bordes，？—1710 以后），法国药剂师，事迹不详。